Documents manquants (pages, cahiers...)
NF Z 43-120-13

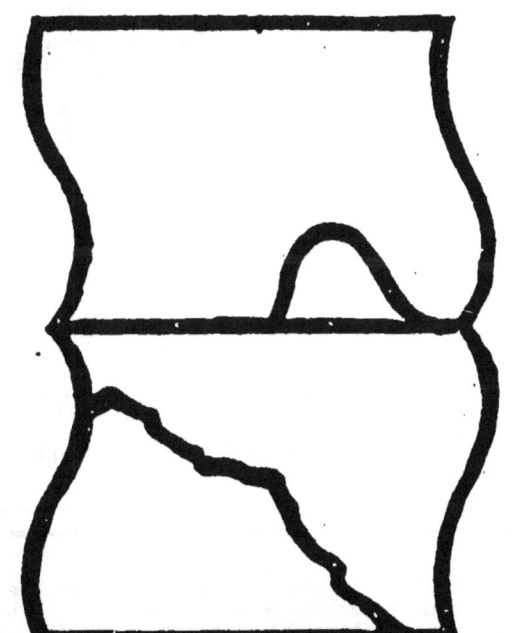

Texte détérioré — reliure défectueuse
NF Z 43-120-11

CLASSE DE PHILOSOPHIE (Programme du 8 août 1895)

LES AUTEURS PHILOSOPHIQUES GRECS

ÉTUDES ANALYTIQUES ET CRITIQUES

PAR

E. RAYOT

AGRÉGÉ DE PHILOSOPHIE
PROFESSEUR AU LYCÉE DE SAINT-ÉTIENNE

PARIS
LIBRAIRIE CLASSIQUE PAUL DELAPLANE
48, RUE MONSIEUR-LE-PRINCE

DU MÊME AUTEUR :

La Composition de philosophie. 770 sujets proposés dans les différentes Universités; 96 plans de développements. 1 fort volume in-12, broché.... **4 »**
Les Auteurs philosophiques latins. 1 vol. in-12, br. — Relié toile.. » »
Les Auteurs philosophiques français. 1 vol. in-12, br. — Relié toile.. » »

LES AUTEURS PHILOSOPHIQUES

GRECS

DU MÊME AUTEUR

Les Auteurs philosophiques latins (Études analytiques et critiques). 1 vol. in-12 broché........................... » »
— Relié, toile souple.. » »
Les Auteurs philosophiques français (Études analytiques et critiques). 1 vol. in-12, broché....................... » »
— Relié, toile souple.. » »
La Composition de philosophie, Résumé complet de philosophie d'après l'ordre même du programme, sous forme de *plans de développements* (*770 sujets proposés dans les différentes Universités ; 96 plans de développements*). 1 fort vol. in-12, br. 4 »
Leçons de morale pratique, précédées de *Notions sur la morale théorique* (programmes de la classe de quatrième moderne, de l'enseignement secondaire des jeunes filles, des écoles normales primaires et des écoles primaires supérieures). 1 vol. in-12, accompagné de *résumés*, de *sujets de devoirs* et de *plans de développements*, broché.. 2 50
— Relié, toile souple.. 3 »
[*Ouvrage couronné par l'Académie des sciences morales et politiques.*]
Leçons de psychologie *avec des applications à l'éducation* (programmes de l'enseignement secondaire des jeunes filles et des écoles normales primaires). 1 vol. in-12, accompagné de *résumés*, de *sujets de devoirs* et de *plans de développements*, broché. 3 50
— Relié, toile souple.. 4 »

DANS LA MÊME COLLECTION

Précis d'histoire de la philosophie, par A. Penjon, professeur de philosophie à la Faculté des lettres de Lille. 1 vol. in-12, accompagné de *tableaux synoptiques* et d'une *table analytique*, broché... 3 »
— Relié, toile souple.. 3 50
Précis de philosophie, par le même. 1 vol. in-12, broché. 4 »
— Relié, toile souple.. 4 50
Principes de philosophie scientifique et de philosophie morale, à l'usage de la classe de mathématiques élémentaires et de la classe de première (sciences), par Alexis Bertrand, professeur de philosophie à la Faculté des lettres de Lyon, correspondant de l'Institut. 1 vol. in-12, broché.................... 4 »
Lexique de philosophie, par le même. 1 vol. in-8 écu, br. 3 50
— Relié, toile souple.. 4 25
Psychologie appliquée à l'éducation, à l'usage de l'enseignement secondaire des jeunes filles et des écoles normales primaires, par G. Compayré, recteur de l'Université de Lyon.
   Première partie : *Notions théoriques*. 1 vol. in-12, broché. 3 »
   — Relié, toile souple.................................... 3 50
   Deuxième partie : *Application*. 1 vol. in-12, broché...... 2 »
   — Relié, toile souple.................................... 2 50
Cours de morale théorique et pratique, à l'usage de l'enseignement secondaire des jeunes filles, des écoles normales primaires et des écoles primaires supérieures, par le même. 1 vol. in-12, broché.. 3 »
— Relié, toile souple.. 3 50

CLASSE DE PHILOSOPHIE (*Programme du 8 août 1895*)

LES
AUTEURS PHILOSOPHIQUES
GRECS
ÉTUDES ANALYTIQUES ET CRITIQUES

PAR

E. RAYOT

AGRÉGÉ DE PHILOSOPHIE
PROFESSEUR AU LYCÉE DE SAINT-ÉTIENNE

PARIS
LIBRAIRIE CLASSIQUE PAUL DELAPLANE
48, RUE MONSIEUR-LE-PRINCE

PROGRAMME DE L'ENSEIGNEMENT SECONDAIRE CLASSIQUE

(ARRÊTÉ DU 8 AOUT 1895)

LISTE DES AUTEURS
A TRADUIRE ET A EXPLIQUER

CLASSE DE PHILOSOPHIE

AUTEURS GRECS (1)

XÉNOPHON.

Un livre des *Mémorables* (pages 1 à 40).

PLATON.

Gorgias (pages 41 à 74); VIe, ou VIIe, ou VIIIe livre de la *République* (pages 74 à 118); *Phédon* (pages 118 à 149).

ARISTOTE.

VIIIe, ou IXe, ou X^e livre de la *Morale à Nicomaque* (pages 149 à 197); VIIIe livre de la *Politique* (pages 197 à 219).

ÉPICTÈTE.

Manuel (pages 220 à 241).

Voir page 242 la table des matières

---

(1) Voir les études analytiques et critiques sur es **Auteurs philosophiques** latins et sur les **Auteurs philosophiques français** dans les deux volumes qui leur sont consacrés.

INTRODUCTION

Il n'y a pas encore bien longtemps, en présentant à nos collègues la *Composition de philosophie*, nous insistions sur le programme très vaste et très étendu qu'il faut parcourir dans l'espace restreint de quelques mois : c'était pour les aider quelque peu dans leur tâche complexe, surtout pour familiariser plus facilement et plus vite les élèves à des études qui sont pour eux absolument nouvelles et qui les déconcertent souvent au début, que nous nous étions déterminé à publier ce dernier ouvrage. C'est encore la même idée qui explique l'origine de cette nouvelle collection sur **les Auteurs philosophiques grecs, latins, français** prescrits par le programme officiel. La liste des auteurs à expliquer dans la classe de philosophie est très longue et extrêmement variée. Sans doute, la plus grande liberté est laissée au maître, qui peut, parmi eux, choisir ceux qui lui paraissent avoir le plus d'intérêt; mais en ce qui concerne *l'auteur grec* et *l'auteur latin* que l'on aura adoptés, il ne saurait évidemment être question de les traduire en entier et il faut se contenter d'extraire les passages les plus importants. De même pour ce qui regarde *les deux auteurs français*, il s'agit moins de les faire lire d'un bout à l'autre, que d'attirer l'attention des élèves sur les points qui méritent plus spécialement d'être étudiés, parce qu'ils expriment mieux que tous les autres l'esprit ou les tendances du philosophe. Mais précisément il importe pour tout cela que l'élève ait déjà de l'auteur à étudier une idée générale et une vue d'ensemble ; souvent même pour qu'il saisisse parfaitement le sens et la portée du livre qu'on explique, il faudra qu'il puisse le replacer dans l'ouvrage complet d'où il est extrait et qu'il le mette ainsi bien au point. Enfin l'essentiel n'est pas tant d'expliquer l'auteur que de le juger, d'apprécier son œuvre, d'en signaler les lacunes et surtout de dégager les vues justes, les idées définitives, tout ce qui en doit subsister.

Pour toutes ces raisons, nous aimons à espérer que notre modeste essai ne sera pas absolument inutile, mais qu'il servira, avec le cours et les indications du maître, à donner aux élèves une idée précise de ce qu'ils auront à l'examen oral à expliquer et à commenter. Ajoutons qu'ils en tireront un autre profit, celui de mieux comprendre la philosophie et de connaître plus complètement l'histoire de la philosophie. N'est-ce pas en effet, après tout, des idées éternelles des Platon, des Aristote, des Descartes, des Leibniz et des Kant que toutes nos leçons sont faites, plus ou moins directement inspirées ? Mais pour bien saisir ces auteurs, quel moyen plus efficace que d'aller les lire dans quelques-unes de leurs œuvres les plus importantes et les plus belles ? D'ailleurs, il faut rendre pleine justice au choix très heureux qui a été fait des *Auteurs à expliquer :* agitant les questions les plus diverses, présentant aussi les solutions les plus variées, ils forment par leur ensemble un programme complet, de sorte que par eux les élèves se pénétreront mieux de la nature propre des problèmes philosophiques, surtout de l'intérêt vivant et pratique qui s'y attache. De cette façon, ils s'habitueront mieux à réfléchir, à se faire des opinions par eux-mêmes, c'est-à-dire qu'ils se formeront mieux intellectuellement et moralement au contact de tous ces nobles et grands penseurs dont l'humanité s'honorera toujours. Or n'est-ce pas là ce à quoi il faut surtout viser dans la courte année consacrée à la philosophie? Le maître ne doit pas seulement se contenter de meubler d'idées l'esprit de l'élève, de lui faire faire connaissance avec des théories plus ou moins abstraites ou des doctrines plus ou moins difficiles : il doit avant tout chercher à donner à toutes ces jeunes intelligences de bonnes habitudes, et tout son enseignement ne doit tendre qu'à provoquer l'éclosion, le développement de la réflexion, de l'esprit philosophique, en même temps qu'à munir ceux qui seront demain des hommes et devront agir de principes solides et, pour ainsi dire, de « crans de sûreté » moraux. Notre ouvrage n'a pas d'autre fin et nous serions assez heureux si nous pouvions être sûr d'avoir réussi dans cette tâche.

Nous ne pouvons terminer cette courte Introduction sans rendre hommage à tous ceux chez qui nous avons plus d'une fois puisé des idées ou des inspirations; la liste en serait trop longue et on les reconnaîtra, ils se reconnaîtront facilement. Mais nous ne pouvons nous dispenser de faire une mention particulière pour tous les maîtres les plus célèbres de la littérature et de la philosophie contemporaines, les Boissier, les Croiset, les Brunetière, les Lanson, les Janet, les Brochard, les Boutroux, les Ravaisson, qui, par leurs magistrales leçons, leurs beaux ouvrages ou leurs articles remarquables, ont été constamment nos guides et notre lumière.

E. R.

Saint-Étienne, février 1898.

LES
AUTEURS PHILOSOPHIQUES
GRECS

XÉNOPHON

(430 ou 425-355)

LES MÉMORABLES.

Vie de Xénophon.
Les Mémorables. — Introduction à l'œuvre des *Mémorables*. — Argument analytique des *Mémorables*. — Appréciation des *Mémorables*. Valeur littéraire. Le plan de l'ouvrage. — Valeur philosophique des *Mémorables*. L'œuvre de Socrate.

Vie de Xénophon. — Xénophon n'est point à proprement parler un philosophe, il n'a pas de doctrine à lui. Il n'en a pas moins pour la philosophie une importance réelle. C'est qu'il nous a transmis les points les plus essentiels de l'enseignement de Socrate qui n'avait lui-même rien écrit et s'est efforcé de nous présenter une image vivante de celui qui, dénonçant le danger de la Sophistique, sauva la philosophie d'une ruine imminente.

Xénophon naquit au dème d'Erchia, près d'Athènes, entre 430 et 425. Son père Gryllos appartenait probablement à la classe des riches propriétaires, des chevaliers. On rapporte qu'il suivit les leçons du sophiste Prodicos ; mais de bonne heure il s'attacha à Socrate et conserva pour lui durant toute sa vie une affection profonde. Diogène Laërce nous a raconté de quelle manière il fit la connaissance du philosophe. Ils se rencontrèrent un jour dans une rue et Socrate, frappé sans doute du noble visage du jeune homme, devinant sous ces dehors une âme non moins belle, lui barra le chemin avec son bâton : « Où achète-t-on, demanda-t-il, les choses nécessaires à la vie ? — Au marché, lui répondit Xénophon. — Et pour devenir honnête homme, reprit Socrate, où faut-il aller ? » Comme le jeune homme, surpris de cette question, hésitait : « Viens avec moi, lui dit-il, et tu l'apprendras. » Assez avide d'aventures, il accepta vers 401 l'offre d'un jeune Béotien de ses amis, Proxène, qui avait pris du service dans l'armée de Cyrus le Jeune. Ce dernier, alors gouverneur de Sardes, préparait une expédition contre son frère, le grand roi Artaxercès, et il avait chargé Proxène de lui recruter des soldats. Avant de partir, Xénophon voulut consulter Socrate. Celui-ci l'avertit qu'il risquait de s'attirer le mécontentement des Athéniens, vu que Cyrus avait soutenu Lacédémone ; il essaya de le détourner de son projet, et, suivant une habitude qui lui était chère, il l'envoya consulter l'oracle de Delphes. Fermement décidé à se rendre à l'invitation de Proxène, Xénophon, avec esprit, demanda à Apollon non pas s'il devait partir ou rester, mais à quel dieu il devait sacrifier pour revenir sain et sauf du voyage qu'il avait en vue. Quand il fut retourné vers Socrate, celui-ci le gronda doucement de son trop habile subterfuge ; mais, comme l'oracle avait parlé, il lui conseilla de suivre les prescriptions du dieu et de partir pour Sardes. Socrate, quelque temps après, condamné à boire la ciguë, ne devait plus le revoir.

Xénophon fit donc partie de l'armée de Cyrus, d'abord en simple dilettante, sans être « ni général, ni officier, ni soldat ». On sait comment après la défaite de Cyrus à Cunaxa, la trahison de Tissapherne, le meurtre des généraux grecs, Xénophon, qui s'était distingué par son courage et son sang-froid, fut choisi pour commander la retraite des Dix mille. Lui-même nous a raconté dans l'*Anabase* de quelle façon, général improvisé, il sut, durant quinze mois, à travers mille difficultés, au milieu d'aventures et de souffrances de toute espèce, conduire les mercenaires grecs et les remettre enfin en bonnes mains.

Revenu à Athènes, il ne resta pas longtemps dans cette ville. Ses concitoyens venaient de commettre la plus profonde des injustices en faisant mourir Socrate. Ce crime ne pouvait qu'augmenter l'antipathie de Xénophon à l'égard de la démocratie athénienne. D'ailleurs les disciples du maître étaient suspects ; presque tous avaient quitté la ville ; plus que tout autre, Xénophon devait être en butte aux défiances de ses compatriotes à cause de ses anciennes relations avec Cyrus ; enfin sa nature aventureuse ne supportait pas l'inaction et il lui tardait de reprendre une vie plus active. C'est pourquoi il alla rejoindre les survivants des Dix mille, alors commandés par Agésilas, roi de Sparte ; il combattit à Coronée contre les Athéniens qui s'étaient alliés aux Thébains. Un décret lui interdit le retour dans sa patrie et le priva de tous ses biens. Les Lacédémoniens lui firent alors don d'un riche domaine qu'ils avaient enlevé aux Eléens et qui était situé à Scillonte, près d'Olympie. C'est là que Xénophon vécut de longues années avec Philésia, sa femme, Gryllos, et Diodore, ses deux fils, passant son temps à écrire ses ouvrages, à chasser, à recevoir ses amis, à organiser avec les habitants de Scillonte et des environs de belles fêtes en l'honneur d'Artémis éphésienne.

En 371, il fut forcé de quitter Scillonte que ravageaient les Eléens ; il se retira d'abord à Lépréon, puis à Corinthe. A ce moment, Athènes et Sparte qui s'étaient rapprochées se liguaient contre Thèbes. Le décret de bannissement fut alors rapporté ; mais Xénophon ne profita probablement pas de cette mesure et ne rentra point dans Athènes. Cependant, ainsi que l'atteste le petit *Traité des Revenus*, il n'est pas douteux qu'il se soit réconcilié avec sa patrie ; il envoya ses deux fils combattre à Mantinée dans les rangs de la cavalerie athénienne et l'on sait que l'un d'eux, Gryllos, trouva la mort dans la bataille. Lui-même mourut vers 355 (1).

LES MÉMORABLES

Introduction à l'œuvre des « Mémorables ». — Xénophon a un génie très souple ; son activité littéraire s'est portée sur des sujets bien différents et les ouvrages qu'il a composés sont nombreux. Tous ne nous intéressent pas ; nous n'avons même pas ici à parler de tous ceux qui, comme l'*Apologie* et le *Banquet*, ont un caractère plus spécialement philosophique. Nous ne nous occuperons que des *Mémorables*. Cet ouvrage est d'ailleurs le plus im-

(1) Voir Croiset, *Histoire de la littérature grecque.* — Penjon, édition des *Mémorables*, livre I (Alcan).

portant de ceux que le disciple a consacrés à la mémoire du maître. On sait pourquoi il fut composé. Xénophon veut venger Socrate des imputations qu'on avait formulées contre lui et qui l'avaient fait condamner. Il discute donc les différents griefs, réfute les accusations et, pour obtenir gain de cause, nous expose quels furent toujours la vie et l'enseignement du philosophe. A cet effet, il nous met sous les yeux quelques-unes des conversations du philosophe dont il se souvient, nous rapporte ses paroles, nous fait assister à sa vie, cherchant ainsi à nous donner de l'homme une impression aussi forte que décisive.

Dans leur état actuel, les *Mémorables* se composent de quatre livres. Nous allons en faire une analyse rapide en suivant l'ordre même des chapitres communément adopté.

Argument analytique des « Mémorables ».

LIVRE PREMIER

Chapitre I. — *Accusation portée contre Socrate. Fausseté du premier grief. Socrate ne méprisait point les dieux de la cité et n'en introduisait point de nouveaux* (1).

Tout d'abord Xénophon s'étonne que les Athéniens aient pu condamner Socrate à mort. De quoi en effet l'ont-ils accusé? De ne pas croire aux dieux de la cité, d'introduire des divinités nouvelles, de corrompre la jeunesse. Ces griefs sont dénués de tout fondement. Socrate honorait les dieux d'Athènes, car il leur offrait des sacrifices « tantôt dans l'intérieur de sa maison, tantôt sur les autels publics »; il recourait aussi à la divination. Sans doute il déclarait qu'un « démon » l'inspirait ; mais ce n'était point pour lui une divinité nouvelle ; il y voyait seulement une manifestation des dieux qui par là lui révélaient dans certaines circonstances ce qu'il devait faire ou éviter ; et ainsi il ne pensait pas autrement que tous ceux qui cherchent dans le vol des oiseaux ou les entrailles des victimes des avertissements divins. Non seulement il recourait lui-même à la divination, mais encore il exhortait

---

(1) Nous nous servons, pour cette analyse, de la traduction des *Mémorables* par M. Fouillée (Delagrave).

ses disciples à l'imiter. Il croyait en effet que s'il est des choses que les dieux nous ont accordé de connaître, il en est aussi dont ils se sont réservé les secrets et qui sont inaccessibles à notre intelligence ; aussi considérait-il comme une égale impiété d'interroger les dieux sur ce qu'ils nous ont permis de saisir par nos propres lumières et de ne pas les consulter sur l'avenir qu'ils nous ont caché. D'ailleurs si Socrate eût été vraiment impie, il eût été facile de le reconnaître. Sa vie n'avait rien de caché, il était constamment là où il savait qu'il devait rencontrer le plus de monde, il discourait en public ; qui le voulait pouvait l'écouter ; pourtant quelle parole, quelle action peut-on lui reprocher ? Il y a plus : son enseignement lui-même est une preuve frappante du respect qu'il avait pour les dieux. Sans doute on pouvait taxer d'irréligieuse la philosophie qui l'avait précédé ; les « physiologues », en cherchant à connaître l'origine et la formation des choses, n'entreprenaient-ils pas de pénétrer ce qui est le secret des dieux ? Aussi, dans leur tentative sacrilège, ne pouvaient-ils aboutir qu'à des spéculations vaines, contradictoires, stériles. Bien différentes étaient les recherches de Socrate : il ne s'occupait que des « choses humaines », de celles que les dieux nous ont permis de connaître ; il se bornait à examiner « ce qui est pieux ou impie, ce qui est honnête ou honteux, ce qui est juste ou injuste », en un mot tout ce dont la connaissance fait l'homme vertueux. Et ce qui est vrai de son enseignement l'est aussi de sa vie. Persuadé que les dieux connaissent tout, qu'aucune de nos actions, de nos paroles, de nos pensées ne leur échappe, il ne consentit jamais à commettre aucune injustice : on le vit bien, lorsque, devant faire partie du sénat, il jura de ne jamais juger que conformément aux lois, comme aussi lorsque, élu président de l'assemblée, il résista au peuple, qui, dans l'affaire des Arginuses, voulait se rendre coupable d'une illégalité : Socrate brava les menaces d'une populace irritée. En définitive, comment accuser Socrate d'impiété ? Au contraire ses discours, ses actes étaient tous empreints d'un caractère si religieux que « l'homme qui agirait et parlerait comme lui acquerrait la réputation de piété la plus grande et la mieux méritée ».

Chapitre II. — *Fausseté du second chef d'accusation. Socrate n'a point corrompu la jeunesse.*

Reste l'autre accusation : Socrate a corrompu la jeunesse. Elle n'est pas mieux fondée. Personne en effet ne fut jamais plus tempérant que Socrate : il était sobre dans tous les plaisirs ; il supportait le froid, le chaud, les plus rudes fatigues, il savait en tout se contenter de peu : comment, avec de telles mœurs, aurait-il perverti les autres ? Au contraire, il ne cherchait qu'à inspirer l'amour du bien, et s'il ne se vantait pas comme tant d'autres d'enseigner la sagesse, il donnait à tous ceux qui l'entouraient l'espoir de devenir, en l'imitant, aussi vertueux que lui. En même temps il les formait au désintéressement, car il ne voulait recevoir d'eux aucun argent pour ses leçons, estimant que faire payer l'enseignement que l'on donne, c'est se rendre esclave, méconnaître aussi que la plus grande des récompenses consiste dans l'affection de ceux que l'on s'efforce de rendre meilleurs.

Mais, disent les accusateurs, Socrate déclarait que c'était folie de s'en remettre à une fève pour le choix des chefs de la cité et par là il excitait la jeunesse à la violence. Cela est faux. Celui qui fait de la sagesse son étude ne peut prêcher la violence ; il sait qu'elle n'engendre que la haine et le malheur, tandis que la persuasion seule fait naître l'amitié. Sans doute Socrate eut pour disciples Critias et Alcibiade, qui se distinguèrent par leur mauvaise conduite. Mais ces deux ambitieux s'étaient attachés à Socrate, non pas dans un but moral, pour imiter sa vertu, mais par intérêt, pour se former à l'art de la politique. Aussi le quittèrent-ils dès qu'ils se crurent assez habiles pour réussir dans les affaires. D'ailleurs, tout le temps qu'ils restèrent avec lui, ils se conduisirent sagement, car Socrate leur inspirait du respect (1) ; si par la suite ils se sont pervertis, c'est à leur oubli de l'enseignement autrefois reçu, au défaut d'exercice de la vertu qu'il faut l'attribuer et il serait injuste d'en faire retomber la responsabilité sur Socrate lui-même : peut-on accuser un maître des fautes de ses élèves, une fois qu'ils l'ont quitté ? Au lieu d'imputer à Socrate la honteuse conduite de ses deux disciples, il faudrait plutôt le louer d'avoir réussi à contenir un instant leurs mauvais instincts. D'ailleurs il ne se fit pas faute de désapprouver leur conduite. Les trente tyrans, parmi lesquels se trouvait précisément Critias, avaient fait périr un grand nombre de citoyens des plus distingués et en avaient contraint d'autres à seconder leurs injustices. Socrate les blâma ouvertement, déclarant que s'il fallait regarder comme un mauvais pasteur celui qui diminuait le nombre et la qualité des bêtes confiées

---

(1) Voir dans le *Banquet* l'impression profonde que Socrate faisait sur Alcibiade.

recommandait à ceux qui ne pouvaient l'imiter de s'abstenir des plats ou des liqueurs qui excitent à l'intempérance : Circé, disait-il, changeait les hommes en pourceaux en leur servant de copieux repas et c'est à sa sobriété qu'Ulysse avait dû de se soustraire à cette honteuse métamorphose.

Chapitre IV. — *Comment Socrate prouve à Aristodème qu'il y a des dieux et qu'il faut leur rendre le culte qui leur est dû.*

On a dit que l'enseignement de Socrate n'était pas d'une efficacité suffisante, et que, si sans doute il montrait aux hommes la voie de la vertu, il n'était pas capable de les rendre meilleurs. Pour bien montrer l'injustice de ce reproche, Xénophon nous rapporte un entretien de Socrate avec Aristodème sur la divinité.

Le philosophe avait appris qu'Aristodème ne sacrifiait jamais aux dieux et raillait ceux qui observaient les pratiques du culte. Socrate veut confondre son impiété et pour cela il lui démontre l'existence des dieux et leur Providence.

Nous admirons les génies qui, comme Homère, Sophocle ou Zeuxis, ont produit des œuvres pourtant dépouillées de vie et de pensée : combien plus ne devons-nous pas admirer ceux qui créent des êtres vivants capables de comprendre et d'agir! Il est impossible en effet que de tels êtres soient le produit du hasard, car tout dans leur organisation est merveilleusement adapté pour une fin. Que l'on considère par exemple le corps humain : rien qui n'y ait sa destination. Les yeux sont faits pour voir, les oreilles pour entendre; l'organe visuel est garanti par des sourcils, des paupières garnies de cils; les dents nous servent à broyer les aliments, etc... Des ouvrages aussi merveilleux ne peuvent venir que d'un sage ouvrier, animé d'un tendre amour « pour ses créatures ». De plus, la tendance des pères à perpétuer l'espèce, celle des mères à nourrir les petits, l'amour de la vie qui se retrouve chez tous les êtres, tous ces instincts ne sont-ils pas la marque d'une intelligence prévoyante et sage? Nous possédons une raison, mais elle ne peut être qu'une parcelle de la raison universelle, de celle qui a si magnifiquement ordonné le monde. Sans doute cette intelligence supérieure est invisible; mais voyons-nous davantage l'âme qui commande au corps et dirige nos actions? C'est folie de nier l'existence de la divinité. Et, si élevés que les dieux soient au-dessus de nous, ils s'intéressent à l'homme. Ce qui le prouve surtout, c'est la merveilleuse conformation de notre corps, ses avantages sur celui des autres animaux ; c'est encore l'âme qu'ils nous ont donnée, grâce à laquelle nous pouvons connaître leur existence, acquérir la science et par celle-ci nous conférer une foule de commodités. Et ce corps et cette âme sont admirablement faits l'un pour l'autre : avec le corps d'un bœuf, l'intelligence de l'homme serait frappée de stérilité ; sans l'intelligence, les mains ne seraient que d'inutiles organes. L'homme est le plus favorisé de tous les êtres : comment soutenir que la divinité ne s'occupe point de lui ? Pour le reconnaître, il n'est point nécessaire que les dieux nous conseillent chacun en particulier : c'est assez des prodiges publics, des avertissements qu'ils donnent à tous les mortels. D'autre part, cette croyance naturelle qu'il y a des dieux capables de nous récompenser et de nous punir ne saurait nous induire en erreur. Enfin, si notre âme gouverne à son gré notre corps, si notre vue peut s'étendre au loin, et si notre pensée se porte en même temps sur une foule de choses, il faut croire qu'une âme divine gouverne aussi l'univers, que l'œil de la divinité embrasse tout, que rien n'échappe à sa providence : qu'Aristodème révère donc les dieux, qu'il leur demande d'éclairer sa raison, alors il reconnaîtra que telle est la grandeur de l'Être suprême, « qu'il voit tout, entend tout, est partout, pourvoit à tout ». On le voit : comment mettre en doute la haute portée de l'enseignement de Socrate, l'accuser d'être impuissant à rendre les hommes vertueux, quand il leur persuadait qu'aucune de leurs actions n'échappe aux dieux ?

Chapitre V. — *Comment Socrate enseignait et pratiquait la tempérance.*

Socrate s'efforçait de faire aimer la tempérance. A quoi, disait-il, est bon l'homme qui n'a pas cette vertu ? Dans la guerre, nous n'en voudrions point pour chef ; à notre mort, nous nous garderions bien de lui confier nos enfants ou nos biens ; nous le refuserions même comme esclave. Le débauché ne peut faire que du mal : il en fait aux autres, il s'en fait encore plus à lui-même en ruinant sa maison, son corps et son âme. La tempérance est la base de la vertu ; prions les dieux de ne jamais être les esclaves de la volupté. Socrate d'ailleurs ne se contentait pas de prêcher la tempérance, il l'observait dans sa conduite ; il s'était rendu inaccessible aux plaisirs des sens, à ceux de la fortune et, pour sauvegarder sa liberté, il ne voulut jamais recevoir de l'argent du premier venu.

Chapitre VI. — *Comment Socrate réfute Antiphon qui lui reprochait son austère manière de vivre et son enseignement gratuit.*

Le sophiste Antiphon, pour enlever à Socrate quelques-uns de ses disciples, vient un jour le voir et en leur présence lui reproche sa manière de vivre. Suivant lui, Socrate semble vraiment avoir cherché dans la sagesse non pas l'art d'être heureux, mais celui d'être misérable; il mène une existence dont un esclave ne voudrait pas, se nourrissant de mets grossiers, couvert en toute saison d'un mauvais manteau, marchant pieds nus; il n'accepte point d'argent, renonçant ainsi à une foule de douceurs. Si ses disciples lui ressemblent, il ne peut leur enseigner que l'art d'être malheureux.

Socrate répond au Sophiste et le réfute. Son existence est loin d'être aussi triste qu'Antiphon le suppose. Sans doute, il refuse tout argent pour ses leçons, mais il garde son indépendance. Ses mets sont sans apprêt; mais l'appétit les assaisonne. Un seul manteau lui suffit, il n'a pas besoin de chaussures, car il a habitué son corps à n'être incommodé par rien et il n'a pas peur de blesser ses pieds en marchant. Et s'il n'est pas l'esclave de ses sens, c'est qu'il connaît les plaisirs supérieurs, plus durables de la vertu et de la vraie amitié. Le bonheur ne consiste pas à multiplier ses besoins, mais à en avoir le moins possible: par là en effet on imite la divinité qui n'a besoin de rien.

Un autre jour, Antiphon fait observer à Socrate que tout ce qui a quelque valeur se vend à prix d'argent; si donc Socrate ne réclame aucun salaire de ses disciples, c'est qu'il n'attache aucune importance à ses leçons: mais ne sachant rien qui mérite d'être payé, peut-il prétendre au titre de sage? — Socrate répond que si le Sophiste vend la sagesse au premier venu, le vrai sage cherche ceux qui sont heureusement doués, les instruit dans la vertu et se les attache par la reconnaissance autrement précieuse que l'argent.

Enfin, dans une autre circonstance, Antiphon demande au philosophe pourquoi, se flattant de former des hommes d'État, il ne se mêle point lui-même aux affaires publiques. — Socrate réplique qu'il rend plus de services à Athènes en préparant à la politique le plus grand nombre possible de jeunes gens qu'en lui consacrant seulement sa personne.

Chapitre VII. — *Comment Socrate voulait qu'on fût ce que l'on voulait paraître.*

Socrate amenait ses disciples à cultiver la vertu en s'appliquant à les détourner de la présomption. Il importe, disait-il, d'être ce que l'on veut paraître. Celui qui, sans l'être, voudrait passer pour un bon joueur de flûte, serait dans la nécessité d'imiter le bon joueur de flûte dans ce qui fait l'extérieur de l'art, d'avoir d'excellents instruments, une nombreuse suite. Mais il devrait éviter de jouer, car il serait bientôt couvert de ridicule : obligé de faire beaucoup de frais, ne gagnant rien, perdu de réputation, ne serait-il pas très malheureux ? Il en est de même de celui qui, sans en avoir les capacités, voudrait passer pour bon général ou bon pilote : il ne pourrait que perdre les autres et être accablé de honte. Il est donc dangereux de se faire passer pour plus riche, plus fort ou plus courageux que l'on n'est en effet. Mais surtout tromper ses concitoyens en se donnant pour un habile politique, c'est la plus coupable des fourberies.

LIVRE II

Chapitre I. — *Comment Socrate reproche à Aristippe sa vie trop molle. Apologue de Prodicus.*

Socrate avait appris que l'un de ses disciples, Aristippe, vivait trop mollement. Il entreprend de le corriger. Celui qui ne sait point résister à la volupté doit renoncer à tout commandement dans l'État : pour être digne d'une telle fonction, ne faut-il pas savoir résister à la faim, à la soif, au sommeil, au travail, ne pas se laisser surprendre par tous les pièges de la gourmandise dans lesquels la bête seule peut tomber ? Par suite, quiconque n'est pas tempérant ne peut songer à prendre part aux affaires.

Aristippe répond que, pour sa part, il n'a jamais eu cette ambition : n'est-ce pas le comble de la démence de se priver d'une quantité de choses agréables pour se faire l'esclave d'un peuple exigeant et égoïste ? Il ne songe qu'à une chose, mener une vie tranquille. Socrate lui démontre alors par des exemples que le sort de ceux qui commandent vaut mieux que celui de ceux qui obéissent. Mais si Aristippe refuse de faire partie des premiers, il ne veut pas davantage être au nombre des seconds ; il s'efforce de marcher dans une « route moyenne », sans commander ni obéir, dans la route de la liberté qui mène au bonheur. — « Un pareil chemin, réplique Socrate, ne serait possible qu'en dehors de toute société. Mais comment vivre avec les autres sans commander, ni obéir, sans chercher à être non pas parmi les faibles et les esclaves, mais parmi les forts et les maîtres? — Pour être à l'abri de tout souci, déclare Aristippe, je ne veux être d'aucune cité. — Ruse admirable! répond Socrate. Les chefs d'État cherchent tous les moyens pour mettre ceux qu'ils gouvernent à l'abri des injustices et pourtant ils sont loin d'empêcher toute vexation; sera-ce donc sa qualité d'étranger qui donnera à Aristippe la sécurité et le défendra de l'insulte dans toutes les villes qu'il pourra habiter? Peut-être se croit-il en sûreté parce qu'il sait qu'un maître ne peut tirer parti d'un esclave qui aime à vivre comme lui dans la paresse et le plaisir? Pourtant de tels domestiques sont-ils heureux? Ne sont-ils pas de la part de leurs maîtres exposés à mille souffrances? — Qu'importent tous ces maux, objecte le disciple, si les hommes qui veulent gouverner doivent en supporter de semblables? Que l'on soit malheureux volontairement ou malgré soi, n'est-ce pas toujours la même chose? » — Socrate lui montre la différence. Celui qui endure une souffrance volontairement la fait cesser quand il lui plaît; de plus, cette douleur disparaît dans l'espérance de la récompense : si déjà le chasseur oublie ses fatigues dans l'espoir d'une bonne proie, le sage qui travaille à fortifier son esprit et son corps pour bien administrer sa maison et la cité sent-il encore ses peines dans le bonheur qu'il éprouve à se sentir utile, au milieu de l'admiration qu'il fait naître et des louanges qu'il s'attire? L'oisiveté ne profite ni au corps ni à l'âme; seul le travail nous conduit à de grandes choses.

Alors Socrate expose la belle allégorie dans laquelle Prodicus montre Hercule, arrivé à l'adolescence, hésitant entre la Mollesse et la Vertu. Retiré dans une tranquille solitude, encore incertain du chemin qu'il doit prendre dans la vie, le héros voit deux femmes venir à lui, l'une à l'aspect noble, pleine de dignité dans la démarche et de pudeur dans le regard; l'autre au maintien affecté, toute fardée, s'avançant mollement, les yeux effrontés. Et celle-ci, courant au-devant d'Hercule, promet au jeune homme, s'il veut la suivre, une vie de délices : jamais de travail ni d'efforts; rien que le plaisir. L'autre au contraire lui fait entendre un langage sévère : le but que les dieux ont fixé à l'existence n'est pas la jouissance, c'est le dévouement à la famille, à l'État, tout ce qui fait l'homme « beau et bon ». Mais le chemin du devoir

est pénible, il ne faut craindre   sueurs. Et
comme la Mollesse fait alors sen   bien la voie
qu'elle-même lui propose est autre   ....e : « Malheureuse, réplique l'autre, quels sont d..   biens que tu possèdes? Quels plaisirs peux-tu connaît.. , toi qui ne fais rien pour les goûter, et qui, ne sachant point cueillir ceux qui sont naturels, es sans cesse tourmentée par la fièvre des jouissances factices! Les dieux te rejettent et les mortels te méprisent, car tu es incapable d'une belle action, impuissante à donner autre chose que la honte et le déshonneur. » Alors la Vertu, faisant son propre éloge, expose à Hercule ses merveilleux bienfaits : elle est honorée des dieux et aimée des hommes; rien de beau ne se fait sans elle; elle est la gardienne fidèle du foyer, elle concourt à tous les travaux de la paix et de la guerre ; grâce à elle, la vie est bien remplie ; à la jeunesse, elle donne le plaisir d'être louée par les vieillards ; aux vieillards, elle assure le respect de la jeunesse et le bonheur du devoir accompli ; à tous les hommes, quand le terme fatal arrive, elle permet de ne point descendre sans honneurs chez les morts; grâce à elle, leur mémoire fleurit d'âge en âge jusqu'à la postérité la plus reculée. « Aristippe, dit Socrate en terminant, médite cette leçon, fais de généreux efforts, occupe-toi de ta conduite pour l'avenir. »

Chapitre II. — *Comment Socrate reproche à son fils son ingratitude envers sa mère.*

Socrate remarque un jour que son fils aîné, Lamproclès, était irrité contre Xantippe, sa mère. Sans paraître songer à la faute du jeune homme, il se met à lui parler de l'ingratitude en général. Il n'a pas de peine à lui faire dire que c'est une injustice et Lamproclès avoue qu'il n'est pas permis de manquer de reconnaissance envers un bienfaiteur, celui-ci fût-il un ennemi, et que l'on est d'autant plus coupable que les services rendus ont été plus grands. Alors Socrate, sortant des généralités, en arrive plus directement à la conduite de Lamproclès. Est-il donc, demande-t-il, des êtres plus complètement comblés de bienfaits que ne le sont les enfants par leurs parents? Le père nourrit l'épouse, travaille pour assurer à tous la subsistance; la mère, après avoir porté de longs mois l'enfant dans son sein, le met au jour dans la souffrance, le nourrit de son lait, l'entoure des soins les plus tendres. Ensuite les parents, soucieux de son avenir, donnent à l'enfant toutes les connaissances qu'ils possèdent ou, s'ils connaissent quelqu'un plus capable de le former, ils l'envoient suivre ses leçons, « ne regrettant ni dépense, ni soins ».

Le jeune Lamproclès comprend, mais il essaie de s'excuser en alléguant l'humeur souvent insupportable de Xantippe. — Qu'est-ce donc que cela, réplique Socrate, en présence de toutes les peines, toutes les angoisses que l'enfant cause à la mère? Sans doute Xantippe a pu se laisser aller à quelques paroles un peu vives; mais les comédiens sur la scène ne se lancent-ils pas souvent les plus sanglantes injures, sans que cela tire à conséquence, car ils ne sont pas dupes de leurs paroles et savent qu'aucun d'eux n'éprouve réellement les sentiments qu'il exprime? Une mère parle-t-elle plus sérieusement quand elle s'emporte contre ses enfants? Peut-elle être leur ennemie? Elle les soigne dans leurs maladies, elle pourvoit à ce que jamais rien ne leur manque, elle demande pour eux les bienfaits des dieux : est-ce là être méchant? On est plein d'égards pour ceux qui nous rendent des services : comment ne pas en avoir pour une mère qui nous comble de bienfaits? L'ingratitude envers les parents est un crime si odieux que la législation elle-même le punit, elle exclut de certaines charges ceux qui en sont coupables, car de tels individus peuvent-ils être honnêtes et justes? Que Lamproclès révère sa mère : sans quoi il aura à craindre que les dieux ne lui refusent leurs faveurs et que les hommes ne le rejettent.

Chapitre III. — *Comment Socrate réconcilie deux frères qui étaient brouillés.*

Socrate s'était aperçu que deux de ses amis, deux frères, Chérécrate et Chéréphon, étaient brouillés : il va trouver Chérécrate, et s'efforce de faire renaître la bonne intelligence. — Ecoutons-le parler. Un frère est préférable à toutes les richesses, car il vous défend et les richesses ont besoin d'être défendues; les richesses peuvent s'acquérir par l'industrie, mais la nature seule donne des frères. Pour s'aider dans ses travaux, on achète des esclaves; pour avoir un appui, on cherche des amis; et l'on négligerait ses frères! Pourtant « quel titre à l'amitié que d'être nés du même sang, d'avoir été élevés ensemble »! N'y a-t-il pas une tendresse naturelle même entre les animaux nourris du même lait? — Chérécrate est sans doute convaincu de ces vérités, mais il déclare que son frère est tout le contraire de ce qu'il devrait être. — Pourtant, réplique Socrate, ne plaît-il pas à certaines personnes qui s'en louent? Peut-être

Chérécrate ne sait-il pas s'accommoder à son humeur. S'il avait un chien, gardien fidèle de ses troupeaux, qui caressât les bergers, mais grondât à son approche, ne s'efforcerait-il pas de l'apprivoiser par ses caresses : pourquoi ne pas agir de même envers son frère? Quand on veut se concilier l'amitié d'autrui, on fait des avances : pourquoi Chérécrate, par fausse honte, ne prévient-il pas son frère? C'est d'ailleurs à lui de commencer, car, étant le plus jeune, il doit à son aîné déférence et respect. Et comme Chérécrate hésite, ne sachant pas s'il réussira dans son entreprise, Socrate le rassure : il fera preuve d'un bon cœur et son frère ne voudra pas le céder en générosité. Ne séparons pas ce que les dieux ont réuni : les deux mains, les deux yeux, les deux pieds sont faits pour se prêter un mutuel secours : à plus forte raison en est-il ainsi de deux frères que la distance même ne peut empêcher de s'aimer.

Chapitre IV. — *Comment Socrate montre les bienfaits de l'amitié.*

Socrate attachait le plus grand prix à l'amitié, il conseillait à ses disciples de se faire des amis et leur apprenait comment il faut vivre avec eux. Les hommes, disait-il, cherchent à acquérir toutes sortes de biens, et, quand ils les possèdent, ils travaillent à les conserver. Eux-mêmes avouent qu'un ami est le plus précieux des biens et pourtant ils ne se mettent en peine ni de l'acquérir ni de le conserver. Qu'un esclave soit malade, on court au médecin : l'ami est délaissé; qu'un esclave meure, on est désolé; à la perte d'un ami, l'on reste indifférent; on connaît au juste le nombre de ses esclaves; celui de ses amis, on ne peut le dire. Et pourtant est-il un esclave aussi dévoué qu'un ami? Un ami véritable ne cherche qu'à obliger son ami; en partageant ses peines, il les allège; en prenant part à ses joies, il les double; il l'entoure des soins les plus tendres, il est sa providence : « O hommes, conclut Socrate, vous cultivez des arbres pour en avoir les fruits et vous négligez avec une coupable indolence le verger le plus fertile, celui de l'amitié (1) ! »

Chapitre V. — *Pour avoir des amis, il faut s'en montrer digne.*

Socrate a été informé qu'un de ses auditeurs avait abandonné son ami dans la misère : par un entretien avec Anti-

---

(1) On l'a déjà remarqué : Socrate considère trop l'amitié à un point de vue utilitaire et il reste bien au-dessous de notre Montaigne, qui exclut de l'amitié toute idée d'intérêt et y voit le don réciproque, absolu de deux âmes l'une à l'autre.

grondé dans la maison parce qu'il ne fait rien. Le philosophe lui conseille alors de conter à ses gens l'apologue des brebis et du chien. Les brebis se plaignirent un jour de ce que, malgré tous les services qu'elles rendaient à l'homme, elles n'avaient jamais que ce qu'elles arrachaient à la terre, tandis que le chien, qui ne rapportait aucun profit, partageait le pain du maître. Le chien eut vite fait de se justifier en leur montrant que c'était lui qui, faisant bonne garde autour d'elles, les empêchait d'être la proie des voleurs et des loups. « Dites de même à vos parents, ajoute Socrate, que vous êtes pour eux le chien de la fable, que c'est vous qui veillez sur eux, leur permettant ainsi de travailler en sûreté et avec joie (1). »

Chapitre VIII. — *Comment Socrate engage un de ses amis à choisir un métier qui le garantisse contre la vieillesse.*

Socrate rencontre un de ses amis, Euthère, qu'il n'avait pas vu depuis longtemps; celui-ci lui apprend que, dépossédé de tous ses biens, il a été forcé, pour vivre, de se faire journalier; toutefois il préfère ce dur, mais libre labeur à une condition plus douce, mais plus voisine de l'esclavage. Socrate l'avertit de l'approche de la vieillesse: bientôt personne ne voudra plus employer ses forces trop faibles; il ferait mieux de se placer comme économe chez un homme riche. Celui-ci fait observer que c'est là une fonction digne d'un esclave et qui expose fréquemment aux reproches. Mais, réplique Socrate, ceux qui administrent les affaires de l'État, et sont pour ainsi dire les économes de la cité, sont-ils regardés comme des esclaves? Ne les considère-t-on pas au contraire comme des hommes libres par excellence? D'autre part, nul n'est tenu à l'impossible : qu'Euthère mette tous ses soins à bien remplir ce qu'il aura entrepris: ce sera le meilleur moyen d'encourir le moins de reproches et de se ménager une vieillesse heureuse.

Chapitre IX. — *Comment l'on peut se mettre à l'abri des sycophantes.*

Criton se plaint un jour à Socrate des difficultés qui l'empêchent de vivre tranquille dans Athènes et des nombreux procès qu'on lui intente parce qu'on sait qu'il aime mieux donner de l'argent que d'avoir des affaires. Le philosophe

---

(1) Socrate, par cette réhabilitation du travail, se met au-dessus des préjugés de son temps : le travail manuel était en effet regardé comme quelque chose de bas, indigne de l'homme libre. Socrate le justifie au nom de son principe général, l'utilité vraie : pour lui, tout ce qui est vraiment utile est bon. Platon n'ira pas jusque-là et Aristote légitimera l'esclavage.

lui conseille de chercher un homme dévoué, capable de donner la chasse à ceux qui cherchent ainsi à lui nuire. Criton découvre Archédème, citoyen éloquent, habile et pauvre en même temps; il lui ouvre sa maison, le comble de bienfaits. Archédème ainsi traité se voue à la défense de Criton, s'assure que les calomniateurs sont des gens couverts d'infamie, les cite en justice, et ne les abandonne que lorsqu'ils ont promis de rester en repos. Archédème est d'ailleurs le premier à tirer profit de sa conduite, car tous les amis de Criton viennent se mettre sous sa garde. Et à ceux qui lui reprochent de n'obéir qu'à l'intérêt, il répond qu'il n'y a pas de mal à se montrer reconnaissant envers les gens de bien qui nous obligent; il faudrait plutôt blâmer ceux qui veulent nuire aux hommes vertueux et ne craignent pas pour cela de se faire les amis des méchants.

Chapitre X. — *De l'utilité des amis.*

Socrate conseille à Diodore de se faire des amis. Si un esclave s'enfuit, on s'efforce de le retrouver; s'il est malade, on appelle le médecin. Mais un ami n'est-il pas encore beaucoup plus utile qu'un esclave? Un citoyen d'Athènes, Hermogène, est dans la misère : Diodore pourrait « à peu de frais » se procurer son amitié et il s'en trouverait bien; que Diodore profite donc de cette situation et que, sans tarder, il aille lui-même trouver Hermogène. Diodore obéit et, sans qu'il lui en coutât beaucoup, « il eut un ami qui n'agissait, qui ne parlait que pour le servir et lui plaire ».

LIVRE III

Chapitre I. — *Comment Socrate montre qu'avant de vouloir être général, il faut posséder les connaissances nécessaires.*

Socrate savait se rendre utile à ceux qui briguaient les premiers emplois dans l'État : il leur montrait que, pour se mêler aux affaires publiques, les connaissances techniques sont absolument nécessaires. Il avait remarqué qu'un de ses disciples désirait devenir général; il lui conseille de s'y préparer par des études sérieuses. Peut-on entreprendre de faire des statues sans connaitre la statuaire? Il est aussi impossible de vouloir être bon général sans posséder les principes de l'art de commander; cela serait d'ailleurs autrement dangereux, puisque en cas de guerre le sort de l'État est tout entier dans les mains du général. Le jeune homme se laisse facilement convaincre et va trouver le sophiste Dionysodore qui se flattait de donner des leçons d'art militaire. Quelque temps après, il revient voir Socrate, et celui-ci le raille agréablement. Celui qui sait jouer du luth, dit-il, est un joueur de luth même quand il ne joue pas : voici un jeune homme déjà général, bien qu'il ne commande point en effet, car il prétend connaître l'art de commander. Le philosophe lui demande alors ce qu'il sait. Ce dernier répond qu'on lui a enseigné la tactique. — Mais, réplique Socrate, ce n'est là qu'une faible partie de l'art militaire. Le général doit encore pourvoir aux besoins du soldat, être laborieux, patient, habile à surprendre l'ennemi. Il faut aussi qu'il sache ranger ses troupes, modifier suivant les circonstances son plan de bataille. — Le jeune homme avoue que Dionysodore ne lui a rien appris de tout cela. « Retourne donc vers lui, réplique Socrate; s'il est instruit et qu'il ait quelque pudeur, il rougira de t'avoir congédié après de si insuffisantes leçons et d'avoir pris ton argent. »

Chapitre II. — *Des devoirs du général.*

Socrate rencontre un jour un citoyen, élu général : il lui recommande alors de ressembler autant que possible à Agamemnon, qu'Homère appelle « pasteur des peuples » et qu'il loue encore d'être à la fois « bon roi » et « redoutable guerrier ». Il faut qu'un général veille sur la vie de ses soldats, qu'il sache leur communiquer son ardeur, qu'il s'occupe, non de son propre bien-être, mais de celui de ceux qui sont sous ses ordres, en un mot qu'il fasse tout pour assurer la victoire et le bonheur du peuple qui l'a choisi.

Chapitre III. — *Ce que doit faire un bon général.*

Un citoyen vient d'être nommé hipparque : Socrate en profite pour lui parler de ses futurs devoirs. En ambitionnant cette charge, le nouvel élu n'a pas seulement voulu marcher à la tête des cavaliers, honneur dont jouissent les archers à cheval, ni se faire connaître, car il n'est pas de gens plus connus que les fous : son but était de commander les chevaux et les cavaliers et d'être dans cette fonction utile à l'État. Eh bien, il devra d'abord s'occuper des chevaux, veiller à ce qu'ils aient toutes les qualités désirables. En même temps, il aura soin des cavaliers, les formant à tous les exercices qui assurent la victoire. Surtout il veillera à la discipline, sans laquelle on ne peut avoir ni bons chevaux, ni braves cavaliers; pour l'assurer, il montrera que, possédant toutes les connaissances nécessaires, il est un chef habile et qu'il est de l'intérêt des soldats de lui obéir. C'est pourquoi l'art même de la parole lui sera nécessaire pour pouvoir mieux persuader. En terminant, Socrate s'adresse à l'amour-propre et au patriotisme de l'hipparque : si vraiment l'on prenait soin de la cavalerie athénienne, elle l'emporterait sur toutes les autres, les succès qu'elle remporterait couvriraient de gloire le général qui la commande et l'État auquel elle appartient.

Chapitre IV. — *Qu'un bon économe peut être bon général.*

Nichomachide est irrité de ce que les Athéniens ne l'ont pas choisi pour général, lui qui a blanchi dans le service des armes, et lui ont préféré Antisthène qui n'a jamais été soldat. Socrate objecte que le choix n'est peut-être pas aussi mauvais qu'il le paraît. Toutes les fois qu'Antisthène a été chorège, il a remporté le prix : c'est que, sans savoir chanter et sans connaître la musique, il a eu le talent de choisir les meilleurs musiciens. Si donc il a été assez habile pour gagner un prix qui n'honore que sa tribu, pourquoi ne le serait-il pas encore quand il s'agit de remporter une victoire qui intéresse tout l'État? Un homme qui en toute occasion connaît ce qu'il faut et possède l'art de se le procurer doit réussir partout. Quelle différence d'ailleurs entre un économe et un général? Tous deux ont à s'acquitter des mêmes devoirs. Dira-t-on que, pour combattre, la science économique ne sert à rien? Mais le bon économe saura prendre toutes ses dispositions pour assurer la victoire ; il ne faut donc pas mépriser les économes habiles : l'État est-il donc autre chose qu'une famille comprenant toutes les autres? Par suite, qui sait bien administrer ses affaires sera aussi apte à administrer celles de l'État : la politique n'est qu'une économique agrandie.

Chapitre V. — *Socrate expose au fils de Périclès les moyens de rendre à Athènes son ancienne grandeur.*

Le fils de Périclès déplore un jour devant Socrate la décadence d'Athènes ; sans doute les Athéniens ne le cèdent point en qualités civiques et militaires aux autres cités de la Grèce : pourtant, depuis l'échec de Délium, Athènes est sans cesse menacée. Socrate lui répond que, précisément à cause de cette situation, la république obéira plus volontiers à un bon général : il se plaît à croire que le fils du grand Périclès sera le sauveur qu'on attend. Le jeune homme lui demande alors de quelle façon il lui serait possible de rendre ce service aux Athéniens. En leur rappelant leurs aïeux, répond Socrate, la vertu et les glorieux faits des Héraclides ou de Thésée. Les Athéniens ont dégénéré, parce que, devenus puissants, ils se sont négligés, pareils à ces athlètes toujours vainqueurs qui, par excès de confiance, tombent dans l'indolence et se font battre par leurs adversaires. Pour retrouver leur ancienne puissance, il faut que, revenant aux anciennes vertus, ils s'attachent au bien aussi fortement que leurs pères (1). Le jeune Périclès avoue alors que les défauts des Athéniens sont en effet nombreux: on ne respecte pas la vieillesse, on néglige les exercices du corps, on n'obéit point aux magistrats ; partout la discorde et la jalousie ; aussi craint-il que la chute d'Athènes ne soit proche. Socrate le rassure : il ne faut pas désespérer des Athéniens ; ils savent quand il le faut obéir et marcher en ordre. S'ils ne réussissent pas à la guerre, c'est que peut-être les généraux manquent de la science nécessaire. « Je ne crois pas d'ailleurs, dit finement Socrate, pour piquer le jeune homme, que tu mérites le même reproche, car, non content de conserver les bonnes traditions de ton père, tu as cherché et cherches encore à posséder toutes les connaissances utiles à un général d'armée. » Périclès comprend : « Tu ne me parles pas ainsi dans la pensée que je prends en effet toutes les peines nécessaires ; mais par ce détour adroit tu m'avertis qu'on doit se les donner avant de prétendre au commandement. » Socrate l'avoue et lui indique comment on pourrait faire beaucoup de mal aux Béotiens. Et comme Périclès trouve le plan excellent : « Efforce-toi de le faire réussir, déclare Socrate en terminant ; tu en retireras de la gloire et l'État du profit. »

Chapitre VI. — *Comment Socrate guérit Glaucon de ses folles prétentions.*

Glaucon, frère de Platon, était un jeune présomptueux, qui voulait à toute force et sans aucune connaissance entrer dans l'administration de l'État. Personne ne pouvait le guérir de ses folles prétentions ; Socrate seul parvint à le rendre plus sage. L'ayant rencontré un jour, il se met d'abord à le féliciter de vouloir faire partie du gouvernement,

---

(1) Tout ce passage est très important : il montre que Socrate n'était point le dangereux novateur, le révolutionnaire que l'on se figurait ; c'était un vrai conservateur, il voulait revenir aux traditions du passé. Il poursuivait le même but qu'Aristophane qui le bafouait ; il était du parti de ceux qui l'accusèrent et le firent mourir ! (Voir Zeller, *Histoire de la philosophie des Grecs*, traduction de M. Boutroux, 2ᵉ volume.)

il fait briller à ses yeux toute la gloire que le jeune homme retirera s'il est vraiment capable de remplir la fonction à laquelle il aspire. Mais précisément en est-il ainsi ? Pour rendre l'État plus prospère, il faudra accroître ses revenus, diminuer ses dépenses: Glaucon a-t-il fait une étude des uns et des autres ? Le jeune homme avoue qu'il ne s'en est jamais soucié. Au moins Glaucon connaît-il les forces de son pays? Sait-il combien Athènes possède de vaisseaux et de soldats, quelle garnison il faut renforcer ou retirer ? A-t-il réfléchi à la quantité d'argent que produisent les mines, à la quantité de blé qu'on récolte, qu'on consomme ou qu'on réserve ? Glaucon répond que de tout cela il n'a rien mûri, rien préparé même. Socrate l'amène alors à l'aveu forcé de sa complète insuffisance. Déjà Glaucon n'a pu aider son oncle à relever sa maison : et il voudrait être utile à tout un peuple ! Seuls ceux qui sont instruits savent, en toute occasion, faire ce qu'il faut, réussir dans leurs entreprises, obtenir de la gloire ; les autres commettent nécessairement des fautes et ne gagnent que des reproches ou du mépris. Que Glaucon se tienne donc pour averti, et qu'avant d'aspirer à gouverner, il songe à s'instruire.

Chapitre VII. — *Comment Socrate encourage Charmide à se mêler aux affaires publiques.*

Malgré son savoir et ses capacités, Charmide n'osait ni haranguer le peuple, ni se mêler aux affaires. Socrate, qui l'apprécie, veut le corriger de sa timidité. Ceux qui possèdent des talents utiles à l'État et qui ne veulent point en faire usage sont des gens sans énergie, des lâches. Or, c'est précisément le cas de Charmide à qui les luttes violentes de la démagogie font peur. Pourtant ses talents sont réels ; il sait donner aux magistrats de sages conseils, les avertir de leurs fautes. Pourquoi donc ne pas oser paraître dans l'assemblée du peuple ? Celle-ci n'est après tout composée que de la partie la moins éclairée de la cité, elle ne comprend que des cordonniers, des maçons ou d'autres gens de condition semblable. Pourquoi craindre de s'exposer à la raillerie d'une telle populace quand on ne craint pas celle des citoyens les plus distingués ? « O mon ami, s'écrie Socrate, connais-toi mieux ; emploie à cette étude toute ton énergie ; si tu peux par tes talents rendre des services à la patrie, ne l'abandonne point. Le bien qu'elle recevra de toi se répandra non seulement sur les autres citoyens, mais encore sur tes amis et sur toi. »

Chapitre VIII. — *Que le bien, le beau sont identiques à l'utile.*

Aristippe essaie par ses questions d'embarrasser Socrate. Il lui demande s'il connaît quelque chose de bien et quelque chose de beau. Socrate lui répond que si on veut lui parler d'un bien qui ne serait pas bien pour un but déterminé, il n'en connaît pas et ne désire pas en connaître. Le bien est d'ailleurs identique au beau : chaque chose est bonne et belle pour l'objet auquel elle est bien appropriée : ainsi un panier à ordures peut être beau relativement à l'usage auquel on le destine; au contraire, un bouclier d'or peut être laid s'il ne remplit pas sa destination. Le bien et le beau ne sont pas quelque chose d'absolu : une seule et même chose peut être bonne et belle relativement à un objet, mauvaise et laide relativement à un autre. Le bien et le beau sont identiques à l'utile. C'est pourquoi une maison ne sera belle qu'autant qu'elle sera commode et bien disposée (1).

Chapitre IX. — *Théories et pensées diverses de Socrate.*

Les belles qualités, comme le courage, ne sont pas seulement des dons naturels : elles réclament l'instruction et l'exercice ; c'est pourquoi ceux qui ne les ont pas doivent, pour les obtenir, chercher à s'instruire, et ceux qui les possèdent doivent, pour les conserver, les entretenir par un vigilant exercice. La vertu est essentiellement science ; l'homme honnête est celui qui connaît ce que c'est que l'honnêteté. D'une part, en effet, si la connaissance est déjà nécessaire dans les arts mécaniques, comment ne le serait-elle pas dans l'art plus difficile d'être vertueux? D'autre part, les hommes font toujours ce qu'ils croient devoir faire, c'est-à-dire ce qu'ils considèrent comme étant le meilleur pour eux. Comment donc ne feront-ils pas nécessairement ce qu'ils sauront de science certaine être pour eux le plus avantageux (2)? L'on est bon dans les choses que l'on sait, mauvais dans celles qu'on ignore : toutes les vertus sont filles de la science. Que l'on s'examine donc avec soin, que l'on se connaisse pour savoir ce que l'on

---

(1) Doctrine très contestable et très contestée : on a dit au contraire que le beau, c'était l'inutile. Socrate a le tort de considérer dans un objet sa matière : le beau ne peut résider que dans la pure forme. Peut-être d'ailleurs Socrate se plaçait-il à un point de vue purement pratique et voulait-il dire simplement que l'homme à la fois « beau et bon » était l'homme utile à soi-même et à la cité.

(2) C'est là, comme nous le verrons, l'idée fondamentale de toute la philosophie socratique : la vertu est science, il y a entre les deux termes identité. Socrate oublie la volonté libre, car elle est inutile dans ce déterminisme intellectualiste.

vaut : c'est folie de croire savoir ce que l'on ignore (1). Ce n'est pas la force, ni le hasard du sort, ni le choix populaire, mais la science seule, qui donne à un homme la faculté de gouverner : en toute circonstance, l'on n'obéit qu'au plus habile, c'est-à-dire au plus savant.

Chapitre X. — *Socrate discute avec divers artistes sur la fin de l'art et la nature du beau.*

Socrate rend un jour visite au peintre Parrhasius et après lui avoir rappelé les procédés de son art, il lui demande s'il cherche à imiter l'âme. Parrhasius lui déclare qu'on ne saurait imiter ce qui est invisible. Socrate lui fait remarquer son erreur : les états et les passions de l'âme s'expriment naturellement au dehors, sur le visage, dans les gestes ou les attitudes. Il faut que le peintre s'attache à représenter ce qu'on aime le plus à voir, c'est-à-dire une âme bonne et aimable. — Un autre jour, Socrate se rend chez le sculpteur Cliton ; il s'enquiert de la méthode suivie par l'artiste et lui montre qu'elle consiste en définitive dans l'habile imitation des attitudes corporelles ; toutefois derrière celles-ci se cachent les divers mouvements de l'âme, de sorte que c'est l'âme elle-même que le sculpteur exprime. — Enfin, dans une conversation avec l'armurier Pistias, Socrate montre qu'une cuirasse sera belle, non pas si elle est habilement ciselée et dorée, mais si elle est bien proportionnée à la taille de celui qui doit la porter.

Chapitre XI. — *Comment Socrate montre l'importance des exercices gymnastiques.*

Socrate remarque un jour la mauvaise complexion d'un de ses disciples, Épigène : il lui en expose les inconvénients et les dangers. A la guerre, ceux qui sont d'une faible constitution sont facilement pris par l'ennemi, ils doivent payer une forte rançon, sans quoi ils languissent toute leur vie dans la captivité. En temps de paix, ils ont une mauvaise réputation et, à cause de leur indolence, ils passent pour des lâches. Le sort de ceux qui sont bien constitués est tout différent ; ils se tirent avec honneur des combats, rendent à leurs amis et à l'État une foule de services, gagnent ainsi reconnaissance, gloire et honneurs ! Il importe donc de fortifier son corps par des exercices. Le bon état de l'organisme intéresse

---

(1) On reconnaît là le thème ordinaire des recherches de Socrate et la fameuse maxime : « *Connais-toi toi-même.* » Il y a dans tout ce chapitre de précieuses indications.

même les fonctions de l'esprit, car il préserve de l'oubli, du découragement, de la mauvaise humeur, même de la folie.

Chapitre XII. — *De quelques mots remarquables de Socrate.*

Socrate était plein d'esprit et trouvait toujours le mot qui convenait à la situation. A l'un qui s'irritait de ce qu'on n'avait pas répondu à son salut, il déclare qu'un rustre ne vaut pas la peine qu'on s'en occupe ; à un autre dont l'estomac est fatigué, il donne le remède, manger peu ; à un autre qui se plaint de ce que l'eau qu'il boit est chaude, il fait remarquer que ses esclaves s'en accommodent bien ; à celui-ci, tout fier d'avoir châtié son valet, il demande si ce n'est point le maître qui aurait dû être battu ; celui-là est effrayé par un voyage à Olympie. « Tu te promènes toute la journée dans ta maison, réplique Socrate ; additionne les promenades que tu peux faire en cinq ou six jours. » Un autre se plaint d'être fatigué d'une longue route : il lui fait honte d'être moins endurant que son esclave.

Chapitre XIII. — *Comment Socrate recommandait à ses disciples la frugalité.*

Quand on venait souper chez lui, les uns apportaient peu, les autres beaucoup. Socrate mettait tout en commun ; dès lors on cessa d'apporter beaucoup et d'acheter des viandes chères. — Il remarque qu'un des convives ne mangeait que de la viande sans pain ; il amène la conversation sur la passion honteuse de la gourmandise. L'autre saisit et prend un morceau de pain ; Socrate demande alors avec esprit si le jeune homme se sert de son pain pour manger la viande ou de la viande pour manger son pain. — Une autre fois il s'aperçoit qu'un des convives, à chaque bouchée de pain, goûte des différents plats : il lui fait observer que c'est là une habitude coûteuse ; il est d'ailleurs ridicule de bouleverser ce qu'ont pu faire d'habiles cuisiniers ; enfin c'est s'exposer à être malheureux toutes les fois qu'on n'aura pas une table variée : il faut savoir se contenter d'un modeste ordinaire.

LIVRE IV

Chapitre I. — *Comment Socrate faisait comprendre même aux jeunes gens les mieux doués et les plus riches la nécessité de l'instruction.*

Socrate cherchait à se rendre utile en toute occasion ; sa

conversation était précieuse ; ce n'était même pas sans profit que l'on pensait à cet homme vertueux, quand il était absent. Ce qu'il recherchait surtout chez les jeunes gens, c'était la beauté de l'âme ; il aimait ceux en qui il voyait d'heureuses dispositions, le désir des connaissances nécessaires pour bien administrer une maison ou bien gouverner l'État. Il croyait que, grâce à une bonne éducation, de tels hommes peuvent servir leur pays et être heureux. Mais il était convaincu de la nécessité de l'instruction même pour ceux que la nature a le plus favorisés : la science seule les rendra capables de bien remplir leurs devoirs ; sans elle, ils seront aussi méchants que nuisibles et leur violence amènera les plus grands malheurs. Aussi reprenait-il tous ceux qui, fiers de leur fortune, faisaient fi de l'instruction. C'est folie de s'imaginer que les richesses seules procurent le bonheur, le mérite et la bonne réputation ; l'on est estimé non d'après ce que l'on a, mais d'après ce que l'on vaut.

Chapitre II. — *Comment Socrate confond le jeune Euthydème fier de sa vaste science, et lui fait avouer son ignorance.*

Socrate apprend que le jeune Euthydème se flatte de l'emporter sur tous par la vaste science qu'il s'est acquise sans le secours de personne et de pouvoir, dès que l'âge le lui permettra, aborder la politique. Socrate va le trouver et, pour le piquer, déclare que si, sans de bons maîtres, il est déjà impossible de devenir habile dans les arts mécaniques, il serait bien simple de s'imaginer que l'art autrement difficile de gouverner l'État peut naître naturellement en nous (1). D'ailleurs, quelle confiance inspirer aux autres, quand on déclare qu'on n'a jamais rien appris, que même on a évité d'apprendre quoi que ce soit, de sorte que le hasard seul suggérera les conseils que l'on veut donner ? Que dirait-on de celui qui voudrait exercer la médecine et qui avouerait ne l'avoir jamais apprise ? — Socrate remarque que le jeune homme commence à réfléchir et qu'il est plus disposé à l'écouter : il retourne vers Euthydème pour continuer son œuvre. Il le loue d'abord d'avoir rassemblé un grand nombre d'ouvrages et de préférer à l'or les trésors de la sagesse. Puis il lui demande quel est le but de tout ce travail. Le jeune homme lui répond qu'il aspire à la science de bien administrer les affaires publiques et privées. « Par Jupiter, s'écrie Socrate, tu recherches le plus beau et le premier des

(1) C'est là une analogie dont Socrate ne manque jamais de se servir pour montrer la nécessité de la science.

arts, c'est la science des rois et on l'appelle science royale. »
Toutefois, pour exceller dans un tel art, il importe d'être juste
et Euthydème remplit-il cette condition ? Pour être juste, il est
nécessaire de connaître ce que c'est que la justice : Euthydème
possède-t-il cette connaissance? Alors Socrate, par une série
de questions habilement posées sur la justice et l'injustice,
embarrasse le jeune homme et lui prouve qu'il ignore ce qu'il
prétendait savoir. Euthydème a eu tort de négliger l'avis
gravé sur le fronton du temple de Delphes : « Connais-toi toi-
même » : il a cru se connaître, savoir ce qu'il valait et il n'en
était rien. Pourtant, c'est à cette connaissance qu'il faut
tendre, car il n'en est pas de plus utile. Celui qui se connaît
a conscience de ses forces, il se rend compte de ce dont il est
capable ou incapable; il n'entreprend que ce qu'il sait, il réussit, il est heureux, l'on recherche ses conseils et il jouit de
l'estime générale. Au contraire, celui qui ne se connaît pas
échoue dans toutes ses entreprises, il vit malheureux et
déshonoré ! Se connaître, ce n'est pas seulement avoir
conscience en chaque circonstance de ce dont on est capable
ou non, c'est savoir ce qui renferme les conditions universelles
du bonheur. Euthydème croit connaître en quoi consistent les
vrais biens et les vrais maux ; qu'il revienne de son illusion !
La force, la santé, la richesse, la gloire ne sont que des biens
équivoques, passagers, parfois même des maux : Euthydème
ne sait pas encore distinguer ce qui est effectivement notre
bien de ce qui semble l'être. Il veut se mettre à la tête de la
démocratie : connaît-il seulement ce que c'est que le peuple ?
Le jeune homme essaie de répondre, mais il est bientôt forcé
de reconnaître que sur ce point aussi son ignorance est complète. Alors, nous dit Xénophon en terminant, Euthydème « se
retira tout découragé, se méprisant lui-même et se regardant
comme un esclave ». Il comprit qu'il ne pourrait acquérir des
talents que dans la fréquentation de Socrate et il s'attacha à
lui. Socrate, le voyant dans de meilleures dispositions, ne le
rebuta plus, mais chercha au contraire à lui donner les connaissances nécessaires pour les hautes fonctions auxquelles Euthydème aspirait (1).

(1) Dans ce chapitre, Xénophon nous donne un exemple de la méthode socratique :
tout d'abord, en effet, Socrate emploie l'*ironie* qui a pour but la réfutation des idées
fausses et tend à montrer que l'on ne sait pas ce que l'on croyait savoir. S'apercevoir qu'on ne sait pas est la première condition pour commencer à savoir. Socrate
emploie ensuite la *maïeutique*, méthode positive qui a pour objet la découverte du
vrai, mais il ne l'emploie qu'avec ceux que l'ironie n'a point rebutés et qui manifes-
tent un désir sincère de s'instruire.

Chapitre III. — *Comment Socrate exhortait les jeunes gens à honorer les dieux.*

Socrate cherchait ainsi à donner aux jeunes gens l'instruction, principe de toute vertu ; il s'efforçait aussi de leur inspirer de bons sentiments envers les dieux. Xénophon nous le montre énumérant à Euthydème tous les bienfaits de la Providence. C'est elle qui nous a donné la lumière qui est indispensable, le soleil qui nous éclaire, la lune et les étoiles qui le remplacent pendant la nuit. Elle a pourvu à nos besoins, rendu la terre féconde. De quels services ne sommes-nous pas redevables à l'eau, au feu, au soleil qui mûrit les productions du sol, répand sur nous les bienfaits des différentes saisons ? Les animaux sont faits pour l'homme : ils le nourrissent, l'aident dans les travaux de la paix ou de la guerre. Puis les dieux nous ont donné les sens qui nous procurent mille jouissances, l'intelligence, source des plus belles découvertes et des plus grands biens ; la parole, instrument de communication des connaissances, fondement de la société. Enfin les dieux viennent encore à notre secours par la divination ; l'avenir étant fermé à notre connaissance, ils nous enseignent eux-mêmes comment nous devons agir. Sans doute, ils ne sont pas visibles : mais il en est de même du soleil qu'on ne peut regarder, et surtout de cette âme qui est en nous et qui fait notre parenté avec les dieux. Qu'on ne méprise donc pas les essences invisibles, mais qu'à leurs effets on les reconnaisse et qu'on les révère. Notre culte, d'ailleurs, leur sera agréable et nous vaudra leurs bienfaits (1).

Chapitre IV. — *Ce que Socrate entend par la justice : les lois écrites et les lois non écrites.*

Socrate recommandait aussi la justice : il la pratiquait d'ailleurs en toute occasion : pour rester juste, il brava la fureur de la foule qui, un jour qu'il était épistate, voulait désobéir aux lois ; il ne tint pas davantage compte des menaces des Trente

---

(1) Nous avons déjà vu un raisonnement semblable (liv. I, chap. 4). Que l'on remarque aussi en quel sens Socrate entend les causes finales : il s'agit de cette finalité qui consiste à considérer l'homme comme le centre et le but de toute la nature. Ces considérations sur la nature du monde sont un corollaire et comme le postulat de la doctrine socratique. Le bonheur de l'homme consiste non pas dans la connaissance du monde extérieur, mais dans la connaissance de soi ; nous devons nous désintéresser des choses ; mais puisque nous sommes appelés à vivre au milieu d'elles, les dieux doivent s'en être occupés pour nous. (Voir Boutroux, *Socrate, fondateur de la science morale.*)

qui le pressaient de condamner un citoyen à mort. Accusé par Mélitus, il ne chercha point par des flatteries à se concilier l'indulgence des juges et il aima mieux mourir en restant fidèle aux lois que de vivre en leur désobéissant.

Xénophon nous rapporte alors un entretien que son maître eut avec Hippias d'Élis sur la justice. Socrate se plaint tout d'abord qu'on ne trouve nulle part de maître pour enseigner la justice, tandis que, pour ce qui regarde les autres arts, les maîtres se rencontrent partout. Hippias se moque alors de Socrate qu'il accuse de toujours répéter la même chose : il annonce qu'il est lui-même capable de donner cet enseignement, mais il ne parlera que si Socrate commence par lui exposer ses idées propres sur la justice. Socrate, qu'Hippias a cherché ainsi à embarrasser, répond qu'il définit la justice, sinon par des paroles, du moins par des actes. Il ne refuse pas d'ailleurs la définition demandée et déclare que la justice est l'observation des lois. Ces lois sont d'abord celles de la cité : elles ont été établies, consenties par tous les citoyens : par suite, les violer, c'est se rendre coupable d'injustice. Le respect des lois est pour l'État une condition de bonne harmonie et de prospérité ; en ce qui concerne les particuliers, cette obéissance leur assure la sécurité, les bons offices, les honneurs. Mais à côté de ces lois il en est d'autres, des lois « non écrites », qui règnent dans tous les pays et qui, par suite, ne viennent pas des hommes, mais émanent des dieux. Telles sont, par exemple, les règles qui ordonnent d'honorer ses parents, d'être reconnaissant envers un bienfaiteur. Établies par les dieux, elles sont nécessairement justes et c'est mal agir que de les transgresser. D'ailleurs ceux qui les violent sont aussitôt punis, car elles portent leur sanction avec elles.

Chapitre V. — *Socrate prouve les funestes conséquences de l'intempérance.*

Socrate prêchait aussi la tempérance ; il était persuadé que c'est la première des vertus ; lui-même en offrait le vivant modèle. Xénophon nous rapporte un entretien sur ce sujet avec le jeune Euthydème. L'homme esclave des plaisirs se laisse aller à tous les désordres, perd la connaissance du bien et du mal, commet des actions honteuses qui le perdent. De la sorte, l'intempérance est le plus funeste des maux. Au contraire, la tempérance est la source des plus douces émotions ; il y a du plaisir à satisfaire le besoin ; par suite l'intempérant, qui l'étouffe dès sa naissance, s'interdit la jouissance ; il y a du bonheur à se sentir utile aux autres et à soi-même : l'intempérant ne le connaît pas. Le débauché n'est plus un homme, il s'est ravalé au rang du plus vil animal.

Chapitre VI. — *Des principaux éléments de la méthode socratique : définition, démonstration, induction.*

Socrate formait ses disciples à l'art de la discussion ; il pensait qu'avant tout il importe d'arriver à de bonnes définitions. Persuadé que l'homme qui connaît le bien le réalise nécessairement, il définissait toutes les vertus par la science. La piété consiste à connaître quel est le culte légitime, la justice à savoir ce qui est ordonné par les lois, etc. (1). C'est à la définition que Socrate remontait pour toutes les questions à résoudre. Lui demandait-on si tel citoyen était plus courageux ou meilleur administrateur que tel autre ? Socrate cherchait aussitôt ce que c'est que le bon citoyen ou le bon administrateur : la définition une fois donnée, il examinait si le citoyen dont on parlait pouvait y rentrer ou non (2). Pour établir cette définition, il cherchait dans les discours des hommes ce qui est connu et universellement admis ; suivant lui, cette méthode était infaillible (3).

Chapitre VII. — *Comment Socrate n'accordait de valeur qu'aux connaissances pratiques.*

Socrate enseignait à ses disciples tout ce qu'il savait et travaillait à leur donner toutes les connaissances indispensables à un homme bien né ; il les adressait aussi à des gens instruits, pour qu'ils apprissent d'eux ce que lui-même igno-

---

(1) Tout ce passage, quoique un peu concis, est important pour comprendre la vraie nature de la définition socratique ; elle n'a d'autre objet que les vertus et s'obtient en énonçant ce qui est capable de produire les vertus mêmes. Or Socrate estime que cette capacité n'est donnée que par la science. L'homme juste n'est pas seulement celui qui accomplit des actes de justice et peut quelquefois les accomplir par hasard, mais celui qui sait ce que c'est que la justice et qui, dès lors, suivant Socrate, ne peut manquer de réaliser dans sa conduite ses connaissances mêmes.

(2) C'est en ceci que consiste la démonstration. On en a un bel exemple dans l'entretien de Socrate avec Lamproclès : Socrate fait d'abord trouver à son fils la définition de l'ingratitude, détermine exactement le concept de la chose et montre ensuite que la conduite de Lamproclès tombe sous ce concept.

(3) Xénophon nous montre ainsi la nature de l'induction qui conduit à la définition. Persuadé que la nature humaine est en chacun de nous et que nous n'avons qu'à nous replier sur nous-mêmes pour avoir la vérité, Socrate interroge les hommes, consulte leurs opinions et voit dans l'accord des jugements le signe de leur objectivité. L'induction socratique s'appuie donc sur les croyances du sens commun et ne fait que substituer aux opinions aveugles des maximes réfléchies et sûres. (Voir Boutroux, *op. cit.*)

rait. D'ailleurs il ne voulait pas que dans les sciences on dépassât certaines limites : il n'accordait de valeur qu'aux connaissances capables d'être pratiquement utiles. Par exemple, il était bien d'avis qu'on apprît assez de géométrie pour être capable, le cas échéant, de mesurer un champ, ou assez d'astronomie pour connaître les saisons de l'année : mais il ne voulait pas qu'on s'élevât jusqu'aux difficultés de ces sciences ; c'était, suivant lui, perdre son temps et négliger d'autres connaissances plus utiles. En général, il n'aimait pas que l'on s'occupât de questions relatives au principe et à la formation des choses. C'était vouloir connaître des objets au-dessus de nos facultés, déplaire aux dieux qui se sont réservé ces secrets, risquer de se perdre dans les divagations d'Anaxagore qui prenait le soleil pour une pierre enflammée. En toute espèce de connaissances, Socrate examinait avec soin celles qui pouvaient être utiles et négligeait les autres. Quant à ce qui dépasse les forces de l'intelligence humaine, son avis était qu'il fallait sur ce point consulter les dieux par la divination (1).

Chapitre VIII. — *En se conformant à la voix qui l'inspirait et qui le détourna de se défendre, Socrate a gagné l'immortalité.* — *Conclusion des « Mémorables ».*

Socrate assurait qu'un génie lui révélait par des signes certains ce qu'il devait faire et ce qu'il devait éviter ; sans doute, il a été condamné à mort, mais cette condamnation ne prouve rien contre la voix dont il se disait inspiré : Socrate a eu raison de l'écouter. Il n'y a perdu que quelques années d'une vie déjà avancée, la partie la plus ingrate de l'existence, et en revanche il a gagné une gloire immortelle. On sait en effet comment, dans sa prison et attendant le retour de la théorie de Délos, il ne se départit pas un seul instant d'une sérénité qui commandait l'admiration et le plaçait au-

---

(1) On voit par ce passage que Socrate condamnait toute la philosophie des « physiologues » ; elle ne pouvait, suivant lui, être d'aucun secours pour préparer l'homme à la vie pratique ; toute spéculative, elle était incapable de répondre aux besoins nouveaux, de rendre aucun service pratique (Voir liv. I, chap. 1), surtout en ce qui concerne la conduite des affaires privées ou publiques. Elle avait d'ailleurs ce grand tort d'être sacrilège, irréligieuse en voulant essayer de connaître des secrets dont les dieux s'étaient réservé la science. Aussi ne pouvait-elle arriver qu'à des contradictions grossières et à des divagations insensées. Au nom de la pratique, Socrate limite le domaine de la science humaine, comme plus tard Kant, au nom de la morale, limitera sa portée. Une seule chose vaut pour l'homme la peine d'être connue, savoir lui-même, sa nature morale, ou plutôt cette science est nécessaire, indispensable, car sans elle il n'y a point de vertu possible.

dessus des hommes ; sa mort est la plus belle qu'on connaisse. Après l'accusation, Hermogène demanda à Socrate s'il songeait à son apologie. Le philosophe lui répondit que, par son amour de la justice, il s'en était occupé toute sa vie et que d'ailleurs son génie s'était opposé à ce qu'il la prononçât. Et les dieux ont été sages en lui signifiant ainsi leur volonté : car peut-on vraiment trouver un homme plus heureux que lui ? Il n'a jamais cessé un seul instant de travailler à son perfectionnement moral, ainsi qu'à celui des autres : comment la conscience de sa vertu ne lui aurait-elle pas donné le bonheur ? Par sa mort, il a évité tout ce cortège de maux, lot nécessaire de la vieillesse. Sans doute, cette mort est injuste : mais le monde flétrira ses bourreaux d'un opprobre éternel ; au contraire, la postérité lui rendra cet hommage que jamais il ne fut injuste envers personne, que, loin de chercher à corrompre, il ne chercha qu'à rendre meilleurs ceux qui le fréquentaient, et que par suite sa condamnation est une indignité. Xénophon termine son ouvrage par ces belles paroles, hommage ainsi rendu aux vertus de son maître :

« Je l'ai vu tel que je l'ai dépeint : si religieux qu'il n'osait rien entreprendre sans un avis du ciel ; si juste qu'il ne nuisit jamais à personne, mais faisait le plus grand bien à ceux qui recherchaient son amitié ; si tempérant qu'il ne préféra jamais le plaisir à l'honnête ; si prudent qu'il ne se trompait jamais..., aussi habile à juger les hommes qu'à les reprendre de leurs fautes et à les porter à l'honneur et à la vertu. Tel m'a paru Socrate, le meilleur, le plus heureux des humains. Que ceux qui ne partagent point mon opinion comparent les mœurs des autres hommes à celles de Socrate et qu'ils jugent ensuite. »

Appréciation des « Mémorables ». Valeur littéraire. Le plan de l'ouvrage. — Tels sont les *Mémorables* de Xénophon ; leur but est évident : c'est la réhabilitation de la mémoire de Socrate. Quelques critiques croient qu'il répondait directement à un réquisitoire du rhéteur Polycrate. Le plan de l'ouvrage est simple. Au début, et dans une sorte de préface, Xénophon prend directement à partie les griefs positifs des accusateurs, démontre qu'ils sont sans fondement ; puis, pour mieux asseoir son apologie, il met en scène Socrate lui-même et, en rapportant les propres conversations du philosophe, nous fait assister à la vie et aux enseignements de son maître. Sans doute Xénophon, « tout en consultant ses souvenirs, ne s'en est pas tenu à une exactitude littérale d'ailleurs impossible » (1); plus d'une fois il a pu recourir à son imagination. Néanmoins, conservant en cela ses habitudes de fidélité et d'impartialité, il a su chercher à nous donner des entretiens de Socrate une image aussi exacte que possible.

Un examen rapide des *Mémorables* suffit pour être frappé du peu d'ordre et de liaison qui existe entre les différents chapitres : l'ouvrage n'est pas non plus sans répétitions et certains chapitres font visiblement double emploi. Pour expliquer cette insuffisance dans la composition de l'ouvrage, on peut admettre avec M. Croiset ou bien que Xénophon, « après avoir publié une première fois son œuvre, y revint à plusieurs reprises, ajoutant de nouveaux souvenirs aux premiers », et que tous ces matériaux furent ensuite un peu disposés au hasard par le premier qui les publia; ou bien que, du vivant même de Xénophon, il y eut deux éditions différentes plus tard mélangées maladroitement. Quoi qu'il en soit, les *Mémorables* que nous possédons sont plutôt des matériaux pour une apologie qu'une apologie véritable. Pourtant les chapitres ne se suivent pas tout à fait au hasard et, jusque dans cette confusion, on peut établir quelques divisions assez précises (2). Le premier livre traite des vertus individuelles, surtout de la piété et de la tempérance; le deuxième est plutôt consacré aux vertus domestiques, aux devoirs envers les parents et les amis ; avec le troisième, nous avons plus spécialement affaire aux vertus politiques et militaires. Le quatrième est une sorte de résumé des trois autres et indique d'une façon générale les différentes qualités qui doivent distinguer le bon citoyen. D'ailleurs, à travers tous ces dialogues, ce qui se détache et resplendit en pleine lumière, c'est la belle figure de Socrate, et, en mettant en relief le caractère du vieux sage, en montrant toutes ses vertus, en faisant

---

(1) Croiset, *Histoire de la littérature grecque*.
(2) Penjon, édition des *Mémorables* (Alcan).

connaître exactement son rôle, Xénophon répond toujours aux accusations qu'on avait dirigées contre son maître.

Trompés par de fausses apparences, les Athéniens n'avaient vu en Socrate qu'un Sophiste plus habile et par là même plus dangereux que tous les autres; Aristophane lui-même s'y était trompé, et quand il avait voulu dénoncer le péril que tous ces novateurs faisaient courir à Athènes, c'était lui qu'il avait représenté sur la scène. Ce furent des raisons politiques qui firent accuser le philosophe. On rejeta sur lui tous les maux que la Sophistique avait causés, on le rendit responsable de la décadence et de la ruine d'Athènes, on le fit mourir comme un citoyen coupable et indigne. C'est contre cette erreur que proteste Xénophon, et il est facile, en réunissant les différents chapitres de son ouvrage, d'après les sujets mêmes qui y sont traités, de retrouver les arguments que Xénophon avait réunis, de rétablir la structure générale des plaidoyers où il montrait que, loin de mériter la mort, Socrate, par son respect profond des dieux de la cité, par la dignité de sa vie, par l'apostolat auquel il s'était attaché avec tant de dévouement, était digne des plus belles récompenses et des plus grands honneurs.

Valeur philosophique des « Mémorables ». L'œuvre de Socrate. — L'on s'est demandé souvent si le Socrate des *Mémorables* est bien le vrai Socrate. En effet, quand on le compare avec celui des Dialogues de Platon, on est frappé des différences qui les séparent. Dans Platon, Socrate nous apparaît comme un profond métaphysicien, un philosophe subtil, qui agite les questions les plus hautes, qui se meut aussi avec aisance au milieu des plus grandes difficultés de la dialectique. Au contraire, le Socrate de Xénophon est plutôt un moraliste, qui dédaigne volontiers tout ce qui ne se rapporte pas à la pratique, dont les vues ne s'élèvent pas beaucoup au-dessus du sens commun, un homme vertueux qui s'est exclusivement voué à la formation morale et politique de la jeunesse. Dès lors on a pu se demander si Xénophon avait réellement compris toute la portée philosophique de l'enseignement de son maître, et s'il n'avait point par trop rapetissé sa doctrine. On fait remarquer que l'auteur des *Mémorables* est un esprit essentiellement pratique, tourné plutôt vers l'action que vers la spéculation, d'un bon sens sans doute indiscutable, mais un peu terre à terre : par suite, conclut-on, il n'est pas étonnant que sur bien des points la personnalité complexe et l'enseignement de son maître lui aient peut-être échappé. On ajoute que Xénophon écrit pour réhabiliter Socrate ; son but est moins de le faire connaître tout entier que de le rendre vénérable aux Athéniens ; par suite, il est naturel qu'il insiste plus particulièrement sur ce qui lui semble surtout digne d'éloge dans la personne du philosophe, qu'il relègue au second plan le côté purement spéculatif de la doctrine socratique pour mettre au contraire en relief la partie morale et civique. De toutes ces raisons, on en conclut que Xénophon ne nous a donné de Socrate qu'une image assez pâle, incomplète, et que c'est à Platon qu'il faut s'adresser si l'on veut apprécier à sa juste valeur la philosophie de Socrate, en saisir toute la profondeur, comprendre aussi l'influence qu'elle a exercée.

Que Xénophon ne nous ait pas donné tout Socrate, qu'il n'ait pas compris toute la portée de son enseignement, qu'il ait laissé échapper certains points, n'ait pas mis certains autres dans toute leur lumière, c'est possible. Nous voyons, par exemple, combien Xénophon laisse par trop dans l'ombre la méthode de Socrate, cette dialectique si célèbre, qui, visant en toute chose, par une induction réfléchie, à la définition, constituait, encore plus que le fond même des questions elles-mêmes, la nouveauté et l'importance de la philosophie socratique (1). Toutefois il serait dangereux de chercher dans Platon seul de quoi se former une notion exacte de ce que fut Socrate : on s'exposerait à prendre pour Socrate Platon lui-même. Il n'est pas douteux que ce génie vigoureux,

---

(1) Il est pourtant juste de reconnaître que si Xénophon ne nous en donne qu'une idée incomplète, il nous en présente souvent des exemples et des applications remarquables.

aussi amoureux de la spéculation que Xénophon l'était peu, tout en ayant reçu de Socrate une influence décisive, a singulièrement élargi et dépassé l'enseignement propre de son maître. Sans doute, il est nécessaire de compléter, de développer, à l'aide de Platon et aussi d'Aristote, les indications parfois trop insuffisantes de Xénophon ; il n'en reste pas moins vrai qu'on peut retrouver chez ce dernier les traits essentiels et comme l'idée mère de la philosophie socratique (1).

En effet, comment convient-il de concevoir le rôle et l'œuvre de Socrate ? On le sait : avant lui, la philosophie avait été la recherche toute spéculative de la substance universelle des choses ; elle avait donné naissance aux doctrines contraires des écoles d'Ionie et d'Élée, aux systèmes opposés des Pythagore, des Empédocle, des Anaxagore, des Démocrite. Une telle philosophie, toute spéculative, tournée entièrement du côté des objets, ne pouvait suffire aux besoins nouveaux qui se firent sentir dans la cité athénienne à la fin du siècle de Périclès. On réclamait une éducation pratique, capable de communiquer les aptitudes nécessaires à quiconque voulait prendre part aux affaires, dominer les autres, occuper dans l'État les premières places. C'est de ces besoins nouveaux que sortirent les Sophistes ; ils se proposèrent de donner cette culture reconnue alors indispensable, et ils se flattèrent de pouvoir le faire.

Pourtant l'on pouvait se demander s'ils étaient vraiment capables de remplir leurs promesses. Ils avaient commencé par déclarer que l'homme est la mesure des choses, que toute science est impossible, que la vérité n'existe pas ; par suite, ils ne pouvaient asseoir leurs préceptes sur des principes vraiment scientifiques : il leur était défendu de fonder leur art sur une théorie rationnelle qui en eût été le fondement et la lumière ; ils devaient croire, et ils croyaient en effet, que la pratique se suffit, qu'elle est à elle-même son moyen et sa fin ; par là même ils la réduisaient à un empirisme aveugle et à une

---

(1) Voir Boutroux, *op. cit.*

pure routine. Acceptant le but de la Sophistique, Socrate condamna la méthode (1), montra que l'habileté pratique, la *vertu* véritable n'est conférée que par la science, qu'en dehors d'une instruction sérieuse elle est impossible, parce que la conduite est alors livrée au hasard. Il alla répétant que l'on est seulement bon dans les choses que l'on sait : si déjà en effet dans les arts mécaniques la compétence n'est possible que par les connaissances dont on dispose, comment en serait-il autrement dans cet art autrement difficile et important qui consiste à bien administrer la maison ou la cité? La science est la condition nécessaire et suffisante de la vertu ou plutôt la vertu est science : telle est la maxime qui constitue l'idée fondamentale de la philosophie de Socrate. Et par là il se séparait également de l'ancienne « physiologie » et de la Sophistique. Il blâmait la première d'avoir cherché une science vaine, se perdant en des spéculations stériles, isolée de la vie pratique ; il blâmait l'autre d'avoir supprimé la science là où elle était absolument nécessaire. Réunir en une pénétration intime la science et l'art, ne concevoir d'autre science possible et sérieuse que celle qui se rapporte à l'art de former l'homme et le citoyen, d'autre art possible et sérieux pour former l'homme et le citoyen que celui qui repose sur la science, condamner également toute science qui ne serait pas pratique, toute pratique qui ne serait pas scientifique, voilà l'œuvre essentielle de Socrate (2).

Or n'est-ce pas en définitive ce qui avant tout se dégage de l'étude des *Mémorables?* Y voyons-nous autre chose que Socrate poursuivant sa mission morale et politique, persuadé que le bien de la cité est inséparable de la valeur morale de l'individu, qu'il n'est pour un État d'autre salut que d'avoir à sa tête des administrateurs

---

(1) Voilà pourquoi Socrate se déclare l'adversaire des Sophistes : il voit que l'éducation qu'ils donnent est insuffisante, il dénonce leur œuvre comme un péril national, il ne cherche qu'à les combattre, à démontrer leur impuissance et leur incapacité. C'est pour cette lutte qu'il a recours à son ironie : il prouve aux Sophistes que, loin de pouvoir enseigner quelque chose, eux-mêmes ne connaissent rien.

(2) Voir Boutroux, *Socrate, fondateur de la science morale.* Nous n'avons fait que résumer ce remarquable article.

habiles, des chefs dévoués, de bons généraux, convaincu aussi qu'en tout la « vertu » ne peut venir que de la science ? Pour le Socrate de Xénophon, toutes les vertus, piété, justice, courage, ne sont que des sciences. Et voilà pourquoi nous le voyons user de son ironie à l'égard des jeunes présomptueux qui croient pouvoir arriver aux plus hautes charges de l'État sans préparation spéciale, pourquoi aussi il emploie sa maïeutique à l'égard de ceux qui, ayant d'heureuses dispositions, désirent s'instruire et croître en sagesse, pourquoi il veut s'assurer que tous ceux qui aspirent au gouvernement de la cité ont bien le sentiment de leurs devoirs et la notion claire de leurs obligations, pourquoi enfin il ne cesse de proclamer la nécessité pour tous les hommes de regarder en eux-mêmes, de se connaître, de prendre ainsi conscience de ce qu'ils savent et de ce qu'ils ignorent, c'est-à-dire d'avoir la mesure plus juste de leur vertu et de leurs capacités.

Et c'était là, il faut le dire, une révolution capitale. Déjà les Sophistes avaient ramené l'homme de l'étude des choses extérieures à l'étude de lui-même : malheureusement ils n'avaient vu dans la conscience qu'un assemblage d'éléments relatifs, individuels, contingents, ils avaient nié le vrai, nié le bien, supprimé du même coup la science et la morale : leur œuvre avait été purement négative. C'était à Socrate qu'était réservée la gloire de proclamer qu'au fond de l'âme il existe des éléments absolus, universels, nécessaires, que la vérité, au moins la vérité morale, est tout entière déposée au fond de chaque conscience et qu'il suffit d'une bonne méthode, d'un examen sincère pour mettre en pleine lumière les notions qui la composent : par là, du même coup, il rétablissait les droits du vrai et du bien qu'il identifiait, il restaurait la science et la morale, il préparait toute une nouvelle et magnifique philosophie.

PLATON

(428-347)

LE GORGIAS. — LA RÉPUBLIQUE. — LE PHÉDON.

Vie de Platon. — Les ouvrages de Platon : leur authenticité, leur chronologie.
I. LE GORGIAS. — Le *Gorgias* : les personnages. — Argument analytique du *Gorgias*. — Le sujet du *Gorgias*. — Valeur philosophique du *Gorgias*.
II. LA RÉPUBLIQUE. — La *République* de Platon : personnages et sujet du dialogue. — Argument analytique de la *République*. — *Livre VI* : injuste discrédit de la philosophie ; le portrait du philosophe ; les qualités qui le constituent. — *Livre VII* : l'allégorie de la caverne ; l'éducation philosophique ; la dialectique ; la cité idéale. — *Livre VIII* : les formes dégénérées de l'âme et de la cité. — Appréciation des *livres VI, VII et VIII* de la *République*. — Ce qu'il reste de la *République* de Platon.
III. LE PHÉDON. — Le *Phédon* : les personnages. — Argument analytique du *Phédon*. — Appréciation du *Phédon*. Sa valeur littéraire. — Récapitulation des preuves de l'immortalité de l'âme. — Originalité du *Phédon*. — Valeur des preuves de l'immortalité de l'âme.

Vie de Platon. — Platon n'est pas seulement le disciple le plus illustre de Socrate, c'est un des maîtres éternels de la philosophie, le véritable fondateur de l'idéalisme (1). Il naquit vers 428 à Athènes, dans le dème de Collyte, d'une famille aussi ancienne qu'illustre : son père Ariston descendait, dit-on, de Codrus, et sa mère Perictionè, de Solon. Il reçut l'éducation choisie que les riches Athéniens faisaient donner à leurs enfants. Dionysios lui enseigna la grammaire et les lettres ; Ariston d'Argos le rendit habile aux exercices corporels ; c'est lui qui, à cause de ses larges épaules, lui donna le

---

(1) Croiset, *Histoire de la littérature grecque*.

surnom de Platon, qui a fait oublier son vrai nom d'Aristoclès. Il apprit encore la peinture et, sous la direction de deux maîtres, Dracon et Métellus d'Agrigente, il se livra à l'étude de la musique. Se sentant du goût pour la poésie, il composa des dithyrambes, des œuvres lyriques et même, s'il en faut croire Diogène Laërce, il disputa sur le théâtre Olympique le prix de la tragédie : plus tard, devenu philosophe, il devait conserver le souvenir de ses premières dispositions et garder l'âme profondément poétique. En même temps, esprit très curieux, il cherchait une culture scientifique supérieure en fréquentant le philosophe Cratyle, disciple d'Héraclite. Il avait vingt ans quand il rencontra Socrate : il brûla, dit-on, ses tragédies pour s'attacher à lui et pendant huit ans il fut un de ses disciples les plus assidus. A cause de sa parenté avec les plus illustres familles d'Athènes, il eût pu facilement entrer dans la vie politique; mais il avait la voix trop faible; d'autre part, sa nature aristocratique, son âme d'idéaliste ne pouvaient que l'éloigner d'une démagogie corrompue, le détourner de la carrière des affaires et de la lutte des partis.

Ce fut encore bien pis quand la réaction populaire se fut rendue coupable de la mort de Socrate. Après la consommation du crime, il quitta Athènes et séjourna quelque temps à Mégare chez Euclide ; il put y prendre connaissance de toutes les subtilités de l'art de la discussion, en même temps qu'Hermogène l'initiait à la doctrine de l'école d'Élée. Il se rendit ensuite à Cyrènes auprès de Théodore, chez qui il apprit les mathématiques, assez étrangères à l'enseignement de Socrate. Il pénétra jusqu'en Égypte et voulut interroger les anciens prêtres sur leurs antiques traditions : il dut être frappé de certaines croyances relatives à la vie future et de quelques autres légendes dont il a pu se souvenir dans certains de ses dialogues. Les guerres qui troublaient alors l'Asie l'empêchèrent d'aller converser avec les mages. Se tournant alors d'un autre côté, il se rendit dans l'Italie. Il y trouva l'école de Pythagore, se lia avec Philolaüs, Archytas, Timée et reçut de leurs doctrines une impression profonde, qui devait être fructueuse pour la construction de son propre système. Ce fut probablement aussi dans ce voyage qu'il fit la connaissance de Dion, beau-frère de Denys l'Ancien, tyran de Syracuse. S'étant bientôt liés d'une étroite amitié, ils résolurent d'amener Denys à rendre la liberté à Syracuse et à faire de cette ville une république gouvernée par des philosophes. Platon fut introduit à la cour du tyran : mais les deux hommes ne purent s'entendre : Denys s'emporta contre Platon, voulut le faire mettre à mort et consentit enfin à le laisser vendre comme esclave. Transporté dans l'île d'Égine, le philosophe fut racheté par un Cyrénaïque, Annicéris, pour trente mines, et ce dernier le fit généreusement reconduire à Athènes.

Revenu dans sa patrie, Platon ouvrit une école dans le gymnase de l'Académie, terrain vaste et ombragé au bord du Céphise, à environ six stades d'Athènes et consacré au héros Académos. C'est là, dans de belles allées plantées d'oliviers et de platanes, au milieu des statues et des autels, qu'il enseigna pendant près de quarante ans, tantôt en se servant de la méthode socratique par demandes et par réponses, tantôt en faisant des discours suivis, de véritables leçons. De toutes les parties de la Grèce, les disciples accoururent et devinrent de plus en plus nombreux. Des festins philosophiques d'une sage frugalité venaient encore rehausser le charme de ces studieux loisirs (1). Platon n'interrompit son enseignement que pour retourner deux fois en Sicile, en 367 et en 361. « Donnez-moi, dit-il dans les *Lois* (IV, 709, c. 1), un État gouverné par un tyran ; que ce tyran soit jeune, capable d'apprendre et de se souvenir, naturellement porté aux grandes choses, alors il sera facile au législateur d'assurer le bonheur de l'État. » En 368, Denys l'Ancien étant mort, Platon crut avoir trouvé son tyran dans la personne du successeur, Denys le Jeune. Sur l'invitation de Dion, il partit pour Syracuse ; il fut reçu avec honneur et eut les premiers jours beaucoup de succès auprès du jeune prince. Mais les vieux courtisans, inquiets et jaloux, persuadèrent à Denys que Dion ne se servait du philosophe que pour le dépouiller de son trône. Dion fut exilé ; Platon, un instant en danger de mort, ne dut sa liberté qu'à une guerre qui força le tyran à quitter Syracuse. De retour à Athènes, il aurait dû, semble-t-il, être corrigé de ses illusions : il n'en fut rien. Ayant toujours confiance en ses doctrines, conservant aussi l'espoir plus ou moins vague de transformer Denys, il se rendit une troisième fois en Sicile, sur la prière du tyran lui-même. Il ne fut pas plus heureux : il eut le tort de rappeler trop souvent à Denys que Dion, son ami, vivait en exil. Le tyran, lassé de ces remontrances, perdit patience, fit vendre les biens de son oncle et ne laissa partir Platon que sur l'intervention d'une ambassade envoyée par Archytas. « Tu vas, sans doute, lui dit Denys en le renvoyant, bien mal parler de

---

(1) Voir l'édition du VIII⁰ livre de la *République*, par Fochier (Delagrave).

moi quand tu seras au milieu de tes disciples. » — « Sois tranquille, répondit le philosophe, j'aurai autre chose à faire. » En effet, il poussa l'oubli des injures jusqu'à essayer de convaincre Dion, qu'il avait retrouvé à Olympie, de ne pas entreprendre contre le tyran la guerre à laquelle son ami était décidé. Déjà découragé par la chute de ses illusions, Platon eut les dernières années de sa vie assombries par le spectacle de la décadence croissante d'Athènes ; moins que jamais il s'occupa des affaires publiques, n'espérant plus qu'en un miracle. Il chercha à se consoler dans l'étude de la philosophie et travailla jusqu'à son dernier jour. Il mourut en 374, il avait plus de quatre-vingts ans ; il fut enseveli sous les ombrages mêmes de l'Académie.

Les ouvrages de Platon : leur authenticité, leur chronologie. — Nous avons sous le nom de Platon une collection de quarante-deux dialogues, treize lettres et un certain nombre de définitions : pourtant sur ce chiffre, trente-un dialogues seulement, avec les lettres, paraissent avoir été généralement regardés par les anciens comme authentiques. Ce sont ceux qui figurent aux catalogues dressés, à deux siècles d'intervalle, par deux grammairiens d'Alexandrie, Aristophane de Byzance et Thrasylle. De nos jours, certains savants, tels que Grote en Angleterre et M. Waddington en France, les admettent en bloc en donnant ce prétexte d'ailleurs, fort sujet à caution, que les bibliothécaires d'Alexandrie ont pu prendre copie des manuscrits originaux. La critique allemande est au contraire loin de partager cet avis ; elle a cherché à déterminer scientifiquement quels sont, parmi les dialogues portés au canon de Thrasylle, ceux qui doivent véritablement être attribués à Platon. Mais rien de plus contradictoire que les résultats auxquels elle est arrivée. Il n'en pouvait d'ailleurs être autrement. Considérant avec attention le fond et la forme des ouvrages qu'Aristote cite expressément comme étant de son maître, elle se fait une idée de ce que Platon a dû être, rejette impitoyablement tous ceux qui n'y répondent pas ; c'est ainsi que quelques auteurs ont condamné plus des deux tiers des dialogues : méthode défectueuse, car chaque critique se fait nécessairement de Platon une conception différente qu'il croit être la seule vraie ; d'ailleurs rien ne prouve qu'un génie aussi souple que Platon se soit astreint à une forme identique dans tous ses dialogues, ni que sa pensée soit restée la même durant tout le temps de son activité philosophique. Il est donc très difficile de porter une condamnation définitive et l'on peut, semble-t-il, accepter comme appartenant à Platon, non seulement les ouvrages que cite Aristote ou auxquels il fait d'évidentes allusions, mais encore tous ceux dans lesquels l'on peut trouver des pages telles qu'elles sont pour ainsi dire marquées du sceau de Platon lui-même.

Il serait de même très utile, pour l'intelligence parfaite de la doctrine platonicienne, de connaître l'ordre dans lequel ces dialogues furent composés. Malheureusement, malgré les efforts de la critique allemande, la plus grande obscurité règne à ce sujet. Les uns, comme Schleiermacher, veulent que Platon ait commencé par des dialogues élémentaires, qu'il ait continué par des dialogues préparatoires et terminé par des dialogues constructifs ; les autres, comme Hermann, rattachant l'évolution de la pensée de Platon aux principales périodes de sa vie, distinguent des dialogues purement socratiques, d'autres inspirés par l'influence des Éléates, d'autres où domine la doctrine pythagoricienne. D'autres ont cherché des indices chronologiques dans le style des dialogues, dans la statistique des particules, des adverbes, ou encore dans celle des hiatus ; d'autres enfin se sont efforcés de trouver dans les dialogues platoniciens des allusions aux querelles littéraires et philosophiques du ive siècle. Aucun d'eux n'a pu parvenir à des résultats certains. A défaut de l'ordre chronologique qui nous fait absolument défaut (1), nous pouvons seulement classer les dialogues de Platon d'après la nature des questions qui y sont traitées, selon qu'ils appartiennent plus spé-

---

(1) Croiset, *Histoire de la littérature grecque*. Il sera facile de voir combien pour tous ces points nous avons mis à contribution cette œuvre vraiment magistrale. Voir les savantes leçons de M. Brochard à la Sorbonne (*Revue des Cours et Conférences*, 1896-1897).

3.

cialement à l'ordre esthétique, moral, politique, métaphysique. Bien que cette division n'ait d'ailleurs rien d'absolu, voici comment les dialogues pourront être répartis (1) :

a) DIALOGUES ESTHÉTIQUES. — *Phèdre* ou *de la Beauté; Hippias* ou *du Beau; Ion* ou *la Poésie; le Banquet* ou *l'Amour.*

b) DIALOGUES MORAUX. — *Philèbe* ou *du Plaisir; Ménon* ou *de la Vertu;* le *Premier Alcibiade* ou *de la Nature humaine; Lysis* ou *de l'Amitié; Eutyphron* ou *de la Piété; Charmide* ou *de la Sagesse; Lachès* ou *du Courage; Criton* ou *du Bon Citoyen; Protagoras* ou *des Sophistes; Gorgias* ou *de la Rhétorique; Apologie de Socrate; Phédon* ou *de l'Ame.*

c) DIALOGUES POLITIQUES. — *Le Politique* ou *de la Royauté; la République* ou *de la Justice; les Lois* ou *de la Législation.*

d) DIALOGUES MÉTAPHYSIQUES. — *Théétète* ou *de la Science;* le *Sophiste* ou *de l'Être; Parménide* ou *des Idées; Timée* ou *de la Nature; Cratyle* ou *de la Propriété des mots.*

On sait ce que sont ces dialogues : ils constituent pour la plupart de véritables drames, dans lesquels Platon a su fondre harmonieusement toutes les richesses de l'art grec; les acteurs sont d'une vie saisissante par le pittoresque et le relief; ils parlent chacun le langage qui leur convient. La pensée se déploie avec aisance et grâce, tantôt plaisante et enjouée, familière et mordante, tantôt grave et sérieuse, austère et sublime; mais toujours elle est calme et sereine, subtile et souple; elle semble se jouer au milieu des difficultés, soutenue non seulement par une argumentation solide et une dialectique sûre,

---

(1) Nous ne donnons naturellement dans cette classification que les œuvres les plus importantes. Chaque dialogue a un titre qui est le nom d'un interlocuteur et un sous-titre qui indique la matière du dialogue. Ainsi que le fait d'ailleurs remarquer M. Penjon (*Précis d'histoire de la philosophie*), la plupart des sous-titres devraient être modifiés. — On propose quelquefois une autre division des dialogues en dialogues *socratiques*, où Platon discute plus particulièrement des questions morales; dialogues *polémiques*, dans lesquels il prend plus directement à partie la Sophistique; dialogues *métaphysiques*, où le philosophe expose plus spécialement sa propre doctrine, la théorie des Idées.

mais encore par les belles envolées, les magnifiques intuitions d'une imagination pleine de poésie. Et au milieu de tous ces dialogues, centre et âme d'eux tous, apparaît l'imposante figure de Socrate : c'est toujours lui qui joue le principal rôle ; c'est à lui que Platon prête ses propres idées, c'est par lui qu'il les fait exposer et qu'il les défend ; car, dans ses dialogues, Platon ne s'est jamais mis en scène lui-même. Voilà pourquoi le Socrate de Platon n'est pas seulement, comme celui de Xénophon, un simple moraliste, refusant de sortir du terrain des « choses humaines », mais un métaphysicien parfois très profond, toujours subtil, capable de se mesurer avec les Héraclite, les Parménide, les Pythagore et de les dépasser encore par la puissance de ses conceptions.

Dans l'œuvre de Platon, trois dialogues nous intéressent d'une façon plus particulière : ce sont le *Gorgias*, la *République* (VI°, VII° et VIII° livres) et le *Phédon*.

LE GORGIAS

Le « Gorgias » : les personnages. — Les personnages du *Gorgias* sont, outre Socrate que nous connaissons déjà par les *Mémorables*, — le rhéteur Gorgias, de Léontini en Sicile : chargé par ses concitoyens d'une mission relative à la guerre contre les Syracusains, il était venu à Athènes vers 427 avant Jésus-Christ. Il charma tellement le peuple athénien par sa parole que les jours où il parlait s'appelèrent des fêtes et ses discours des flambeaux. Peu de temps après cette première visite, il s'établit en Grèce et parcourut les différentes villes en qualité de sophiste ; — Polus d'Agrigente, disciple de Gorgias qu'il avait accompagné dans sa mission, lui-même rhéteur et sophiste ; il avait écrit une *Rhétorique* et Platon, dans le *Phèdre*, se moque de sa « musique oratoire, de ses répétitions, de ses images et de ses mots à effet d'harmonie » ; — Calliclès, du dème d'Acharne.

qui avait reçu Gorgias dans sa maison et sur lequel nous savons si peu de chose qu'on a voulu faire de lui un personnage imaginaire; il nous apparaît dans le *Gorgias* comme le type de ces démagogues impudents, qui, en flattant les passions populaires, furent le fléau d'Athènes; — Chéréphon, ami d'enfance de Socrate, pour qui il éprouvait une profonde admiration; il était allé à Delphes pour demander s'il existait réellement un homme plus sage que son maître; il fut souvent en butte aux railleries des poètes comiques qui l'appelaient « l'homme de buis » à cause de la pâleur de son teint, qui venait de ses excès de travail.

Argument analytique du « Gorgias » (1). — La scène se passe dans la maison de Calliclès. Socrate a appris que le rhéteur Gorgias y est descendu et y donne ses leçons, il vient l'y trouver avec Chéréphon; il trouve Calliclès et Polus encore tout ravis des beaux discours qu'ils ont entendus et qui lui annoncent qu'il vient trop tard pour assister à « cette charmante fête ». Le philosophe met ce retard sur le compte de Chéréphon qui l'a retenu sur la place publique; mais celui-ci déclare qu'il est l'ami de Gorgias et que l'orateur ne refusera pas de se faire entendre de nouveau. Tous entrent alors dans la maison de Calliclès. Le Sophiste vient de parler sur la rhétorique et a déclaré qu'il se faisait fort de répondre à toutes les questions qui lui seraient posées. Socrate lui avoue qu'il désirerait apprendre de lui quelle est la vertu de l'art qu'il professe. Polus, impatient de montrer son talent, fait observer que Gorgias est fatigué du long discours qu'il a tenu et offre de répondre pour son maître. L'art que professe Gorgias, dit-il, est de tous le plus beau. Socrate déclare que c'est là une qualification, non une définition. Il prie alors Gorgias de lui dire lui-même le nom et l'objet précis de l'art dans lequel il se flatte d'exceller. Le Sophiste répond que cet art est la rhétorique et qu'il a pour objet les discours. Mais, objecte Socrate, il est beaucoup d'autres arts qui ont un objet identique : la médecine n'apprend-elle pas à parler sur les maladies et l'arithmétique sur les nombres? Pourtant, ni la médecine, ni l'arithmétique ne sont la rhétorique. Quel est donc l'objet des discours de la rhétorique?

(1) Nous nous servons pour cette analyse de la traduction du *Gorgias* par Fouillée. Voir aussi l'Introduction à cette traduction.

« Ces discours, répond Gorgias, traitent des affaires les plus grandes et les plus importantes. » Mais, ici encore, c'est qualifier, non définir. D'ailleurs que vaut cette qualification ? Chaque art ne se vante-t-il pas de pouvoir procurer à l'homme le plus grand des biens ? Le bien que procure la rhétorique, objecte Gorgias, est supérieur à tous les autres : il consiste à être en état de persuader par des discours les juges dans les tribunaux, les sénateurs dans le sénat, le peuple dans les assemblées et par là de jouir dans sa ville de la puissance la plus grande, de la liberté la plus complète. (C. 1 à 8.)

« La rhétorique est l'ouvrière de la persuasion » : Socrate ne trouve pas cette définition suffisamment précise. La rhétorique, en effet, n'est pas seule à produire la persuasion : l'arithmétique, par exemple, le fait aussi, et elle le fait à propos des nombres : de quoi la rhétorique cherche-t-elle donc à persuader ? Gorgias répond que c'est du juste et de l'injuste. Sans doute, mais il faut distinguer deux sortes de persuasion, l'une qui fait seulement croire et n'engendre qu'une opinion qui peut être fausse, l'autre qui fait savoir et donne la vérité. Laquelle est l'objet de la rhétorique ? Le but de l'orateur est-il seulement de faire croire ce qu'il veut, c'est-à-dire de manier à sa guise l'esprit des auditeurs, ou bien au contraire de s'attacher à la vérité même et de la démontrer à ceux qui l'écoutent ? Gorgias déclare que la rhétorique est indifférente au vrai ; elle tend seulement à faire croire, elle se contente du succès. D'ailleurs, à son avis, ce n'est pas là une raison pour la mépriser. La rhétorique l'emporte sur tous les autres arts : là où ceux-ci ont échoué, elle réussit toujours ; celui qui possède le talent de la parole peut parler sur toute chose, se faire écouter de préférence à n'importe quel individu, vaincre tous les autres hommes, fussent-ils les plus expérimentés. Ce n'est pas à dire pourtant que l'orateur puisse en user au mépris de toute justice ; il ne doit la mettre qu'au service du bien, s'en servir selon les règles de l'honnête. Aussi aurait-on tort de haïr et de vouloir chasser ceux qui font profession de l'enseigner ; sans doute il peut se faire que quelques-uns, après s'être formés à l'art oratoire, en abusent pour commettre des injustices ; mais les maîtres eux-mêmes ne sont point responsables de ces excès : s'ils mettent leur art entre les mains de leurs élèves, c'est pour que ceux-ci s'en servent justement. (C. 9 à 11.)

Socrate demande à Gorgias si ce raisonnement est bien conséquent. Si le Sophiste partage ses propres dispositions, c'est-à-dire s'il comprend tous les avantages qu'il y a à être délivré de l'erreur, s'il veut bien se prêter à la critique, Socrate lui montrera qu'il n'est pas d'accord avec lui-même. — Sur l'assentiment de Gorgias et à la prière générale des assistants, la discussion est donc reprise.

Suivant Gorgias, la rhétorique est l'art de faire croire. De là la nécessité pour l'orateur de n'avoir affaire qu'à des auditeurs qui ne connaissent pas la matière sur laquelle on discute, car devant un auditoire éclairé il ne pourrait persuader qu'en donnant la vérité. Or, en toutes choses, le nombre des hommes instruits est fort restreint : l'orateur ne pourra donc s'adresser qu'à la multitude qui en effet se compose d'ignorants. D'autre part, bien que, par sa parole, il soit plus apte à persuader que celui qui sait, l'orateur ignore en réalité la vraie nature des choses sur lesquelles il discourt : c'est donc un ignorant qui s'adresse à des ignorants ; tout son art consiste à trouver quelque expédient qui le fasse paraître savoir ce qu'il ne sait pas, et cela aux yeux d'individus qui ne savent pas davantage. — C'est précisément, objecte Gorgias, ce qui donne à la rhétorique toute son importance. — Eh quoi! riposte Socrate, n'est-ce point vraiment la ravaler et n'en faire qu'un instrument de mensonge ? Gorgias consentira-t-il à avouer que la rhétorique n'est que l'art de paraître juste sans qu'on le soit en effet ? Dira-t-il que c'est seulement là ce qu'il enseigne ? Ou bien au contraire déclarera-t-il que l'orateur doit posséder la science du juste et est-ce cette science qu'il se flatte d'enseigner ? Placé devant cette alternative, Gorgias avoue que l'orateur doit posséder la connaissance du juste, il déclare que lui-même n'enseigne pas autre chose. C'est là une première contradiction. D'autre part, si l'on admet que l'orateur doit avoir la science du juste, comment un art qui apprend à parler sur la justice peut-il former des hommes injustes ? Qui possède la science du bien la réalise nécessairement dans ses paroles et dans sa conduite ; il y a identité entre la connaissance et l'action. Pourtant Gorgias lui-même a reconnu que certains orateurs ne se servent de leur art que pour être injustes : que faut-il en conclure, sinon qu'ils ne possèdent pas la science nécessaire et par suite ne sont pas de véritables orateurs ? C'est une nouvelle contradiction. (C. 12 à 15.)

Inquiet de l'embarras de Gorgias, Polus entre en scène et prend la place de son maître. Gorgia a eu tort d'avouer que l'orateur doit connaître le juste ; s'il l'a fait, c'est par pudeur c'est pour faire comme tout le monde, car personne ne veut avouer qu'il ignore ce que c'est que la justice et est impuissant à l'enseigner. Socrate permet au jeune homme de reprendre la discussion : il le prie toutefois d'être bref et lui laisse d'ailleurs le choix d'interroger ou de répondre. Polus déclare qu'il préfère interroger ; il demande alors à Socrate ce qu'il pense de l'art de la rhétorique. Socrate, qui a lu l'ouvrage de Polus sur ce sujet, déclare que pour lui la rhétorique n'est pas un art. Indifférente à la vérité, ne reposant sur aucun principe scientifique, ce n'est qu'une routine empirique, faite d'instinct et d'audace, et qui n'a d'autre objet que la flatterie ; on ne peut l'assimiler qu'aux arts les plus vils, comme la cuisine ; elle n'a de la véritable politique que le simulacre. Socrate développe alors sa pensée. L'homme est composé d'un corps et d'une âme, et certains arts tendent à assurer le bien de chacune de ces deux parties. Au corps se rapportent la gymnastique et la médecine ; à l'âme la politique, qui se divise en deux parties, savoir la législation et la jurisprudence qui sont à l'âme ce que la gymnastique et la médecine sont au corps. Ces arts tendent tous à la même fin, savoir le plus grand bien de l'homme, la santé et la force de sa nature. Mais précisément chacun d'eux a pour pendant comme une forme corrompue, un art mensonger qui se désintéresse du bien véritable pour ne chercher qu'à flatter par le plaisir. C'est ainsi que sous la médecine s'est glissée la cuisine, l'invention de tous les ragoûts qui excitent artificiellement l'appétit ; au lieu de débarrasser le corps de ses humeurs pour lui assurer la santé et par la santé l'appétit naturel, cet art ne lui a donné qu'un appétit factice pour tout ce qui est contraire à la bonne conservation de l'organisme. De même sous la gymnastique s'est glissé l'art du fard qui ne cherche qu'à donner une beauté fausse et artificielle, alors qu'on ne devrait chercher que cette beauté naturelle et simple, fruit naturel des exercices du corps. Ce que la cuisine est à la médecine et l'art du fard à la gymnastique, la sophistique l'est à l'art de faire les lois et la rhétorique à celui de rendre la justice. A la bonne législation a fait place la vaine subtilité des Sophistes, qui, négligeant le bien public, ne songent plus qu'à leur intérêt particulier ; au lieu de la vraie jurisprudence qui doit guérir les passions, on ne voit plus qu'une fausse éloquence qui n'hésite pas à se faire la complice des passions les plus mauvaises. La rhétorique n'est qu'un art mensonger, l'art de substituer l'agréable au bien, la flatterie à la vérité. (C. 16 à 20.)

Polus essaie de défendre la rhétorique. Le bon orateur est-il donc considéré comme un vil flatteur? Au contraire n'est-il pas admiré et souverainement puissant? Il domine les juges et les assemblées, il peut perdre ses ennemis, les ruiner, les bannir, les faire mettre à mort; aussi puissant qu'un tyran, il fait ce qu'il veut! — La puissance, répond Socrate, est-elle vraiment un bien, quand celui qui la possède manque de bon sens? En réalité, c'est de l'impuissance. En vain, les orateurs et les tyrans se glorifient de leur pouvoir : ils ne font vraiment pas ce qu'ils veulent. En effet, l'on ne veut pas réellement les actions que l'on fait, mais la fin en vue de laquelle on les fait ; si l'on prend une potion amère, ce n'est pas la potion que l'on veut, mais la santé ; en toute chose, ce que l'homme veut, c'est le bien. Par suite, ceux qui bannissent ou dépouillent les autres de leur fortune ne veulent en définitive que le bien ; si cela leur était nuisible, si cela était mal, ils se garderaient de le vouloir. Or, précisément, en croyant faire ce qui leur est le plus avantageux, ils se trompent, car en réalité c'est le mal qu'ils commettent : par suite, ils font ce qu'ils ne veulent pas faire et ne font pas ce qu'ils veulent. Où donc est la puissance dont ils sont si fiers? (C. 21 à 25.)

Il y a plus : loin d'envier celui qui détient un pareil pouvoir, il faut plutôt le plaindre. C'est alors que Socrate pose ces deux maximes, savoir que l'injustice est le plus grand des maux, qu'en conséquence il vaut mieux la souffrir que de la commettre, et d'autre part que l'injustice impunie est un mal plus grand que l'injustice qui a reçu son châtiment. — Polus se récrie à de pareilles affirmations : il cite à Socrate l'exemple d'Archélaüs qui, pour arriver au trône de Macédoine, a fait disparaître tous les parents qui le gênaient ; il lui demande si l'on ne doit pas regarder comme heureux un tyran qui jouit en paix du pouvoir usurpé. « Je n'en sais rien, répond le vieux philosophe, car je n'ai point eu d'entretien avec lui » : le bonheur ne se trouve que dans la vertu, l'harmonie intime de l'âme, et c'est pourquoi Socrate ne pourrait dire si le grand roi lui-même est heureux, tant qu'il ignorera « l'état de son âme par rapport à la science et à la justice ». Pour ce qui concerne Archélaüs, il est nécessairement malheureux, s'il est injuste. Et l'on aura beau invoquer tous les exemples qu'on voudra : Socrate récusera tous ces témoins, persistant à croire, même seul de son opinion, que l'injuste ne peut être que misérable, et qu'il le sera davantage encore s'il ne subit pas le châtiment qu'il mérite.

A toutes ces affirmations, Polus ne cesse de protester, tant elles lui paraissent étranges et absurdes (1). Mais Socrate ne se laisse point « épouvanter », il se fait fort de prouver qu'il a raison et que d'ailleurs il n'est personne qui ne soit de son avis. — Pour établir qu'il vaut mieux recevoir une injustice que de la commettre, Socrate invoque l'identité du beau et du bien. En toute chose, qu'il s'agisse de figures, de couleurs, de sciences, le beau est ce qui est utile ou fait naître dans l'âme un sentiment de joie ; par suite, le laid se définit par les contraires, savoir ce qui est mauvais ou douloureux. Or tout le monde convient qu'il est plus laid de commettre une injustice que de la recevoir, c'est donc que cela est plus douloureux ou plus mauvais ou l'un et l'autre à la fois. Or il n'est pas plus douloureux de commettre une injustice que de la recevoir ; par suite, cela ne peut être à la fois plus douloureux et plus mauvais ; il reste donc que cela soit plus mauvais. Mais personne, pas même Polus, ne préfère le mal au bien, le nuisible à l'utile. Donc, conclut Socrate, « j'avais raison de dire que ni moi, ni toi, ni qui que ce soit n'aimerait mieux faire une injustice que la recevoir ». (C. 26 à 31.)

C'est par un raisonnement semblable que Socrate établit que la punition de l'injustice est préférable à l'impunité. Être puni d'une injustice, c'est être puni justement. Mais d'après le sentiment universel, tout ce qui est juste est beau ; il est donc beau d'être puni d'avoir agi injustement. Or il ne faut pas l'oublier : le beau est identique à l'utile ou à l'agréable ; par suite, si la punition n'est pas agréable, il reste qu'elle soit utile. L'âme, en effet, comme le corps, a ses maux et ses biens ; si les maux du corps sont la pauvreté, la maladie, les privations, ceux de l'âme sont l'ignorance, la lâcheté et surtout l'injustice. Mais tout le monde s'accorde à regarder les maux de l'âme comme plus laids que ceux du corps. Si donc les maux de l'âme ne sont pas tels, parce qu'ils causent une douleur plus grande, il reste qu'ils le soient parce qu'ils sont plus nuisibles : l'injustice est donc ce qu'il y a pour l'âme de plus pernicieux. Or, de même que la médecine guérit le corps, la puissance judiciaire guérit l'âme ; ou plutôt l'œuvre de cette dernière est encore plus belle que celle de la médecine, car l'âme est plus belle que le corps : elle est donc plus utile. Or, si l'une agit sur le corps par la douleur, c'est aussi par la douleur que l'autre doit agir sur l'âme. Que fait donc l'homme injuste qui s'efforce d'éviter la punition ? Il ressemble au malade qui, dans son

---

(1) Chapitre 27.

aveuglement, évite le fer et le feu du médecin seul capable de le sauver et conserve ainsi son mal; qu'on ne l'oublie pas d'ailleurs : l'injustice, cette maladie de l'âme, est autrement plus grave que n'importe quelle maladie du corps. Par suite, l'impunité c'est l'effort pour persévérer dans le désordre, c'est une aggravation de la faute, c'est-à-dire du malheur; au contraire, la punition est déjà un retour à l'ordre, c'est la négation de la faute qu'elle fait expier, c'est vraiment un bien.

Toutes ces conclusions, Polus est forcé de les adopter. Dès lors, continue Socrate, l'homme doit mettre tous ses soins à ne commettre aucune injustice, et si par hasard il n'a pas su s'en abstenir, « il faut qu'il se présente là où il recevra au plus tôt la correction convenable et s'empresse de se rendre auprès du juge comme auprès d'un médecin, de peur que la maladie de l'injustice venant à séjourner dans l'âme n'y engendre une corruption secrète, qui devienne incurable » (1). Eh bien, s'il en est ainsi, que faut-il penser de l'orateur? Loin que la rhétorique soit pour lui un avantage, elle lui est au contraire funeste; loin qu'il puisse se féliciter d'assurer à lui-même ou aux autres l'impunité des mauvaises actions, cette impunité est pour lui et pour eux le plus grand des malheurs. Si la rhétorique comprenait réellement sa mission, elle devrait faire le contraire de ce qu'elle fait; au lieu de chercher à défendre un coupable et à le garantir de la punition, elle devrait le traîner devant le tribunal, solliciter pour lui le châtiment et lui faire expier son crime. De même, en ce qui le concerne lui-même, au lieu de chercher par les artifices de sa parole à tenir ses méfaits cachés, à éviter toute punition, l'orateur devrait aller « s'offrir à la justice les yeux fermés et de grand cœur, comme on s'offre au médecin pour souffrir les incisions et les brûlures »; il ne devrait penser qu'à ce qu'il a mérité : sont-ce des coups de fouet? qu'il se présente pour les recevoir! des fers? il faut tendre les mains; une amende? la payer; l'exil? s'y condamner; la mort? la subir! A lui « de mettre en œuvre toutes les ressources de la rhétorique afin de parvenir, par la dénonciation et la correction de ses crimes, à être délivré du plus grand des maux, l'injustice ». — Toutes ces conséquences ont été déduites avec tant de rigueur des principes précédemment accordés que Polus n'a rien à leur opposer et se voit obligé de les admettre. (C. 32 à 36.)

A ce moment intervient un troisième interlocuteur, Calliclès:

(1) Voir chapitre 36.

il demande si Socrate parle sérieusement ou si au contraire tout son discours n'est qu'une plaisanterie. Socrate répond que, sans doute, dans son désir de flatter le peuple, Calliclès a l'habitude de parler tantôt d'une façon, tantôt d'une autre ; mais la philosophie a toujours le même langage et ce que Calliclès a entendu vient d'elle. Alors ce dernier, jetant le masque, se met à exposer quel est le fond véritable de la doctrine sophistique. C'est par fausse honte que Gorgias et Polus ont fait à Socrate les concessions par lesquelles il les a mis dans l'embarras ; ils n'ont pas osé exprimer leur véritable pensée ; Calliclès se chargera de le faire à leur place avec plus de franchise.

D'après lui, Socrate a abusé volontairement d'une équivoque ; il a de propos délibéré confondu l'ordre légal et l'ordre naturel (1). Sans doute, au point de vue de la loi, il est plus beau de souffrir l'injustice que de la commettre, mais il en est autrement au point de vue de la nature ; succomber sous l'injustice d'un autre, c'est le fait d'un esclave, non d'un homme ; l'homme véritable, c'est celui qui possède la force et qui, loin de se laisser accabler, accable les autres. Qu'est-ce après tout que cette justice, cette égalité établie par les lois, sinon l'œuvre artificielle des plus faibles qui ont cherché à se garantir contre les forts ? Partout, en effet, la nature proclame les droits du plus fort sur le plus faible : cela est déjà vrai de l'espèce animale, il en est encore ainsi de l'espèce humaine : partout, de l'aveu des poètes mêmes, les plus faibles appartiennent de droit au plus fort : le meilleur, c'est le plus puissant. Sans doute, les lois prennent les hommes dès leur enfance, les forment, les domptent comme des lionceaux par une foule d'enchantements et de prestiges, leur enseignent qu'il est beau de respecter l'égalité : pures entraves que tout cela ! la force doit les briser, les fouler aux pieds pour affirmer, en les retrouvant, les droits de la nature. Le philosophe qui enseigne autre chose n'est qu'un naïf et un niais. Sans doute la philosophie est bonne pour les jeunes gens, c'est un exercice utile et noble, mais il ne faut pas s'y livrer avec excès et le vieillard qui s'y adonne encore mérite vraiment le fouet. Que peut-il faire, en effet, sinon rester obscur et ignoré, « occupé à jaser dans quelque coin avec trois ou quatre enfants, sans que jamais il sorte de sa bouche aucun discours noble, grand et qui vaille

---

(1) Ἡ φύσις καὶ ὁ νόμος. C'est là une distinction célèbre faite par la nouvelle génération des Sophistes.

quelque chose » (1)? Et c'est vraiment dommage que Socrate, avec une âme si distinguée, perde son temps et s'avilisse à de telles puérilités. Que ferait-il s'il était accusé même faussement et conduit en prison? Pourrait-il se défendre? s'il plaisait à l'accusateur, quelque vil qu'il fût (2), de demander la peine de mort, serait-il capable de se tirer d'affaire et de sortir du danger? Socrate peut s'attendre à tous les malheurs : aussi, qu'il renonce à son genre de vie par trop extravagant pour suivre l'exemple de ceux qui possèdent crédit, gloire et honneur (3). (C. 37 à 42.)

Socrate, avec sa fine ironie, félicite Calliclès de la science avec laquelle il a su éprouver son âme; il le remercie de sa bienveillance à l'instruire sur lui-même et le loue d'une franchise devant laquelle Gorgias et Polus ont reculé. Il le prie de lui continuer ses conseils et de lui indiquer le genre de vie qu'il doit embrasser. Toutefois auparavant il faudrait s'entendre. Qu'est-ce donc que Calliclès comprend par la justice selon l'ordre de la nature? Le Sophiste a déclaré que suivant la nature le droit appartient aux plus forts, aux meilleurs. Mais les plus forts sont les plus nombreux, par suite c'est aux plus nombreux qu'appartient le droit. Or précisément, de l'aveu de Calliclès lui-même, ce sont les plus nombreux qui ont établi et qui conservent les lois, ces lois qui portent que la justice consiste dans l'égalité et qu'il vaut mieux souffrir l'injustice que de la commettre : par suite, l'ordre légal est conforme à l'ordre naturel. La doctrine de la force se retourne donc contre elle-même. — Dira-t-on que le plus fort, le meilleur, c'est le plus sage, le plus courageux? Mais le plus sage agira toujours sagement : au lieu de chercher à s'élever au-dessus de la loi, à détruire à son profit l'égalité des hommes, il se conformera en tout à la loi, respectant avec soin les droits des autres. A son tour le plus courageux, au lieu de se laisser aller à la violence et d'essayer de dominer les autres, saura éviter tout abus, il maîtrisera ses passions : ce sera par-dessus tout un homme tempérant.

Calliclès ne saurait admettre de telles conséquences. Le plus fort, le meilleur, loin d'être le plus tempérant, le plus maître de lui-même, est au contraire celui qui laisse libre carrière à ses

---

(1) Allusion méchante et calomnieuse à la vie ordinaire de Socrate et à son amour pour la jeunesse.
(2) Il est facile de voir toutes les allusions de Platon à la condamnation et à la mort de Socrate.
(3) Voir dans la *République*, livre II, les deux discours de Thrasymaque et de Glaucon : ils rappellent de près celui de Calliclès.

passions, à tous ses désirs, emploie son courage et son habileté à les satisfaire. Parce que la plupart des hommes sont incapables de réaliser cette fin, ils condamnent ceux qui en viennent à bout ; l'éloge qu'ils font de la tempérance n'a d'autre cause que leur impuissance ou leur lâcheté. La tempérance n'est qu'une sottise ; le bonheur, c'est la jouissance sans frein, la puissance sans limites. « Toutes ces autres belles idées, ces conventions contraires à la nature ne sont que des extravagances humaines auxquelles il ne faut avoir nul égard (1). » — « Calliclès, répond Socrate, tu viens d'exposer ton sentiment avec beaucoup de courage et de liberté ; tu t'expliques nettement sur des choses que les autres pensent, il est vrai, mais qu'ils n'osent pas dire. Je te conjure donc de ne te relâcher en aucune manière, afin que nous voyions clairement quel genre de vie il faut adopter (2). » Dès lors le philosophe engage avec Calliclès un combat décisif et se propose de mettre à néant cette doctrine grossière. (C. 43 à 47.)

Et tout d'abord comment placer le bonheur dans la vie intempérante et déréglée ? Par son impuissance à rien retenir et son insatiable avidité, l'âme de l'intempérant ne ressemble-t-elle pas à un tonneau percé ? Est-ce être heureux que de voir sans cesse s'élever en soi de nouveaux désirs, sans pouvoir jamais les rassasier ni goûter un seul instant de repos ? Dans une telle doctrine, il faut considérer la débauche comme la suprême félicité, alors qu'elle est triste, honteuse, misérable ! Sans doute, à une pareille conséquence, Calliclès se récrie, et déclare qu'il faut distinguer entre les plaisirs honnêtes et les plaisirs déshonnêtes : mais, dans une doctrine qui ne connaît d'autre bien que la jouissance, cette distinction n'est-elle pas une pure inconséquence ?

Comment d'ailleurs identifier le plaisir et le bien, la douleur et le mal ? Que l'on considère d'abord le plaisir et la douleur en eux-mêmes. Le bien et le mal sont des contraires qui ne peuvent ni coexister, ni s'engendrer mutuellement. Au contraire, le plaisir et la douleur se pénètrent l'un l'autre (3) : le plaisir n'est que la satisfaction d'un besoin ; mais tout besoin est douloureux ; de cette façon, le plaisir et la douleur sont inséparables. Ils naissent aussi l'un de l'autre, car le plaisir suppose le besoin, par suite la douleur ; où cesserait le besoin, là aussi cesserait le plaisir : l'on n'éprouve du plaisir que parce

---

(1) Chapitre 46, à la fin.
(2) Chapitre 47.
(3) Voir une idée semblable dans le *Phédon*.

que l'on éprouvait de la douleur. Pour toutes ces raisons, le plaisir ne peut être confondu avec le bien.

C'est encore à la même conclusion que l'on arrivera si l'on considère le plaisir et la douleur sans les individus qui les éprouvent. Si le plaisir est le bien et la douleur le mal, il suffit qu'un homme jouisse pour qu'il soit bon ou qu'il souffre pour qu'il soit mauvais. Or personne ne le contestera : le méchant peut éprouver du plaisir et le juste de la douleur : il faudra donc dire que le méchant, parce qu'il jouit, devient bon et que le juste, parce qu'il souffre, est mauvais? Conséquence vraiment trop absurde. — En vain Calliclès s'efforce d'arrêter Socrate en distinguant des plaisirs plus dignes et d'autres plus mauvais : ceci même est une preuve excellente que le plaisir n'est en lui-même ni bon, ni mauvais, mais ne le devient que par son rapport avec le bien. La conséquence en est que le plaisir n'est pas par lui-même une fin, qu'en tout et partout le bien seul doit être le terme de notre activité et que, loin de subordonner le bien au plaisir, c'est le plaisir qu'il faut subordonner au bien (1). (C. 48 à 54.)

C'est par ce dernier principe que Socrate revient à la question fondamentale du *Gorgias*. Il divise de nouveau les arts en deux catégories, les uns qui ne visent qu'à l'agréable, les autres qui n'ont d'autre fin que le bien lui-même. La cuisine, par exemple, ne cherche que le plaisir; la médecine au contraire ne se préoccupe que du bien du corps. Et ce qui est vrai du corps l'est de l'âme : parmi les arts qui s'y rapportent, les uns ne tendent qu'à lui ménager des jouissances, que ce soit son avantage ou non; les autres ont pour but de lui procurer ce qui est vraiment utile et salutaire. Les premiers ne sont point des arts véritables, mais simplement des routines; ils agissent au hasard, sans aucun principe (2), ils peuvent tous se ranger sous le titre général de flatterie. Tel, par exemple, l'art de jouer de la flûte ou de la lyre; telle aussi la poésie dramatique quand elle se propose de plaire à la multitude en lui procurant des plaisirs qui amollissent les âmes, au lieu de les rendre plus pures et plus fortes. Or quelle différence y a-t-il entre la poésie et la rhétorique, sinon que l'une est une rhétorique pour la masse du peuple, tandis que la rhétorique est réservée à l'au-

---

(1) Chapitre 54, 499 E (édition Stallbaum).
(2) On reconnaît là les objections que Socrate adressait à l'éducation que les Sophistes prétendaient pouvoir donner. (Voir notre étude sur Xénophon, pages 134 et sqq.)

ditoire moins nombreux des hommes libres? Les orateurs cherchent-ils donc à rendre leurs concitoyens meilleurs et plus vertueux? N'ont-ils devant les yeux que l'intérêt de l'État? Au contraire ne se conduisent-ils pas avec les peuples comme avec des enfants, songeant uniquement à flatter leurs passions et préoccupés de leurs seuls intérêts personnels? C'est là une rhétorique honteuse. Il n'en est qu'une seule d'honnête; c'est « celle qui travaille à rendre meilleures les âmes des citoyens et qui s'applique en toute occasion à dire ce qui est le plus avantageux, que cela doive être fâcheux ou agréable aux autres ». « Mais, ajoute tristement Socrate, tu n'as jamais vu de rhétorique semblable, car si tu connais quelque orateur de ce caractère, pourquoi ne me le nommes-tu point (1)? » Le véritable orateur a un but fixe : il ne cherche pas à plaire à ses concitoyens, mais à leur inculquer la vertu; l'ordre et la règle dans les âmes, voilà ce qu'il tend sans cesse à réaliser; or l'ordre dans l'âme, c'est la justice, la tempérance, l'équilibre harmonieux d'une nature qui se possède. Et en même temps qu'il cherche à faire éclore dans les consciences les plus belles qualités, il s'efforce aussi d'en exclure tous les vices; loin de caresser leurs passions, il vise à les en corriger, il leur défend de montrer pour elles la moindre complaisance : ainsi le médecin n'hésite pas à aller contre le désir de son malade et à l'empêcher de se rassasier de ce qu'il demande. Calliclès se sent vaincu et il demande à Socrate de clore la discussion. Mais le philosophe éprouve du remords à s'arrêter ainsi en chemin; il veut poursuivre; Gorgias même l'y invite : Socrate continue donc l'exposition de ses principes. (C. 55 à 61.)

L'idée première qui les renferme tous, c'est l'identité de la vertu et de l'ordre. La vertu d'une chose quelle qu'elle soit, meuble, corps, animal, consiste dans une disposition convenable, un heureux arrangement de toutes les parties les unes avec les autres. L'âme bonne, c'est l'âme bien ordonnée, bien réglée, autrement dit tempérante. La tempérance est le principe des autres vertus, celle qui les contient toutes. L'homme tempérant s'acquittera de ses devoirs envers ses semblables et il sera juste; il pratiquera tous ses devoirs envers les dieux et sera pieux; il fuira ou recherchera ce que le devoir lui ordonne de fuir ou de rechercher; il sera courageux. Mais par là même, vivant en conformité avec sa loi, il sera nécessairement heureux. Au contraire l'homme intempérant,

---

(1) Chapitre 58, 503 B (édition Stalbaum).

donnant libre carrière à ses passions, ne pourra posséder qu'une âme désordonnée, pleine de confusion ; c'est un malade, il déroge à l'ordre qui est la loi du ciel et de la terre, des dieux et des hommes, il viole cette belle proportion qui règne à travers toutes les parties du cosmos. Et c'est pourquoi le méchant, comme le malade, est nécessairement malheureux ; sa condition est la plus misérable qui se puisse concevoir ; le seul moyen de l'en tirer, c'est de le guérir par la punition, de lui faire expier ses fautes, de le réconcilier avec l'ordre.

C'est par ces principes élevés, directement contraires à ceux des Sophistes, que Socrate fait comprendre qu'il parlait sérieusement en déclarant qu'il était préférable de recevoir l'injustice que de la commettre, que la rhétorique, bien loin de chercher à prémunir le coupable du châtiment mérité, ne devait au contraire avoir d'autre fin que de réclamer la punition nécessaire, se préoccupant ainsi toujours de la véritable justice. C'est aussi par eux que Socrate justifie la conduite qu'il a toujours tenue et que Calliclès lui a reprochée. Sans doute, les méchants pourront le frapper, l'insulter, le priver de ses biens, l'exiler : qu'importe ! Ceux qui, à son égard, se permettront de pareilles injustices ne seront-ils pas plus malheureux que lui qui les souffrira ? Le malheur ne consiste pas à être victime de l'injustice, mais à en être l'auteur : le juste ne peut être malheureux et c'est pourquoi il faut éviter à tout prix l'injustice ! Sans doute, s'il dépend de nous de ne pas commettre l'injustice, il ne dépend pas toujours de nous de ne pas la subir. Cherchera-t-on alors quelque moyen de s'en garantir ? Flattera-t-on les tyrans ou se fera-t-on tyran soi-même ? On se mettra peut-être ainsi en dehors des atteintes de la justice humaine, mais pour vouloir éviter le mal, on tombera dans un pire : car on ne reculera pas devant les plus grandes injustices et dès lors on sera le plus malheureux des hommes. D'ailleurs la fin de la vie ne consiste pas à chercher à vivre le plus longtemps possible, à connaître les arts qui peuvent nous la conserver : à quoi donc sert-il de vivre, d'échapper à un naufrage ou à quelque autre péril si on a l'âme profondément malade, corrompue par les vices les plus dégradants ? La mort viendra tôt ou tard, à son heure : personne n'y échappera ; remettons-nous-en donc aux dieux et ne pensons qu'à une seule chose, vivre dignement. Mais alors quel est le prestige de cette rhétorique qui flatte les passions du peuple et confère à celui qui sait la manier la puissance de vivre à l'abri de l'injustice? Une pareille puissance n'est-elle pas obtenue aux dépens de ce que nous avons de plus précieux, et pour assurer la vie ne trahit-elle pas les vraies raisons de vivre? Aussi jugeons cette rhétorique à ses œuvres : qu'a-t-elle produit? Avec elle les plus grands politiques d'Athènes, les Périclès, les Cimon, les Alcibiade, les Thémistocle ont-ils rendu de véritables services à l'État? Sans doute ils ont exécuté de grandes choses, et, s'il s'agit de vaisseaux, de murailles, d'arsenaux, ils sont bien au-dessus des politiques d'aujourd'hui : mais tout cela ne constitue que le corps et comme l'enveloppe matérielle de l'État, non son âme même. Or précisément les politiques dont il est question ne se sont point préoccupés de l'âme, mais seulement du corps : ils ont fait faire bonne chère aux Athéniens, ils ont nourri leurs passions, ils les ont chargés d'embonpoint; en pourvoyant ainsi à leur gourmandise, ils n'ont contribué qu'à faire perdre à leurs concitoyens leur santé première et à susciter chez eux une foule de maladies. Sans doute, ils ont agrandi l'État : mais cet agrandissement n'est qu'une enflure, une tumeur pleine de corruption; sans doute, ils ont rempli la république de ports, de murailles et d'arsenaux : mais ils ont oublié d'y joindre les deux vertus sans lesquelles il n'y a pas d'État possible, savoir la justice et la tempérance. Tout entiers occupés de l'amélioration matérielle, ils ont négligé de rendre leurs concitoyens plus vertueux, et c'est pourquoi ils n'ont pas été de bons politiques. Et en effet, s'ils avaient su remplir leur mission, s'ils avaient transformé l'âme du peuple confié à leur garde, ils n'auraient pas été maltraités par le peuple lui-même comme ils l'ont été : car, devenu juste, le peuple n'aurait pu commettre d'injustices à leur égard, et à la place de l'ingratitude, il n'aurait montré pour eux que la plus profonde reconnaissance (1). (C. 62 à 76.)

Socrate ne peut donc opter qu'entre deux partis : servir ou combattre les penchants des Athéniens, prendre le rôle du flatteur ou du médecin. Malgré les conseils de Calliclès, il accepte le dernier : c'est en effet dans cette mission que consiste la vraie politique. Sans doute, peu d'Athéniens la conçoivent ainsi, seul peut-être il la comprend de cette façon : qu'importe! le devoir est là qui commande et Socrate n'y

---

(1) Idée bien socratique. Il faut que le maître s'attache l'élève par le sentiment de la reconnaissance, et la reconnaissance doit naître dans l'élève de la conscience de l'amélioration morale que le maître a produite en lui. (Voir l'étude précédente sur Xénophon.)

faillira pas. Ce n'est pas qu'il ignore les dangers qu'il court ; il sait qu'on pourra le traîner devant un tribunal et que là il sera jugé comme le serait un médecin accusé par un cuisinier devant des enfants à qui il aurait administré une potion amère ou fait quelque incision douloureuse ; il sait qu'il aura devant lui des hommes auxquels il ne pourra rappeler les plaisirs qu'il leur a procurés et qui se souviendront des paroles sévères par lesquelles il les aura flagellés en public ou en particulier. Encore une fois qu'importe ! il pourra se rendre à lui-même ce témoignage « qu'il n'a aucun discours, aucune action injuste à se reprocher, ni envers les dieux, ni envers les hommes ». C'est là le meilleur secours que l'on puisse s'assurer. Celui qui a toujours vécu sagement n'a rien à craindre de la mort ; ce qui doit faire peur, c'est de commettre l'injustice, car « le plus grand des malheurs est de descendre dans l'autre monde avec une âme chargée de crimes ».

C'est qu'en effet tout pour nous ne se termine pas à la mort et l'existence actuelle n'est pas la seule qui soit réservée à l'âme. Pour exposer ses croyances, Platon invoque une allégorie et raconte un mythe : le jugement des hommes aux enfers. Depuis le règne de Saturne, il est une loi qui porte que ceux qui ont mené une vie juste se rendent après leur mort' dans les Iles Fortunées où ils jouissent d'un bonheur parfait, tandis qu'au contraire ceux qui ont vécu dans l'injustice sont jetés dans le Tartare pour y subir la peine de leurs fautes. Or, sous les premières années du règne de Jupiter, les hommes étaient jugés encore vivants, par des juges vivants qui prononçaient sur leur sort le jour même de la mort. Mais les jugements étaient mal rendus, car les juges (1) se laissaient éblouir par des apparences extérieures et tromper par leurs sens. Jupiter a réformé tout cela. Désormais les âmes descendues aux enfers sont jugées nues, dépouillées de tout ce qui pourrait masquer leur véritable éclat ; le jugement est rendu par les trois fils de Jupiter lui-même, savoir Minos, Éaque, Rhadamante, et leur sentence est parfaitement juste. Les âmes arrivent donc devant leurs juges, emportant avec elles les empreintes de toute leur vie antérieure : souvent « ayant entre ses mains le grand roi ou quelque autre potentat, Rhadamante ne découvre rien de sain en cette âme, il la voit toute cicatrisée de parjures et d'iniquités, ici les détours du mensonge et de

---

(1) Allusion aux juges qui condamnèrent Socrate et qui n'ont pas su rendre justice aux vertus du philosophe.

la vanité et rien de droit, parce qu'elle a été nourrie loin de la vérité; là les monstruosités et toute la laideur du pouvoir absolu, de la mollesse et de la licence ». Aussi le châtiment est-il le lot inévitable de telles âmes, car il faut que les fautes soient expiées et l'expiation ne peut se faire que par la souffrance; quant à celles qui, coupables des derniers crimes, sont absolument incurables, la douleur qu'elles subissent ne leur est sans doute d'aucune utilité; mais elle sert d'exemple aux autres qui contemplent ces effroyables supplices. Et c'est là le sort de presque tous les puissants (1), car la plupart du temps ils n'usent de leur force que pour accomplir les plus grandes scélératesses. Aucun coupable n'échappe à la punition qu'il a méritée, car Rhadamante « ne connaît nulle autre chose de lui, ni quel il est, ni quels sont ses parents, sinon qu'il est méchant ». Au contraire, quand se présente à lui « une âme qui a vécu saintement et dans la vérité, soit l'âme d'un particulier ou de quelque autre, mais surtout celle d'un philosophe, uniquement occupé pendant sa vie de son perfectionnement moral », le juge en est ravi et l'envoie aux Iles Fortunées. C'est pourquoi, ajoute Socrate, avec une éloquence émue, en des termes qu'il faut citer, « je m'étudie à paraître devant le juge avec une âme irréprochable; je méprise ce que la plupart des hommes estiment, je ne vise qu'à la vérité et tâcherai de vivre et de mourir, lorsque le temps en sera venu, aussi vertueux que je pourrai. J'invite tous les hommes, autant qu'il est en moi, et je t'invite toi-même à mon tour à embrasser ce genre de vie et à t'exercer à ce combat, le meilleur, à mon avis, de tous ceux d'ici-bas ». Qu'arrivera-t-il en effet à Calliclès quand il paraîtra devant son juge? « Quand il t'aura pris et amené devant son tribunal, tu ouvriras la bouche toute grande, et la tête te tournera, tout comme à moi devant les juges de cette ville. » Et ce n'est pas là un « conte de vieille femme », mais une conséquence nécessaire de l'éternelle justice qui exige l'accord définitif de la vertu et du bonheur, du vice et du malheur. Aussi, fort de ces croyances, l'homme devra sans cesse s'appliquer non à paraître homme de bien, mais à l'être; il évitera avec soin l'injustice, et, s'il vient à la commettre, il subira aussitôt la peine méritée, il ne cherchera point à flatter les passions des autres, il obéira au seul devoir, advienne que pourra. Voici en quels termes Socrate termine le dialogue : « Servons-nous du dis-

---

(1) Allusion à la puissance que donne la rhétorique (voir plus haut). Comparer dans la *République*, livre X, le mythe d'Er l'Arménien.

cours qui nous éclaire aujourd'hui, comme d'un guide qui nous enseigne que le meilleur parti à prendre est de vivre et de mourir dans la culture de la justice et des autres vertus. Suivons la route qu'il nous trace, engageons les autres à nous imiter et n'écoutons pas le discours qui t'a séduit et auquel tu m'exhortes à me rendre, car il ne vaut rien, ô Calliclès. » (C. 77 à 83.)

Le sujet du « Gorgias ». — Tel est le plan général du *Gorgias*. On n'a pas toujours été d'accord sur le vrai sujet de ce dialogue. Déjà, dans l'antiquité, ainsi que nous le rapporte Olympiodore (1), cette question était très controversée : les uns, s'appuyant sur le choix même du personnage qui donne son nom au dialogue et sur la discussion qui forme l'introduction de l'ouvrage, voulaient que le *Gorgias* traitât simplement de la rhétorique ; les autres, remarquant que la question de la rhétorique semble bien vite rejetée au second plan pour faire place à des problèmes plus élevés, déclaraient que c'était avant tout une œuvre morale et politique. Parmi les modernes, la plupart des critiques ont cru que la vraie pensée de Platon n'avait pas seulement été de faire la critique de la rhétorique telle qu'elle existait à son époque, pour nous exposer ensuite les idées qu'il se faisait lui-même sur cet art, mais de ne se servir du sujet de la rhétorique même que comme d'une occasion favorable pour aborder des questions autrement importantes, relatives aux principes suprêmes de la morale, de la politique, même de la religion. Pourtant il suffit de considérer attentivement le dialogue pour se rendre compte que la rhétorique en est bien le centre, que toujours c'est d'elle qu'il s'agit et que tout s'y ramène.

Comme on l'a fait remarquer depuis longtemps, l'ouvrage peut se diviser en quatre parties principales : la discussion de Socrate avec Gorgias, celle avec Polus, la réfutation de Calliclès et enfin l'exposé positif des propres théories du philosophe ; mais ces quatre parties sont intimement liées, elles se soutiennent, se fortifient réci-

---

(1) Voir Cousin, traduction du *Gorgias* (Introduction).

proquement et les problèmes qui sont successivement discutés ne servent qu'à mieux résoudre la question qui préoccupe toujours Platon, celle de la valeur de la rhétorique ; le débat va sans doute s'élargissant de plus en plus, la pensée du philosophe s'élève à des considérations de plus en plus hautes : mais le but est toujours le même et la discussion ne sort pas des cadres d'un sujet bien déterminé.

D'une manière générale, on peut dire que le *Gorgias* est à la fois la condamnation de la fausse rhétorique, telle que l'enseignaient les Sophistes, et la théorie de l'éloquence véritable, telle que Platon la conçoit (1). Et il est facile de comprendre toute l'importance d'une telle question. Avec Périclès, Athènes s'était placée à la tête de toutes les autres cités de la Grèce, elle avait atteint un degré de gloire, de bien-être vraiment extraordinaire ; la culture intellectuelle était arrivée à un point qu'elle ne devait pas dépasser. Aussi, au sein de cette démocratie devenue exigeante, quiconque voulait s'occuper de politique, arriver aux honneurs, était dans la nécessité de posséder une supériorité incontestée et en particulier un véritable talent de parole, une éloquence capable, au milieu des luttes politiques, de remporter la victoire. C'était surtout cet art de la rhétorique que les Sophistes s'étaient proposé d'enseigner, car c'était surtout lui qu'on leur demandait. Mais les Sophistes avaient accepté la situation telle qu'ils l'avaient trouvée : au lieu de chercher à réagir contre elle, ils s'y étaient accommodés et n'apprenaient à leurs élèves que l'art de s'y accommoder de même. Or cette situation était, au point de vue moral, profondément déplorable ; avec le bien-être, la corruption la plus grande n'avait pas tardé à gagner la société tout entière et à permettre les excès d'une démagogie sans pudeur. Aussi pour dominer cette multitude, qui, après tout, était son maître, pour obtenir ses faveurs, l'orateur n'avait plus d'autre souci que celui de flatter ses passions. La

---

(1) Il y a aussi dans le Dialogue deux parties, l'une plus spécialement négative, l'autre plus proprement positive.

Sophistique n'avait pas songé un seul instant à proposer à l'orateur un autre idéal; pour elle, la rhétorique qu'elle enseignait n'était que l'art de défendre toute cause, fût-ce la plus injuste, d'éblouir par les artifices de la parole une multitude ignorante, d'en obtenir ce qu'on voulait en se faisant le complice de ses vices.

C'est précisément cette rhétorique que Platon attaque dans le *Gorgias*, et, peut-on dire, du même coup c'est l'enseignement des Sophistes tout entier qu'il prend à partie, en même temps qu'il condamne toute la politique qui en était l'application immédiate.

Par quelles objections vient-il donc accabler cet art regardé par les Sophistes comme si important, que, suivant eux, il embrassait « la vertu de tous les autres » ? Tout d'abord, s'adressant à Gorgias lui-même, Platon démontre que, indifférent à la vérité, à la justice, ce n'est là qu'un art inférieur, l'art de tromper, qu'il vaut tout au plus pour la multitude des ignorants; bien plus, dépourvu de tout principe, il n'est même pas un art, mais une pure routine aussi vile que les métiers les plus bas. Sans doute, Polus entreprend la défense de la rhétorique en montrant qu'elle donne à celui qui sait la manier la puissance de faire tout ce qu'il veut, même l'injustice, en même temps qu'elle l'assure de l'impunité. Alors Platon, élevant le débat, démontre que cette prétendue puissance n'est en réalité que de l'impuissance, car qui fait le mal ne fait pas réellement ce qu'il veut. La rhétorique ne donne pas la puissance : elle ne donne pas non plus le bonheur. La félicité pourrait-elle, en effet, consister dans l'injustice, quand celle-ci est le mal le plus grand, la plus funeste des maladies ? D'autre part l'impunité, qu'assure le prestige de la parole, est-elle un avantage quand elle est l'effort pour rester dans le mal, c'est-à-dire dans le malheur ? Platon est ainsi amené à développer ces deux principes qu'il vaut mieux souffrir l'injustice que la commettre, expier aussi ses fautes par le châtiment que d'échapper à la punition.

Mais voici Calliclès qui, mettant de côté toute pudeur, s'écrie que toutes ces théories sont pur enfantillage :

d'après lui, le droit c'est la force, les lois sociales ne sont que des entraves artificielles ; la fin de la vie c'est l'abandon à toutes les passions, et la rhétorique est bonne parce qu'elle permet à l'homme de dominer les autres, de vivre au sein de la volupté et de l'intempérance ! Platon était nécessairement conduit à élargir ainsi le débat, à exposer, pour le combattre ensuite, le vrai fond du système moral des Sophistes, vu qu'il était comme l'âme inspiratrice de la conception qu'ils se faisaient de la rhétorique. Il faut voir avec quelle vigueur le philosophe attaque de semblables principes, comment il montre que la rhétorique, loin de conférer les avantages dont on la croit capable, est également funeste aux individus et aux États ; aux individus, parce que le vrai bonheur réside non dans l'abandon aux passions, les désordres de l'intempérance, mais dans la domination des désirs, l'harmonie de toutes les puissances de l'âme ; aux États, car le bonheur des peuples ne diffère pas de celui des individus, il ne consiste pas dans la prospérité matérielle, la satisfaction des appétits, la complaisance pour les vices : c'est une politique déplorable que celle dont l'unique idéal est de flatter les passions de la foule ; le bonheur d'un peuple ne peut résider que dans la vertu de ceux qui le composent, dans l'harmonie de tous ses éléments. Le bien des individus et des États est le même : c'est l'ordre, la vie conforme à cette loi universelle qui règne à travers toutes les parties du monde. Voilà ce qu'oublie la rhétorique : voilà ce qu'a oublié la politique qui s'en est servie ; voilà pourquoi aussi la rhétorique ne peut que consommer le malheur des individus et la politique entraîner la perte des États !

Après avoir prononcé cette condamnation, Platon se trouve amené à présenter l'idéal qu'il se forme lui-même de la rhétorique et de la politique. Loin de flatter les passions populaires et de se faire les adulatrices complaisantes de la multitude, elles ne songent qu'à guérir les âmes, à y introduire la vertu et la justice : elles laissent l'agréable pour le bien ; s'il le faut, elles punissent et corrigent, imitant ainsi la médecine qui n'hésite point à traiter par le fer ou le feu. Sans doute, une telle politique ne va pas sans danger : les hommes se méprennent sur leur véritable intérêt, ils préfèrent qui les flatte à qui les aime, ils peuvent aller jusqu'à faire mourir celui qui ne cherche que leur bien ; qu'importe ! Le bon citoyen ne défaillira pas à sa mission, il ne craint pas la mort : il sait que celle-ci est simplement l'affranchissement de l'âme, qu'elle lui ouvre une autre patrie où, grâce à la sagesse infaillible de Dieu, règne une justice parfaite, de sorte que chacun reçoit la récompense qu'il a méritée. C'est ainsi que le mythe du *Gorgias* apparaît comme le couronnement grandiose de tout le dialogue : il montre que si, ici-bas, la rhétorique peut sembler assurer aux méchants la puissance et le bonheur, ce n'est là qu'une apparence, elle finit par tomber sous le châtiment de la justice divine : de cette façon, elle prépare dès cette vie même à celui qui s'en sert la plus terrible des expiations.

Ainsi tout s'enchaîne dans ce beau dialogue. La rhétorique ne fait qu'un avec la politique ; mais la vraie politique ne se sépare pas de la morale, et, à son tour, la morale se complète par la religion ; le problème de la rhétorique est avant tout le problème de la politique, et celui-ci ne peut être résolu que par la morale et la religion, qui, seules fixant d'une manière générale le but de toute l'activité humaine, déterminent la véritable fin de tous les arts. Sans doute, nous ne voyons pas apparaître dans le *Gorgias* la grande théorie des Idées, mais on la pressent, on la devine partout, elle enveloppe pour ainsi dire le dialogue tout entier. C'est l'Idée même de l'éloquence que Platon cherche à déterminer, et d'autre part, comme d'après lui toutes les Idées sont subordonnées à celle du Bien, il ne peut considérer comme éloquence vraie que celle qui participe à ce divin modèle et cherche toujours à en être le fidèle reflet : la vraie éloquence, c'est la dialectique, qui emporte l'âme loin des fantômes sensibles, vers les vraies réalités éternelles, vers les Idées, la fait par là même plus semblable à elles, c'est-à-dire plus ordonnée, plus juste, plus heureuse.

Et en même temps que Platon attaque ainsi la rhétorique des Sophistes, il sait merveilleusement conserver à chacun de ceux qu'il met en scène son caractère et sa physionomie propres, distinguant entre les disciples et leurs maîtres, mais rapportant à ceux-ci la responsabilité des excès commis par ceux-là. Les premiers Sophistes, en effet, ne furent pas les corrupteurs qu'on a si souvent accusés : Socrate lui-même les estimait. Dans le dialogue qui nous occupe, Gorgias en est le vivant portrait. Malgré ses théories sceptiques il est honnête, il tient aux convenances, il ne va pas jusqu'au bout de ses principes, dont peut-être il ne voit pas les dangers pratiques. Polus, disciple de Gorgias, est plus jeune, plus audacieux, il accuse son maître de ne pas oser dire tout ce qu'il pense ou d'accorder ce qu'il ne pense pas, il aperçoit déjà bon nombre de conséquences que l'on peut tirer des principes de Gorgias même. Pourtant il reste en lui un fond de pudeur et de vertu. Quant à Calliclès, il quitte toute retenue ; il a déduit hardiment toutes les conclusions renfermées dans les principes de la Sophistique, et il les développe avec cynisme. D'après lui, Gorgias et Polus ne sont que des timides, ils restent victimes d'absurdes préjugés qu'ils n'osent briser ; opposant la nature et la loi, proclamant que le droit c'est la force, qu'il est permis de satisfaire toutes ses passions, il représente la génération nouvelle des élèves formés par la Sophistique qui n'hésitaient pas à faire passer dans le domaine de la pratique les maximes théoriques de leurs maîtres, heureux d'ailleurs d'y trouver de quoi justifier leur abandon à une nature ambitieuse et sans scrupule. Sans doute, ainsi que le laisse entendre Platon, Gorgias eût désavoué de pareils disciples. Pourtant, comme le montre encore Platon, les théories effrontées d'un Calliclès étaient le fruit naturel de l'enseignement des Sophistes. Déclarer comme Protagoras que tout est également vrai, ou comme Gorgias que tout est également faux, c'était, en effet, supprimer la vérité au profit de la sensation, priver l'intelligence de toute loi objective et universelle. Mais ce scepticisme théorique pouvait-il ne pas amener un scepticisme moral ?

Si la sensation est le vrai, elle sera aussi le bien ; si l'intelligence n'est soumise à aucune règle, en sera-t-il autrement de la volonté (1)? En d'autres termes, chacun est libre de suivre son caprice et de satisfaire toutes ses passions : c'est là son droit naturel; si la loi vient l'en empêcher, c'est un obstacle artificiel qu'il faut avoir le courage de briser. Par une logique rigoureuse, la profession de foi d'un Calliclès sortait nécessairement de la thèse qui faisait le fond de la Sophistique même. C'était d'ailleurs ce qu'avait compris Socrate, et c'est pourquoi il avait pris pour mission de lutter contre les Sophistes : il voyait que leur enseignement, loin de porter remède à la corruption du temps, ne pouvait que l'aggraver encore ; il les avait dénoncés comme de mauvais éducateurs, capables seulement d'entraîner la ruine de l'État par les citoyens déshonnêtes qu'ils devaient former. Le *Gorgias* montre que Platon avait pris à cœur de continuer l'œuvre de son maître, employant pour cela des armes nouvelles, des raisons plus hautes auxquelles le sens pratique de Socrate ne s'était sans doute pas élevé.

Valeur philosophique du « Gorgias ». — On a déjà pu le voir : les vérités et les enseignements profonds que contient le *Gorgias* sont nombreux. — Examinera-t-on ce dialogue plus spécialement au point de vue de la rhétorique elle-même? On sait que presque tous les grands maîtres ou théoriciens de l'éloquence n'ont pas compris cet art autrement que le philosophe. Déjà Démosthène déclarait que l'orateur est le conseiller du peuple et qu'il n'a aucun rapport avec le démagogue ; or conseiller le peuple, c'est oser être soi-même, oser dire la vérité qui déplaît, mettre, s'il le faut, le fer chaud sur les vices de ses concitoyens (2). Pour Cicéron et Quintilien, c'est un principe incontestable que l'éloquence ne doit pas être séparée de la vertu et que, pour être orateur, il faut d'abord

---

(1) Voir Zeller, *Histoire de la philosophie grecque* (t. I de la traduction Boutroux).
(2) Voir Croiset, *Histoire de la littérature grecque.*

être homme de bien : « *Orator vir bonus dicendi peritus.* » D'après Fénelon, « l'homme digne d'être écouté est celui qui ne se sert de la parole que pour la pensée et de pensée que pour la vérité et la vertu ». Et en effet, si l'on veut conserver à l'éloquence sa dignité, même sa force de persuasion, ne pas la rabaisser à un art inférieur, à un métier sans conscience, comment se faire de sa nature une conception différente ?

Se placera-t-on au point de vue plus nettement moral, il est impossible aussi de méconnaître tout ce que le *Gorgias* renferme encore de définitif. Platon a su saisir et défendre quelques-uns des principes éternels de la conscience humaine; en plus d'un endroit, il fait penser au christianisme et l'on croit parfois entendre quelques-uns des plus beaux préceptes de cette divine religion. La réfutation qu'il a donnée de la doctrine du plaisir n'a pas été dépassée, et il faut admirer la morale élevée qu'il oppose au sensualisme des Sophistes. Il n'est pas jusqu'à cette théorie originale de l'expiation qui ne renferme un sens profond, car notre conscience est ainsi faite qu'elle regarde le vice comme un désordre, unit naturellement l'idée de punition à celle du mal accompli. N'oublions pas non plus le mythe qui couronne magistralement le dialogue et qui, par plus d'un point, rappelle le postulat de la Raison pratique dans la morale kantienne, tant c'est un besoin pour la conscience humaine de protester contre cette séparation du bonheur et de la vertu que l'expérience nous montre si souvent, de croire, malgré tout, au règne de la justice dans une autre vie.

Si enfin nous nous plaçons sur le terrain plus spécial de la politique, il sera également facile de dégager les principes élevés et solides que Platon a su mettre en relief. Le philosophe a eu raison de déclarer que la morale doit être la base de la politique et que l'homme d'État, loin de chercher par sa haute situation à favoriser ses intérêts ou à satisfaire ses passions, doit savoir toujours faire le sacrifice de lui-même pour n'avoir en vue que le bien et l'utilité générale. Il faut encore l'approuver entièrement quand il flétrit la doctrine qui identifie le droit avec la force, quand il proclame aussi cette autre vérité importante, reprise et développée plus tard par Montesquieu, savoir que la puissance d'un État ne dépend pas seulement de la prospérité matérielle, mais surtout des vertus de ceux qui le composent.

Pourtant, toutes ces vérités reconnues, n'est-on pas en droit de présenter quelques réserves? Ne discutons pas certains détails, comme par exemple ces maximes que la vertu est identique à la science, que le beau n'est pas autre chose que le bien ou que le beau et le bien se ramènent tous deux à l'utile. Il est d'autres points plus importants sur lesquels Platon ne semble pas avoir vu parfaitement juste. Nous voulons parler de l'idée même que Platon se fait de la rhétorique ou plutôt de la politique, qui pour lui en est inséparable, et de la fin qu'il assigne à l'homme d'État.

Nous l'avons vu : Platon considère la politique comme l'art de rendre l'âme juste et d'y faire régner la vertu : de même que la gymnastique est l'art de faire le corps vigoureux et fort, de même que la médecine par les traitements souvent douloureux qu'elle emploie rend la santé parfois compromise, de même la législation a pour mission de faire l'âme bien ordonnée et belle, de châtier le coupable et de le faire rentrer dans l'ordre violé. Mais précisément ces analogies entre les arts du corps et ceux de l'âme sont-elles exactes? Il ne le semble pas. Et tout d'abord, dans la théorie de l'expiation, le philosophe n'a pas assez compris que la punition, pour être salutaire, doit non pas être imposée violemment du dehors, mais avant tout acceptée du dedans, par le sujet même qui a commis la faute et qui s'en repent (1). Sans cette condition, la peine fait expier, elle ne guérit pas; bien plus, elle peut ne servir qu'à irriter le coupable et à l'endurcir dans le mal. C'est seulement l'âme coupable qui peut se frapper, se punir en se déclarant indigne, et c'est seulement elle

---

(1) Ainsi que le fait remarquer M. Boutroux (*Questions de morale et d'éducation*), le sentiment de la repentance n'est pas un sentiment grec. (Voir dans cet ouvrage la belle leçon consacrée à l'exposition de la morale hellénique.) Voir aussi la critique de la politique platonicienne dans Janet, *Histoire de la science politique*.

aussi qui peut et doit travailler à sa réformation interne.

Mais c'est surtout la conception que Platon s'est faite du rôle positif de l'État qui est défectueuse. La moralité ne peut pas et ne doit pas s'imposer du dehors, être le résultat d'une contrainte extérieure, il faut qu'elle vienne du dedans, qu'elle émane de la volonté même : qu'importe après tout que l'ordre extérieur soit sauvegardé, que l'harmonie soit réalisée au dehors, si les volontés ne sont point améliorées dans leurs dispositions intimes, si elles n'obéissent à la règle que par la crainte de l'autorité qui les oppresse. Une pareille organisation ne peut avoir aucune influence éducative, c'est de la tyrannie. Sans doute, la cité la plus forte, la plus belle, la plus heureuse sera celle qui se distinguera par la vertu, mais il serait contradictoire que cette vertu fût un esclavage, il faut qu'elle soit, comme dit Kant, une « autonomie », qu'elle repose sur le libre attachement de la volonté au devoir.

On le voit : Platon semble avoir fait trop bon marché de la liberté ou plutôt l'avoir trop méconnue : épris d'un idéal de moralité, d'ordre et de discipline, il n'a pas vu que les moyens qu'il proposait allaient directement contre la fin même qu'il voulait réaliser. Toutefois, ces réserves faites, il faut rendre justice à l'esprit de haut idéalisme qui règne à travers tout le dialogue, anime et soutient la discussion, lui communiquant une gravité éloquente et une force pénétrante de persuasion. Surtout la noble figure de Socrate, dans lequel Platon s'est plu à nous représenter le modèle du bon citoyen, est d'une beauté qui va directement au cœur. Le *Gorgias* n'est pas seulement un dialogue : c'est une philosophie. Avec lui, en effet, nous nous trouvons en présence de deux principes opposés, extrêmes, entre lesquels, semble-t-il, la loi de l'esprit humain est d'osciller sans cesse ; c'est, d'une part, le système de la pure sensation, c'est-à-dire la suppression même du vrai, ramené à l'apparence, la négation du bien identifié à la jouissance, la perversion de la politique réduite à la force brutale ; c'est, de l'autre, le système de l'idée, qui, proclamant l'existence de la raison, rétablit du même coup le vrai, le bien, le droit, et les pose comme les bases éternelles de la science, de la morale et de la politique. Le *Gorgias* est l'énergique revendication des droits de la raison, le triomphe de l'idéalisme le plus pur sur le sensualisme le plus grossier.

LA RÉPUBLIQUE

La « République » de Platon : personnages et sujet du dialogue. — La *République* occupe dans l'œuvre de Platon une place considérable ; elle contient véritablement toute sa philosophie, et, si elle est plus spécialement consacrée à l'exposition de doctrines morales et politiques, il ne faut pas oublier que tout se tient dans le système de Platon et que les conceptions du philosophe sur la nature, le but de la vie privée ou sociale, proviennent directement de la théorie métaphysique des Idées. Celle-ci constitue le fond même de la doctrine platonicienne et la *République* nous en donne un brillant aperçu.

Dans ce dialogue, Socrate raconte un entretien qu'il eut au Pirée, dans la maison du vieux Céphale, rhéteur syracusain. Les interlocuteurs sont Polémarque, fils de Céphale ; Glaucon et Adimante, frères de Platon ; Nicérate, fils de Nicias, et Thrasymaque de Chalcédoine, célèbre sophiste de la jeune génération et dont les théories rappellent celles de Calliclès dans le *Gorgias*. Tel que nous l'avons, l'ouvrage contient dix livres ; mais cette division, qui ne vient pas de Platon lui-même, est assez artificielle ; son auteur paraît surtout avoir été guidé par le désir de donner aux différentes parties la même étendue. Trois de ceux-ci nous intéressent seuls : mais, pour bien les comprendre, il est nécessaire de donner de tout le dialogue un rapide résumé.

On n'est pas toujours d'accord sur le véritable sujet de la *République*. Les uns, s'appuyant sur le début et les conclusions dernières de l'ouvrage, veulent que ce dialogue soit surtout une œuvre de morale. D'après eux, Platon s'est proposé de déterminer la nature de la justice véritable, de la défendre contre les attaques des Sophistes, de montrer qu'elle seule est capable de procurer le bonheur. Par suite, le plan que le philosophe trace de la cité idéale, les différents détails d'organisation politique, tout cela n'est qu'un moyen habile pour mieux mettre en lumière la nature de cette vertu, illustrer l'idée de la justice individuelle, telle qu'elle doit régner dans l'âme, par l'idée plus concrète de la justice sociale, telle qu'elle doit être réalisée dans l'État. Les autres au contraire, alléguant pour raison le titre que Platon a lui-même donné à l'ouvrage, faisant remarquer que la plupart des questions agitées dans la *République* sont reprises dans les *Lois*, ouvrage nettement politique, rappelant aussi les nombreux voyages que le philosophe fit en Sicile et qui montrent combien toute sa vie il fut hanté par le rêve d'un gouvernement idéal, les autres proclament que la *République* est avant tout une œuvre politique, le plan de cette cité chère à Platon, et ils ne voient dans l'introduction du début de l'ouvrage sur la justice qu'un artifice mal déguisé pour passer rapidement de la morale à la politique.

Pourtant, quand on a parcouru le vaste dialogue de la *République*, quand on voit de quelle façon étroite la fin se lie au commencement, il semble impossible de se méprendre sur la vraie pensée du philosophe. C'est sur la question de la justice que Socrate engage la discussion et c'est de cette vertu, dont le vieux Céphale est comme un vivant modèle, qu'il examine, pour les réfuter, les différentes définitions qu'on lui propose. Bientôt le débat s'engage plus vif. Thrasymaque déclare que la justice, c'est le droit de faire tout ce qui plaît, de briser toutes les entraves des lois établies. Après lui, Glaucon vient exposer les théories alors courantes des Sophistes : la justice n'est qu'une convention faite par les faibles pour se protéger contre la domination des forts ; dans l'ordre naturel, la justice consiste à satisfaire toutes ses passions. D'ailleurs, même dans l'état actuel des choses, la condition de l'homme injuste est bien supérieure à celle du juste : celui-là est comblé d'honneurs, jouit de l'estime, se concilie les faveurs des dieux ; l'autre est traîné devant les tribunaux, on lui crève les yeux, on le met en croix. Et Adimante renchérit encore sur l'argumentation de son frère : si l'on recherche la justice, c'est seulement pour les avantages qu'elle rapporte, non pour elle-même; le peuple, les poètes n'hésitent pas à dire que c'est seulement pour la loi que l'injustice est honteuse ; on les voit honorer le méchant qui est riche, mépriser l'homme vertueux qui est pauvre ; les dieux eux-mêmes ne se soucient point du sort du juste et ils l'accablent de malheurs. Aussi tout homme de bon sens comprendra que ce serait à ses dépens qu'il pratiquerait la vertu et il aimera mieux être injuste à son avantage.

Socrate ne saurait admettre de semblables doctrines ; d'après lui, la justice l'emporte infiniment sur l'injustice ; cette dernière ne saurait conférer les avantages qu'on lui accorde : l'homme injuste est nécessairement le plus malheureux de tous, tandis que le juste puise dans la conscience de sa seule vertu la plus profonde félicité. Il suffit, pour s'en rendre compte, de considérer la nature de la justice elle-même. Mais précisément pour cela, comment convient-il de procéder? Sans doute, l'on pourrait se contenter de prendre pour exemple l'âme individuelle; toutefois l'exemple sera plus frappant, si l'on considère une cité tout entière.

« Si des personnes qui ont la vue basse, ayant à lire de loin des lettres écrites en petits caractères, apprenaient que ces mêmes lettres se trouvent écrites ailleurs en gros caractères, sur une surface plus grande, il leur serait, je crois, très avantageux d'aller d'abord lire les grandes lettres et de les confronter ensuite avec les petites pour voir si ce sont les mêmes.

— Il est vrai, reprit Adimante; mais quel rapport vois-tu entre ceci et notre recherche sur la nature de la justice ?

— Je vais te le dire. La justice ne se rencontre-t-elle pas dans un homme et dans un État? — Oui. — Mais un État est plus grand qu'un homme? — Sans doute. — Par conséquent la justice pourrait bien s'y trouver en caractères plus grands et plus aisés à discerner. Ainsi nous rechercherons d'abord quelle est la nature de la justice dans l'État ; ensuite nous l'étudierons dans chaque homme et nous reconnaîtrons en petit ce que nous aurons reconnu en grand (1). »

Il est donc facile de le voir : en nous exposant le plan de la cité idéale, c'est la nature de la justice que le philosophe veut mettre en relief : la justice sociale n'est pour lui qu'une image agrandie de la justice individuelle, et, s'il nous développe la nature de la première, c'est pour mieux faire saisir l'essence de l'autre. Distinguer dans Platon la politique et la morale, c'est ne pas le comprendre : pour lui, en effet, la morale et la politique ne font qu'un ; la cité n'est qu'une âme plus grande, embrassant toutes les autres ; l'âme à son tour n'est qu'une cité plus petite, fragment de la grande : le gouvernement de la cité est identique au gouvernement de l'âme ; la règle de la vie privée ne se distingue pas de celle de la vie publique.

Or quelle est dans l'État la nature de la justice ? Toute cité comprend nécessairement trois classes. En effet, elle a besoin d'artisans et de laboureurs qui pourvoient à sa subsistance ; de guerriers qui la défendent, de magistrats qui la gouvernent. Pour qu'elle puisse vivre, il est nécessaire que chaque classe reste à sa place, remplisse la fonction propre que ses aptitudes lui confèrent : point de renversement dans les rôles, ni dans les attributions. Ce serait l'anarchie et la ruine. Aux magistrats, il appartient de commander et par suite ils devront posséder la sagesse ; les guerriers devront leur obéir et avoir le courage en partage ; enfin les artisans et les laboureurs sauront accepter sans murmure la suprématie des autres classes ; leur vertu propre sera la tempérance. De cette façon, la cité sera harmonieuse, ses forces bien équilibrées ; l'inférieur sera subordonné au supérieur, toutes les parties à l'ensemble : cet ordre sera la justice même.

Or ce qui est vrai de l'État l'est aussi de l'âme. C'est qu'en effet dans celle-ci on peut retrouver trois parties analogues à celles qui forment la cité ; à la classe des

(1) Livre II.

artisans et des laboureurs correspond la partie concupiscible, c'est-à-dire l'ensemble des désirs matériels (ἐπιθυμία); aux guerriers, le cœur, la faculté irascible, constituée par les passions généreuses (θυμός); aux magistrats, la raison (νοῦς). Chacun de ces éléments a de même sa fonction propre : la vertu de la raison, c'est la prudence ; celle de la faculté irascible, le courage ; celle des appétits, la tempérance. A la raison, il appartient de commander, car seule elle sait ce qui est bon ; au cœur d'exécuter les ordres de la raison, aux désirs de se soumettre. Or, quand dans l'âme le gouvernement de la raison est ainsi assuré, quand à travers la pluralité de ses puissances règne l'harmonie, cet ordre tout intérieur est aussi la justice. Impossible par suite de distinguer la justice dans la cité et la justice dans l'âme : sociale ou individuelle, elle reste toujours la même ; c'est l'unité au sein de la multiplicité (1).

N'y a-t-il pas d'ailleurs entre ces deux formes de la justice action et réaction réciproque? La justice peut-elle dans la cité être séparée de la justice des âmes qui composent la cité même, et pour que l'État réalise son idéal, n'est-il pas nécessaire que chaque citoyen pris individuellement réalise le sien? Et d'un autre côté la justice individuelle n'est-elle pas solidaire de la justice sociale? En réalité, l'individu n'est rien sans l'État, la cité le fait ce qu'il est : par suite, c'est à l'État qu'il appartient d'être son éducateur, de se charger de sa formation morale, de lui communiquer de gré ou de force cette vertu, condition de son bonheur. Mais pour cela il faut que le gouvernement de la cité appartienne à des hommes vraiment justes, c'est-à-dire capables de contempler l'essence pure de la justice, de saisir les réalités éternelles et l'Idée suprême qui en est la raison, savoir l'Idée du Bien, de tenir sans cesse les yeux fixés sur cette cité parfaite qui existe dans le ciel et qui doit être de la cité terrestre le divin modèle : pour que la justice se réalise dans l'État, il faut à sa tête des philosophes. Et voilà pourquoi Platon consacre le livre VI

---

(1) Livres III et IV.

à décrire le caractère du vrai philosophe, défend la philosophie des accusations portées contre elle. Voilà aussi pourquoi il nous montre dans le VII⁰ livre par quelle éducation, à l'aide de quelles disciplines l'on pourra former de véritables philosophes, pour en faire les magistrats et les rois de la cité.

Expression vivante de la justice, la République idéale ne pourra être qu'heureuse ; en effet, pour l'État comme pour l'âme, la justice, c'est la santé, l'état normal, par suite c'est le bonheur. En faut-il d'ailleurs une contre-épreuve ? Il suffit pour cela de considérer les constitutions qui de plus en plus s'éloignent du gouvernement de la sagesse, comme aussi les âmes qui s'écartent de plus en plus du gouvernement de la raison : chaque degré de déchéance est en effet représenté par une espèce d'âme et une forme d'État. C'est ainsi que Platon en vient dans le VIII⁰ livre à énumérer les divers gouvernements qui ne sont pour lui que des formes de plus en plus dégradées de la cité idéale, comme aussi les divers types d'hommes qui représentent des formes de plus en plus dégradées de l'âme normale : à mesure que l'injustice va s'accroissant dans l'État ou dans l'individu, à mesure aussi augmente l'infortune et le malheur; la tyrannie et l'homme tyrannique, dernier degré de la déchéance politique ou individuelle, constituent la condition la plus triste et la plus affreuse.

Dès lors, Platon est en droit de présenter ses conclusions. C'est pourquoi dans le livre IX, revenant plus spécialement à l'individu, il compare « l'âme royale » à l'âme tyrannique et établit que la première est infiniment supérieure à l'autre. Le philosophe est d'ailleurs le seul qui puisse discerner le vrai bonheur du faux ; par suite, le bonheur qu'il place dans la justice est le seul véritable. Le plaisir est aussi d'autant plus réel qu'il s'attache à des objets plus réels ; mais précisément seul le juste dédaigne ce qui est relatif et éphémère pour ne s'attacher qu'à l'absolu, à l'éternel ; seul, le juste dompte le monstre à plusieurs têtes qui réside en chacun de nous, obéit au dieu qui est en lui et puise ainsi le bonheur dans la conscience de sa vertu. D'ailleurs c'est à lui, non à l'injuste, que déjà sur cette terre vont l'estime et les honneurs ; lui seul est le favori des dieux. Mais il y a plus et les récompenses d'ici-bas ne sont rien en comparaison de celles qui lui sont réservées dans l'autre vie : c'est pour nous montrer le jugement des âmes, les châtiments des injustes, les supplices des tyrans et les divines félicités réservées aux sages que Platon termine son dialogue par le célèbre et imposant mythe d'Er l'Arménien.

Tel est le plan général de la *République ;* malgré quelques digressions, le dialogue est assez fortement conçu et ses différentes parties se tiennent bien : une grande idée le domine, en fait l'unité, savoir l'apologie de la justice, présentée comme la règle absolue de la vie individuelle et publique, et par là même comme la condition du bonheur pour les particuliers et pour les peuples. — Revenons maintenant d'une façon plus spéciale aux trois livres qui nous intéressent particulièrement.

Argument analytique de la « République ».

LIVRE VI

Injuste discrédit de la philosophie. Le portrait du philosophe; les qualités qui le constituent.

C'est un principe sur lequel Platon ne se lasse pas de revenir : l'État juste ne sera réalisé que le jour où les philosophes seront à sa tête. De même que l'âme ne peut présenter le type parfait de la justice que lorsque toutes ses puissances multiples, toutes ses tendances contradictoires seront disciplinées par la raison, de même dans la cité le règne de la justice ne sera réalisé que le jour où les éléments différents seront soumis au gouvernement de ceux qui représentent la raison même, c'est-à-dire les philosophes. Déjà, dans le livre V, Socrate avait esquissé d'une manière générale le portrait du naturel philosophique. Le philosophe, disait-il, est l'ami de la science et de la vérité parfaite : or la science a pour objet l'être ; c'est pourquoi le philosophe ne s'arrête point aux ombres de beauté ou de justice qui sont disséminées dans les choses, il ne se contente pas des apparences sensibles, incapables de fonder autre chose que des opinions, il cherche l'essence, il s'élève jusqu'à l'intuition de la Beauté, de la Justice en soi, des réalités éternelles.

C'est cette définition que reprend le VIe livre et Socrate y achève le portrait qu'il n'avait qu'ébauché. On l'a vu : les vrais philosophes ne se laissent point égarer dans la multiplicité des phénomènes changeants, ils s'attachent à la réalité immuable : à eux doit appartenir la direction de l'État. En effet, le gardien de la cité doit pouvoir veiller au maintien des lois ; il faut qu'il ait une vue excellente : or ne doit-on pas regarder comme des aveugles ceux qui sont privés de la connaissance de l'essence des choses, qui ne possèdent pas en leur âme l'idéal nécessaire pour les inspirer en toute circonstance et qui dès lors sont incapables d'en tirer les lois propres à fixer ce qui est juste comme aussi de veiller à leur conservation ? Comment ne pas leur préférer ceux qui connaissent les principes des choses et qui de plus ne le cèdent aux autres ni en expérience, ni en aucun genre de mérite ? Seuls ces derniers présentent un cortège de qualités qui leur permettent d'unir l'expérience à la spéculation. Tout d'abord ils aiment avec passion la science qui leur dévoile les réalités éternelles. Aussi ont-ils horreur du mensonge, car rien n'est plus étroitement lié avec la science que la vérité. D'autre part, tout entiers à l'amour de la science, sensibles aux seules joies de l'esprit, ils méprisent les jouissances du corps, ils sont donc tempérants. Tout sentiment bas, toute idée mesquine est indigne d'eux ; ils n'attachent aucune importance à la vie et ne craignent pas la mort. De cette façon, ils ne peuvent être que pleins d'équité. Leur mémoire est excellente, facile et fidèle, car l'on ne peut se plaire à des études par trop pénibles. Leur âme, éprise de vérité, est pleine d'harmonie, de grâce et ils portent partout la mesure qui les distingue. Toutes ces qualités sont nécessaires, elles constituent les hommes qui, perfectionnés par l'éducation et l'expérience, méritent seuls qu'on leur confie le gouvernement. (C. 1 et 2.)

Adimante objecte que Socrate excelle sans doute à manier la discussion et à convaincre, mais qu'il ne semble pas toujours avoir pour lui le témoignage de l'expérience. Ne voit-on pas, en effet, tous les jours des hommes qui, ayant vieilli dans l'étude de la philosophie, sont d'un caractère bizarre, presque insupportable, restent absolument inutiles à la société (1) ? — Socrate ne le conteste pas, mais, à son avis, c'est la société

(1) Dans le *Gorgias*, Calliclès reproche aux philosophes, non seulement d'être inutiles à la société, mais encore d'être inutiles à eux-mêmes (Voir l'étude précédente).

seule qui est coupable. Il en est de celle-ci comme de l'équipage d'un vaisseau : les matelots ambitieux se disputent le gouvernail sans rien connaître de la science du pilotage, sans même se douter de la nécessité d'une telle science; ils assoupissent ou enivrent le patron, s'emparent du navire, se mettent à festoyer sans plus se soucier de la direction du navire. Quiconque flatte leurs désirs, se met au service de leur ambition, est considéré par eux comme un habile marin; au contraire ils méprisent et délaissent tous ceux qui agissent autrement. Surtout ils ne comprennent pas que le vrai pilote doit étudier le temps et les saisons, contempler le ciel et les astres; aussi ne peuvent-ils le regarder que comme un songe-creux qui perd son temps et un bel esprit incapable de leur être utile. Voilà l'image de la condition des philosophes dans les divers États. S'ils sont inutiles, c'est qu'on ne veut pas les employer : pourtant est-il naturel que le pilote prie l'équipage de se mettre sous ses ordres, et n'est-ce pas au malade de faire appeler le médecin? La société seule est coupable : pourquoi la foule préfère-t-elle donner le pouvoir à celui qui flatte ses appétits plutôt qu'à celui qui, ayant les yeux fixés sur l'idéal, est seul capable d'être le pilote de la cité?

D'ailleurs une cause plus grave du discrédit dans lequel est tombée la philosophie, c'est la quantité de faux philosophes : eux seuls justifient l'accusation de perversité portée contre les vrais sages. Ici encore ce n'est point la philosophie elle-même qui est coupable. Socrate rappelle alors toutes les vertus qui distinguent le naturel du philosophe. Pourquoi un caractère aussi heureux vient-il à se corrompre? La cause semblera sans doute étrange : l'âme du philosophe se perd par les qualités mêmes qui la distinguent. C'est en effet une loi générale que l'être vivant, plante ou animal, qui ne trouve pas la nourriture ou le climat convenable, se corrompt d'autant plus facilement que sa constitution est plus vigoureuse. De la même façon une nature excellente, soumise à un régime qui lui est contraire, devient pire qu'une nature médiocre. Par suite, autant la nature du philosophe s'épanouira en vertus si elle reçoit la culture qui lui convient, autant elle produira de vices si elle tombe dans un sol défavorable. Et ce n'est pas seulement les Sophistes, simples particuliers, qui pourront la corrompre, c'est le peuple lui-même, le plus grand des Sophistes (1). Lorsque en effet, dans les tribunaux, aux assem-

---

(1) Platon montre clairement par ce passage que les Sophistes ne furent pas ces corrupteurs qu'on a si souvent condamnés : la corruption existait avant eux et elle eût

blées politiques, aux théâtres ou dans les camps, le jeune homme voit la multitude blâmer ou approuver bruyamment certaines paroles ou certaines actions, est-il possible qu'il résiste à ce courant de louanges et de critiques ? N'aura-t-il pas sur le juste ou l'injuste les mêmes opinions que la foule ? Ne partagera-t-il pas ses goûts, surtout quand il verra les actes suivre les paroles, quand il entendra condamner à l'amende ou à la mort ceux qui pensent autrement ? L'âme qui peut échapper à un pareil naufrage doit vraiment son salut à la protection divine. Et il y a plus. Tous ces professeurs mercenaires que le peuple appelle Sophistes ne font que répéter à la jeunesse les maximes qui ont cours dans la multitude. C'est là ce qu'ils décorent du nom de sagesse. On dirait des hommes qui, après avoir observé les appétits d'un monstre, n'auraient d'autre souci que de le flatter, appelant bien ce qui lui fait plaisir, mal ce qui le courrouce. Dès lors les fantaisies de la foule deviennent la règle de tous ceux qui briguent ses suffrages. Et pourtant ce que la multitude juge bon et honnête l'est-il réellement ? (C. 3 à 7.)

Comment cela serait-il possible ? Le peuple ne saurait admettre ce principe, c'est que le Beau existe en soi, distinct de toutes les choses belles et que, pour chaque genre, il est une essence, distincte de la pluralité des individus. Il n'est donc pas philosophe : par suite ceux qui s'adonnent à la philosophie sont naturellement l'objet de ses critiques comme de celles des Sophistes adulateurs de la foule. Dans quel asile le philosophe pourra-t-il se retirer pour travailler à son perfectionnement ? Dès son enfance, ses qualités le feront remarquer; plus tard, il sera recherché par une foule de flatteurs qui, prévoyant sa puissance, l'accableront d'hommages. Si donc il est riche, beau, d'une haute naissance, comment préservera-t-il son cœur de ce vain orgueil qui chasse la raison ? De quelle oreille écoutera-t-il le sage qui voudrait l'éclairer et le retenir ? D'ailleurs s'il se montrait disposé à l'entendre, les flatteurs, craignant de perdre son appui, ne mettront-ils pas tout en œuvre pour rendre inutiles tous les bons conseils ? Comment donc pourra-t-il devenir philosophe ? Au lieu de tous les services qu'il aurait pu rendre à l'État, de quoi sera-t-il capable sinon des plus grands maux ? C'est ainsi que ceux qui étaient nés avec d'heureuses dispo-

existé sans eux. Seulement, comme le montre encore Platon, ils ne songèrent pas à réagir contre elle, ils l'acceptèrent et n'enseignèrent que l'art de s'y accommoder (Voir l'analyse précédente du *Gorgias*).

sitions délaissent la philosophie. Elle devient alors la proie d'étrangers indignes qui la déshonorent et la discréditent ; pareils à des criminels échappés de prison, qui vont se réfugier dans des temples, ils s'empressent de quitter leur profession pour la philosophie, bien que leur âme ne soit point faite pour elle : tels de vils esclaves qui, après avoir amassé quelque argent, se hâtent de s'habiller tout à neuf et courent épouser la fille de leur maître qui est délaissée. D'un tel mariage il ne peut sortir que des êtres abâtardis, mal conformés. De la même façon du commerce avec la philosophie de ces âmes indignes ne pourra naître qu'une sagesse illusoire. Aussi le nombre des philosophes diminue-t-il et de plus en plus ils se désintéressent des affaires publiques. Navrés de la folie de la multitude et de l'extravagance des gouvernements, convaincus de leur impuissance, incapables enfin de se faire les complices de l'injustice des autres, ils se tiennent désormais en repos, et « comme le voyageur pendant l'orage, abrité derrière un petit mur contre les tourbillons de poussière et de pluie », ils se trouvent heureux de vivre dans la vertu et de mourir avec une âme calme et de belles espérances (1). Sans doute, cette conduite n'est point pour eux leur plus haute mission ; mais qui est coupable, sinon la forme défectueuse du gouvernement? Tant que le philosophe ne trouvera pas devant lui un gouvernement qui lui convienne, sa nature se corrompra nécessairement ; ce n'est qu'avec un gouvernement aussi juste que lui qu'il pourra manifester le divin qu'il renferme en lui. Aussi une réforme s'impose. Ceux qui actuellement s'appliquent à la philosophie sont des enfants ; ils ne s'y donnent pas tout entiers ; ils la quittent au moment d'aborder la partie la plus difficile, la dialectique ; plus tard ils en font moins une occupation qu'un passe-temps. Ce système est défectueux. Il faut que les enfants se livrent d'abord aux études qui conviennent à leur âge ; c'est seulement plus tard, quand leur intelligence sera plus mûre, qu'on les mettra en présence de connaissances plus complexes, et quand la vieillesse ne permettra plus d'exercer les fonctions de magistrat ou de guerrier, alors seulement l'on pourra se livrer entièrement à la philosophie sans s'occuper d'aucune autre chose. (C. 8 à 10.)

(1) Il est inutile de faire remarquer la beauté de ce passage. On voit aussi combien la multitude est antipathique à l'âme aristocratique de Platon. Par contre, il se plaît à mettre en relief le courage de son maître, qui seul n'hésita pas à affronter l'orage et mourut victime de sa vertu.

Sans doute, tous ces principes paraîtront étranges. C'est que jusqu'ici sur ces matières l'on n'a entendu que des « phrases d'une symétrie recherchée » et non des opinions sincères ; c'est qu'aussi l'on n'a pas encore vu un homme formé sur le modèle de la vertu, à la tête d'un État semblable à lui. Toutefois les philosophes se verront peut-être dans la nécessité de prendre bon gré mal gré le gouvernement de l'État, et l'État sera contraint de les écouter ; peut-être aussi une inspiration divine mettra-t-elle dans le cœur d'un monarque ou de son héritier l'amour de la philosophie. Le jour où cette circonstance heureuse sera réalisée, le jour où elle l'a été, l'État idéal existera ou a réellement existé. Qu'une telle cité soit difficile à être fondée, soit ; qu'elle ne puisse absolument pas exister, c'est ce qu'on ne saurait soutenir. Sans doute, la multitude est encore imbue d'injustes préjugés à l'égard de la philosophie : pourtant elle en reviendrait vite, si elle pouvait voir les philosophes à l'œuvre et les connaître tels qu'ils sont ; alors elle ne les confondrait plus avec ces étrangers, ces faux philosophes qui se complaisent dans les insultes et ne se distinguent que par leur esprit querelleur. Le vrai sage ignore la haine : les yeux fixés sur les essences éternelles, il cherche à introduire en son âme la belle harmonie qu'il y contemple. Aussi est-il seul capable de réaliser dans la cité une beauté analogue en y introduisant toutes les vertus. Et quand le peuple aura compris qu'un État ne peut être heureux que si le dessin en a été tracé par ces artistes divins, il cessera de leur vouloir du mal. Pour remplir cet office, les philosophes regarderont l'État et l'âme de chaque citoyen comme une toile qu'il faut commencer par rendre nette ; alors travaillant sur cette toile, ils fixeront leur regard sur l'essence de la justice, puis rapprocheront le plus possible les âmes de ce degré de perfection. Le peuple, à la fin, en viendra à reconnaître que l'autorité dans l'État ne peut appartenir qu'à de telles natures, et il ne persistera plus à leur préférer de faux sages. Et d'autre part est-il impossible qu'un fils de roi ou de chef d'État naisse avec des dispositions pour la philosophie, qu'il échappe à la corruption et établisse les institutions dont nous avons parlé ? Par suite, l'État idéal n'est pas une chimère. (C. 11 à 14.)

Il s'agit maintenant de savoir comment se formeront les hommes capables de maintenir la constitution de l'État. On a déjà vu (1) à quelles épreuves doit être soumis le futur magis-

---

(1) Voir livre III.

trat, comment en toutes choses il doit manifester son amour pour l'État. On peut ajouter que bien peu nombreux sont ceux qui mériteront d'être choisis, car les qualités qui constituent la nature du philosophe se trouvent rarement unies dans le même individu. Par suite, outre l'épreuve des travaux, des dangers et des plaisirs, par laquelle on pourra s'assurer de l'énergie morale des futurs magistrats, il faudra les exercer dans un grand nombre de sciences, pour voir si leur esprit est vraiment capable d'études profondes. Quelles seront-elles? Par la division précédente de l'âme en trois parties, on a déjà déterminé ce qu'était la prudence, le courage, la tempérance, c'est-à-dire la justice qui en est l'union harmonieuse. Toutefois, si l'on en restait là, l'idée de ces vertus serait encore trop incomplète ; nécessité est de s'élever à une science supérieure qui en donne le principe et l'explication dernière ; cette science sublime est celle de l'Idée du Bien. Toutes les vertus ne sont en effet que comme le rayonnement de cette Idée ; c'est d'elle qu'elles empruntent leur prix et tous leurs avantages. Sans doute, la question de la nature du Bien présente de grandes difficultés : les uns déclarent que le Bien, c'est l'intelligence, et ils ne voient pas qu'ils définissent le Bien par lui-même, car c'est seulement par le Bien que l'intelligence peut se comprendre ; les autres l'identifient au plaisir, tout en étant contraints d'avouer qu'il est des plaisirs mauvais. Pourtant si l'on peut encore parfois se contenter d'apparences à l'égard du Beau et du Juste, il n'en est plus de même du Bien. Surtout le gardien de l'État ne peut rester dans l'incertitude relativement à cet objet, car le juste et l'honnête ne peuvent être dignement défendus par celui qui méconnaît leur rapport avec le Bien. (C. 15 à 17.)

Quelle est donc la nature du Bien (1) ? — Pressé de s'expliquer sur cette question, Socrate ne l'aborde qu'avec des précautions et une sorte de crainte respectueuse : il ne pourra répondre que quelque chose « d'informe, d'aveugle, de boiteux »; la description de l'Idée du Bien dépasserait les limites de la discussion qui est engagée. Socrate ne déterminera d'abord que la nature de ce qui est comme la production du Bien et essaiera d'en montrer comme la copie et l'image. La connaissance du fils préparera celle du père.

Qu'on ne l'oublie pas : il existe une pluralité de choses que nous appelons belles ou bonnes; elles ont un principe, c'est le

---

(1) Ἡ τοῦ ἀγαθοῦ ἰδία.

Beau et le Bien. Et il en est ainsi de toute multiplicité d'objets particuliers que l'on peut ramener à l'unité d'un même concept : ils se rapportent tous à une même Idée. Les choses particulières sont saisies par les sens, les Idées par la raison. De tous les sens, la vue est celui auquel l'artiste divin, le démiurge, semble avoir donné le plus de soin ; les autres, en effet, comme l'ouïe, ne supposent que l'organe et l'objet ; au contraire, pour que la vision s'accomplisse, il faut, outre l'œil et l'objet visible, une troisième chose du plus grand prix, savoir la lumière : sans elle, impossible de voir. Or, de tous les dieux qui sont au ciel, celui qui contribue le plus à la vision, c'est le soleil ; c'est lui qui illumine l'univers. Sans doute, l'œil n'est pas le soleil, pourtant il a quelque chose de lui ; car la faculté qu'il a de voir n'est-elle pas comme une émanation dont le soleil est lui-même la source ? Éclairée par le soleil, la vue perçoit le soleil même. Or le soleil est le fils du Bien et il a une parfaite analogie avec son père. Ce que le soleil est dans le domaine du visible (1) par rapport à la vue et à ses objets, le Bien l'est dans le domaine de l'intelligible (2), par rapport à l'intelligence et à ses objets. De même que le soleil est le principe de la lumière qui éclaire l'univers sensible et donne à la vue la propriété de percevoir les objets, de même le Bien est la source de la lumière qui illumine les essences intelligibles et communique à l'âme la faculté de les connaître. C'est l'Idée du Bien qui est le principe de toute science ; l'âme ne connaît véritablement que quand elle fixe ses regards sur cet objet et sa vue se trouble quand elle la laisse tomber sur ce qui est périssable et changeant. Pourtant, quoique principe de la science et de la vérité, l'Idée du Bien ne peut se confondre ni avec la vérité, ni avec la science : de la même façon dans le monde sensible, le soleil est le principe de la lumière et la cause de la vision ; pourtant ni la lumière, ni la vision ne peuvent se confondre avec lui. Et ainsi produisant la science et la vérité, mais l'emportant encore sur elles, l'Idée du Bien possède une beauté vraiment ineffable. D'ailleurs, le soleil n'éclaire pas seulement les objets, il leur donne encore la vie. De la même manière, les essences intelligibles ne tirent pas seulement du Bien leur intelligibilité, mais encore leur essence. Quant au Bien lui-même, il n'est pas proprement une essence, c'est quelque chose de fort au-dessus de l'essence en dignité et en puissance (3). (C. 18 et 19.)

---

(1) Ἐν τῷ ὁρατῷ τόπῳ.
(2) Ἐν τῷ νοητῷ τόπῳ.
(3) Ἐν ἐπέκεινα τῆς οὐσίας πρεσβείᾳ καὶ δυνάμει ὑπερέχοντος. — Chaque Idée est essence,

Le Bien et le soleil sont ainsi les deux rois, l'un du monde intelligible, l'autre du monde sensible. Figurons-nous une ligne divisée en deux parties inégales : l'une représente le monde sensible, l'autre le monde intelligible. Partageons encore en deux chacune de ces parties. La première division du monde sensible est une partie obscure qui ne comprend que de simples images (1), c'est-à-dire les ombres des choses comme aussi leurs reflets dans les eaux ou sur la surface des corps polis. La seconde est une partie plus claire qui comprend les objets eux-mêmes, animaux, plantes, productions de la nature ou de l'art. De même, le monde intelligible comprend deux parties, l'une obscure, l'autre parfaitement lumineuse. La première correspond à ce procédé par lequel l'âme, s'appuyant sur certaines données du monde sensible, part d'une hypothèse, en tire par déduction toutes les conséquences, arrive à la conclusion, sans toutefois remonter jusqu'au principe même. Telle est par exemple la méthode propre aux mathématiciens. Ils supposent deux espèces de nombres, l'un pair, l'autre impair, ou bien encore des figures, des angles selon la démonstration qu'ils veulent établir. Ces hypothèses une fois établies, ils les prennent pour principes et descendent de propositions en propositions, en restant toujours d'accord avec eux-mêmes, jusqu'à celle qu'ils voulaient établir. Ils traitent déjà des objets intelligibles, car s'ils emploient encore des figures sensibles et raisonnent sur elles, du moins ce n'est pas à elles qu'ils pensent et ils ont réellement affaire à des figures tout idéales. Pourtant, ils se contentent des hypothèses dont ils sont partis, ils ne vont pas au delà, jusqu'aux principes qui les justifient. C'est pourquoi leur science est incomplète et l'âme impuissante à s'en contenter. La seconde division du monde intelligible comprend les essences que, par la puissance de la dialectique, la raison pure saisit directement : l'âme part encore d'hypothèses et les considère non plus comme des principes de déductions, mais comme des échelons pour remonter jusqu'à ce qui est exempt de toute hypothèse, à l'inconditionnel, à l'absolu. Elle s'y attache alors, saisit de proche en proche tout ce qui en dépend, y voit l'explication de tout ce qui est. A cette hauteur, elle délaisse complètement le sensible,

mais l'Idée du Bien est le principe des Idées ; par suite, elle est supérieure à l'essence. Chaque Idée est être, mais c'est encore un être limité, borné, mélangé de non-être : le Bien est l'Être total complet, absolu ; chaque Idée est parfaite, mais c'est une perfection incomplète fragmentaire ; le Bien est la perfection absolument parfaite.

(1) Εἰκόνις.

elle va aux Idées, par les Idées, à travers les Idées, et aboutit aux Idées.

On peut ainsi distinguer quatre modes de la connaissance correspondants aux quatre divisions de l'être. A la partie obscure du monde sensible se rapporte la *conjecture* (εἰκασία), à la partie lumineuse la *croyance* (πίστις) : avec ces deux modes, l'âme ne va pas au delà de la simple *opinion* (δόξα). Le monde intelligible est l'objet de la *science* (ἐπιστήμη); à sa partie inférieure correspond la *pensée discursive* (διάνοια); à sa partie la plus élevée, la *pensée intuitive*, l'*intelligence pure* (νόησις) (1).

(1) Voici comment on pourrait représenter la marche dialectique de l'âme. La ligne AB est divisée en deux parties inégales AC et BC; la partie AC est plus petite que la partie CB, car le monde intelligible est plus restreint que le monde sensible; il y a moins d'Idées que d'êtres sensibles; ce qui domine et dirige a moins d'extension que ce qui est dirigé et dominé. La partie AC représente le monde intelligible et la partie CB le monde sensible.

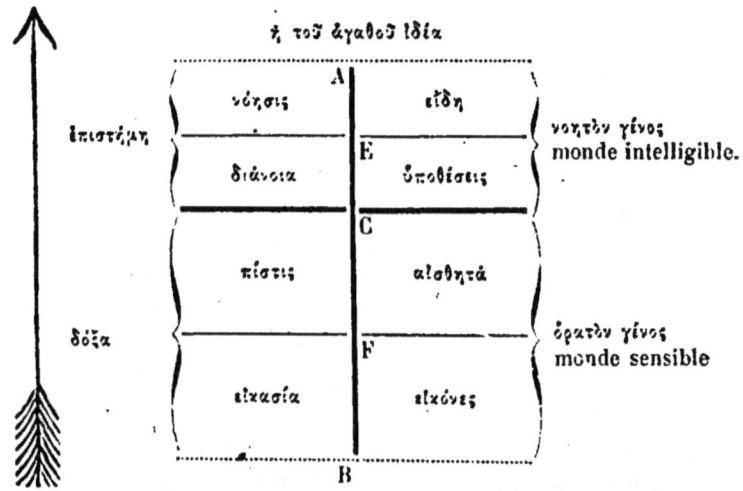

Chacun de ces mondes se divise à son tour en deux régions. Dans le monde sensible, la région obscure BF représente les images (εἰκόνες) et correspond à l'εἰκασία; la région FC est plus claire et représente les objets sensibles (αἰσθητά) eux-mêmes, dont les « images » ne sont que le reflet et comme la copie. Ils correspondent à la croyance (πίστις). Mais la conjecture comme la croyance ne peuvent donner naissance qu'à de simples opinions (δόξα) qui peuvent n'être pas vraies. — La partie AC représente le monde intelligible. La région CE comprend les concepts, qui peuvent être pris comme principes et sur lesquels on peut fonder des démonstrations, mais dont on ne rend pas compte et qui, par suite, ne sont que des hypothèses (ὑποθέσεις). Par exemple, le mathématicien qui raisonne sur un triangle se contente de ce concept et ne remonte pas au delà; il ne se demande pas si le triangle qu'il conçoit, la propriété qu'il y trouve ne seraient pas l'expression, la conséquence d'un triangle plus réel, éternel, le Triangle en soi ou l'Idée du Triangle, principe de tous les triangles possibles. Voilà pourquoi la pensée discursive (διάνοια), qui correspond à cette région intermédiaire entre le sensible pur et l'intelligible pur, n'est pas

Chacun de ces modes de la connaissance possède plus ou moins de vérité, suivant que leurs objets renferment plus ou moins de réalité. (C. 20 et 21.)

LIVRE VII

L'allégorie de la caverne. — L'éducation philosophique. La dialectique. — La cité idéale.

C'est pour mieux faire comprendre toute cette théorie de la connaissance que le VIIe livre s'ouvre par la célèbre allégorie de la caverne : elle nous montre l'état de l'âme plongée d'abord dans l'ignorance et s'élevant peu à peu de l'obscurité à la lumière de la vérité. Les hommes sont semblables à des prisonniers enchaînés dès leur enfance au fond d'une caverne ; ne pouvant ni changer de place, ni tourner la tête, ils ne voient que ce qui est en face d'eux. Derrière eux, un grand feu éclaire toute la caverne ; devant celle-ci monte un chemin bordé d'un petit mur; le long de ce mur passent des hommes, portant des objets de toute sorte, des figures d'hommes et d'animaux en bois et en pierre qui dépassent le mur, et, naturellement parmi ces passants quelques-uns échangent des paroles. Dans leur situation, les prisonniers ne peuvent voir que les ombres de ces objets : aussi prennent-ils ces fantômes

encore la vraie science, bien qu'elle s'élève déjà au-dessus de la simple sensation. L'autre partie du monde intelligible est formée par les Idées, qui, d'après Platon, sont la réalité même et ont leur principe dans l'Idée du Bien. Les Idées sont saisies par l'intuition intellectuelle (νόησις); la vraie science consiste à saisir les rapports des Idées les unes avec les autres : ainsi la vraie mathématique devrait partir de l'Idée du Triangle, du Triangle intelligible, pour en tirer d'autres Idées, c'est-à-dire ses propriétés éternelles, intelligibles, absolument réelles. Toutefois les propriétés du Triangle doivent avoir une raison, car il serait absurde que les propriétés intelligibles du Triangle intelligible fussent l'effet du hasard, c'est-à-dire inintelligibles. Quelle peut être cette raison? D'après Platon, ce ne peut être que le Bien, car le Bien est à lui-même sa raison et par suite est seul capable d'être la raison de tout. Les Idées sont multiples et en elles-mêmes absolument différentes : pourtant elles s'unissent les unes aux autres suivant des rapports déterminés ; la raison de cette réunion ne peut être d'ordre logique, car la loi d'identité éloigne au lieu de rapprocher ; ce ne peut être qu'une raison morale, la loi du meilleur. Par suite, la vraie science consiste à tout rattacher au Bien ou plutôt à tout déduire du Bien, à voir tout dans le Bien. La marche de Platon suspendant ainsi toute la connaissance au Bien est analogue à celle de Descartes qui, après avoir réduit tout le monde extérieur aux essences mathématiques et construit une mathématique universelle, ne peut trouver la garantie de la science qu'en la rattachant au Parfait, à Dieu. De même la science idéale qu'il conçoit, et qui consisterait à déduire toutes les Idées et leurs combinaisons de l'Idée du Bien, n'est pas sans ressemblance avec celle de Spinoza, d'après lequel la vraie méthode consiste à enchaîner ses idées sous la loi de l'idée de Dieu et à tirer toute la réalité de l'unique Substance qui est le principe absolu de tout ce qui existe.

pour des réalités ; l'écho leur renvoyant la voix de ceux qui passent, ils s'imaginent que ces ombres parlent et ils en viennent à croire qu'elles seules sont réelles. Mais l'on détache un de ces captifs, on le force à marcher et à regarder du côté du feu : ébloui, douloureusement affecté, il est d'abord incapable de rien distinguer. Que dira-t-il donc si on lui déclare que jusqu'ici il n'a saisi que des ombres, qu'il est maintenant plus près de la réalité et qu'il voit mieux ! Quel embarras pour lui si on l'interroge sur les objets qui passent ! Aussi détournera-t-il ses regards de ces choses qui blessent sa vue pour les reporter sur les ombres auxquelles il est plus accoutumé, déclarant qu'elles sont plus visibles que les réalités dont on lui parle. Et si, malgré lui, on l'arrache de la caverne pour le traîner au grand jour, cette violence ne manquera pas d'exciter sa colère. Accablé par la splendeur du soleil, il ne pourra d'abord distinguer aucun de ces objets que nous appelons des êtres réels. Ce n'est que peu à peu que ses yeux pourront s'accoutumer. Il discernera d'abord plus facilement les images des objets, telles qu'elles se peignent sur le miroir des eaux ; plus tard, il fixera ses regards sur les objets eux-mêmes. Puis il les élèvera vers le ciel, mais ne pourra encore les contempler que durant la nuit, à la clarté des étoiles ; plus tard seulement il sera enfin capable de soutenir l'éclat du soleil et de le considérer en lui-même. Alors pour peu qu'il raisonne, il comprendra que le soleil est le roi du monde visible et le principe de tout ce qu'il voyait dans la caverne. Alors aussi, songeant à sa première demeure, à ses compagnons de captivité, à leur prétendue sagesse, il se félicitera de sa nouvelle condition et sera saisi de pitié pour ceux qu'il a quittés. En vain saura-t-il qu'il est des honneurs établis pour ceux qui montrent le plus d'habileté à connaître les ombres, il ne portera point envie à ceux qui dans ce souterrain possèdent puissance et dignité. Et maintenant s'il redescendait dans la caverne, ses yeux ne seraient-ils pas comme aveuglés ? Si pendant que sa vue est encore confuse, on lui demandait de discuter sur les ombres, sa gaucherie n'exciterait-elle pas la risée de tous ? Ses anciens compagnons ne manqueraient pas de déclarer qu'il a perdu la vue pour être monté là-haut, et ils mettraient à mort quiconque s'aviserait de les traîner hors de la caverne. (C. 1 à 3.)

Telle est l'image de la condition humaine. L'antre souterrain, c'est le monde sensible ; le feu qui l'éclaire, c'est la lumière du soleil ; le captif qui monte à la région supérieure, c'est l'âme qui s'élève dans le monde intelligible, franchit peu à peu ses différents degrés, parvient jusqu'à ses extrêmes limites : là rayonne l'Idée du Bien « qu'on aperçoit avec peine, mais qu'on ne peut apercevoir sans conclure qu'elle est la cause de tout ce qu'il y a de beau et de bon ; que dans le monde visible elle produit la lumière et l'astre de qui elle provient directement ; que dans le monde invisible c'est elle qui produit directement la vérité et l'intelligence, qu'il faut enfin avoir les yeux sur elle pour se conduire avec sagesse dans la vie publique ou privée » (1) : mais ceux qui sont parvenus à cette région supérieure aspirent naturellement à s'y fixer et refusent d'en descendre pour prendre en main les affaires humaines. D'autre part, tombant tout à coup de ces contemplations divines aux misérables objets qui occupent les hommes, ils ne peuvent manquer de paraître ridicules quand, devant les tribunaux, ils sont obligés de discuter sur ces

(1) On le voit : le monde de la caverne est le symbole du monde sensible et le monde sensible celui du monde intelligible. Dans chacun de ces mondes nous trouvons quatre degrés dans la connaissance. Dans la caverne, le prisonnier ne perçoit d'abord que des ombres, puis les figures des hommes qui les produisent, puis les hommes réels qui portent ces statuettes le long du chemin, enfin le feu qui éclaire tout. Le feu de la caverne, dit Platon, c'est le soleil du monde sensible, et la vue ne peut contempler ce dernier qu'après avoir d'abord perçu les images des choses dans le miroir des eaux, puis les objets terrestres eux-mêmes, ensuite les astres, plus réels encore puisqu'ils sont d'essence divine : c'est seulement après que la vue s'est habituée à ces différents degrés de clarté qu'elle est capable de se fixer sur la source même de toute clarté sensible, le soleil. — A son tour, le monde sensible est le symbole du monde intelli-

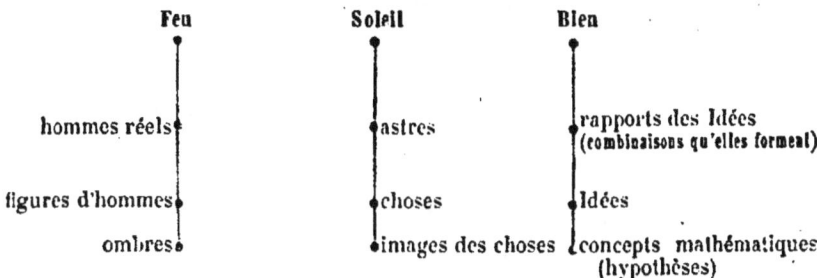

gible. Les « ombres » ce sont les concepts mathématiques, les hypothèses dont part la pensée pour organiser toute la suite de ses déductions. Ceux-ci ne sont que le reflet, la copie des Idées, qui correspondent ainsi aux objets réels du monde sensible, car on sait que pour Platon les Idées sont de véritables êtres. Mais ces Idées sont multiples et chacune d'elles est absolument différente des autres ; pourtant elles s'unissent par certains rapports et par leur participation forment certaines combinaisons (qu'on peut comparer aux combinaisons des astres qui constituent les constellations). Ces combinaisons d'éléments idéaux représentent ainsi le troisième degré du monde intelligible. Mais de même que tous les astres empruntent leur lumière au soleil, de même la « mixtion des Idées » a sa raison, sa loi dernière dans l'Idée du Bien, norme de toutes les autres. — Si maintenant, au lieu de considérer le monde sensible comme le symbole du monde intelligible, nous lui superposons le monde intelligible, qui par sa nature en

PLATON : LA RÉPUBLIQUE.

ombres de justice dont se contentent les hommes. Et pourtant leur gaucherie vient de ce qu'ils passent d'une région lumineuse dans l'obscurité, et on devrait les féliciter de l'embarras qu'ils éprouvent, car il est la preuve du commerce divin dont ils ont joui.

Est-ce à dire que la science soit l'apanage de quelques privilégiés? Ce serait oublier qu'elle ne peut être apportée du dehors. Chacun est naturellement doué de la faculté de connaître; il importe seulement que l'organe de l'intelligence se tourne vers son véritable objet, c'est-à-dire vers l'Être et ce qui est dans l'Être le plus lumineux, savoir le Bien. Aussi, pour que l'âme puisse s'élever jusqu'à l'intuition des essences, il est nécessaire d'extirper les instincts qui, nés avec l'être mortel, l'entraînent vers les plaisirs grossiers et retiennent sa vue abaissée vers les choses inférieures. La direction des États ne peut appartenir à des esprits incultes, étrangers à la science. Toutefois, elle ne convient pas davantage à ceux qui passent toute leur vie au sein de leurs contemplations : se croyant en effet déjà dès leur vivant dans les Iles Fortunées, ils ne consentiraient jamais à se charger du fardeau des affaires. Aussi, après s'être nourris de la vision divine du Bien, les hommes d'élite destinés à gouverner l'État doivent redescendre auprès des malheureux captifs pour prendre part à leurs travaux. Sans doute ils y perdront de leur bonheur. Qu'importe! ce

est distinct, si nous considérons la marche de l'âme enfermée dans le monde sensible et pénétrant dans le monde intelligible, nous retrouvons les quatre degrés de la con-

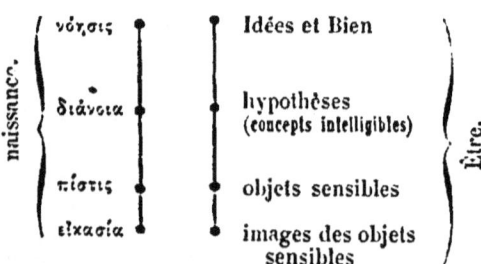

naissance admis par Platon à la fin du VIe livre : d'abord la perception des images des objets sensibles (εἰκασία), puis celles des objets eux-mêmes (πίστις) ; au-dessus les concepts mathématiques, les hypothèses qui forment l'objet de la pensée discursive (διάνοια) ; enfin l'intuition des Idées et de leurs rapports (νόησις), leur vision dans le Bien, c'est-à-dire la vision du Bien lui-même. Les images des objets sont la copie des objets sensibles, les objets sensibles celle des concepts mathématiques, ceux-ci la copie des Idées et les Idées la copie du Bien : la dialectique est précisément la marche de l'âme s'élevant à travers toutes ces copies de plus en plus voisines de l'Être jusqu'à l'Être absolu et inconditionnel.

que le législateur se propose, c'est non pas le bonheur de quelques citoyens, mais celui de tous. D'ailleurs, formés par l'État, ayant tout reçu de lui, ils lui appartiennent, il faut qu'ils soient à son égard « ce que sont pour les ruches les mères abeilles et les reines ». Alors le gouvernement sera « une affaire sérieuse et de gens éveillés et non pas un rêve ». Du reste, il en résultera un autre avantage : les chefs de la cité prendront part aux affaires, non par ambition, mais par devoir. Or c'est là la condition de tout bon gouvernement, car lorsque le pouvoir n'est plus qu'une proie que se disputent des gens affamés, l'État finit par sombrer dans les rivalités. (C. 4 et 5.)

Mais comment et par quelles études est-il possible de former de semblables caractères? On l'a vu : les philosophes doivent dans leur jeunesse s'exercer au métier des armes : il faudra donc que les sciences destinées à leur éducation puissent servir à des guerriers. La gymnastique et la musique ne suffisent plus, l'une parce qu'elle n'a pour objet que ce qui naît et périt, l'autre parce que, tout en introduisant de l'ordre dans l'âme, elle n'enseigne pas la science du Bien. Et il en est de même des arts mécaniques. Ces disciplines trop spéciales écartées, il ne reste plus que les sciences universelles.

La première est l'arithmétique. D'abord son utilité pratique est incontestable : aucun art ne peut s'en passer ; en particulier, l'art militaire repose en grande partie sur elle ; comment sans son secours s'entendre à l'ordonnance d'une armée? Mais surtout cette science est excellente pour élever l'âme et l'amener à la contemplation de l'Être. En effet, parmi les perceptions des sens, les unes, exemptes de contradictions, n'invitent point l'entendement à la réflexion, parce que sur elles la compétence des sens est suffisante ; les autres, au contraire, formées d'éléments contradictoires, réclament l'intervention de l'entendement, car à leur égard les sens ne suffisent plus. Par exemple, voici trois doigts : le petit, l'annulaire et celui du milieu ; quel que soit celui que je perçoive, la vue me dit toujours que c'est un doigt et jamais que c'est en même temps autre chose : aussi, à cet égard, il n'est pas besoin de rien demander à l'intelligence. Au contraire, si la vue juge de la grandeur ou de la petitesse d'un doigt, les informations qu'elle me donne se contredisent : l'annulaire est grand par rapport au petit doigt, petit par rapport au doigt du milieu. Pourtant, le même objet ne peut être à la fois grand et petit. Les contradictions des sens éveillent donc l'entendement, l'obligent à séparer la grandeur et la petitesse et à les considérer en elles-mêmes.

Or les nombres présentent précisément le même caractère. La vue est impuissante à nous montrer une unité véritable ; tout objet sensible est à la fois un et multiple : par suite, l'âme embarrassée réveille l'entendement et est amenée à se demander ce qu'est l'unité véritable. Il convient donc de faire étudier la science du calcul à ceux qui sont destinés à gouverner l'État, non pas pour qu'ils s'en servent comme les marchands aux ventes et aux achats, mais pour que leur âme s'élève à la contemplation de l'essence des nombres, pour qu'elle puisse les voir tels qu'ils sont en eux-mêmes, raisonner sur eux, dédaignant désormais les nombres sensibles. (C. 6 à 8.)

Il en est de même de la géométrie. D'abord elle est indispensable aux opérations de la guerre, pour bien asseoir un camp, prendre une place forte. Mais surtout, ayant pour objet la connaissance de ce qui est toujours, elle élève nos regards vers les choses d'en haut, rend plus facile la contemplation de l'Idée du Bien. La géométrie se divise d'ailleurs en deux parties, et après l'étude des problèmes plans viendra celle des problèmes solides. Sans doute, cette dernière partie est encore peu avancée ; mais si quelque État encourageait de pareilles études, cette science ne manquerait pas de faire des progrès par la seule force du charme qu'elle exerce (1).

(1) Il ne faudrait pas croire que Platon distingue ici les deux parties de la géométrie que nous appelons d'une part « géométrie plane » et d'autre part « géométrie dans l'espace » : les anciens connaissaient en effet un grand nombre de propriétés des solides et l'on ne comprendrait pas alors pourquoi le philosophe déclare que la géométrie des solides est peu avancée. D'après un passage de l'*Épinomis*, la géométrie à deux dimensions consiste à rendre commensurables, en les rapportant à des surfaces, des nombres qui sans cela n'auraient pas de commune mesure ; ainsi 1 et $\sqrt{2}$ sont arithmétiquement incommensurables ; on les rend commensurables en rapportant ces nombres à des lignes ; par exemple dans un carré, le côté est égal à 1 et la diagonale à $\sqrt{2}$. La géométrie plane n'est donc pas du tout pour Platon ce qu'elle est pour nous, la mesure des surfaces ; c'est une dépendance de la science des nombres permettant d'effectuer avec la règle et le compas, par l'intersection de droites et de cercles, certaines opérations impossibles avec les seules ressources de l'arithmétique. C'est la « géométrie analytique » des modernes concernant les problèmes du premier et du second degré. La géométrie à trois dimensions ou stéréométrie n'est de même qu'une application de la science des nombres. Ainsi 1 et $\sqrt[3]{2}$ sont arithmétiquement incommensurables, mais ne peut-on pas les rendre commensurables par la géométrie ? C'est cette science dont Platon conçoit la possibilité. A cette science se rapportait le fameux problème de la duplication du cube. La duplication du carré, conséquence directe de la propriété de l'hypoténuse d'un triangle rectangle, est la clef des problèmes plans ; Platon pressent que la question de la duplication du cube entraîne la solution de toute une série de problèmes supérieurs, « solides ». On sait que l'invention des sections coniques, due à Ménechme, ami de Platon, fournit le moyen le plus rationnel pour résoudre le problème. On peut donc appeler « problèmes solides » ceux qui né-

Il en est encore ainsi de l'astronomie : d'abord elle n'est pas moins nécessaire au guerrier qu'au pilote ou au laboureur; mais surtout elle purifie l'âme, ranime l'intelligence, l'oblige à considérer les essences célestes; et si elle vous fait regarder en haut, ce n'est pas seulement parce qu'elle force l'homme à lever les yeux de la tête ; on a beau regarder en haut, la bouche béante: tant qu'on le fait seulement avec les yeux du corps, non avec ceux de l'âme, tant qu'on ne saisit que des objets sensibles, on ne regarde vraiment pas en haut, fût-on « couché à la renverse sur la terre ou sur la mer »; il faut pour cela saisir ce qui est et ce qu'on ne voit pas, et on peut le faire « en baissant la tête et clignant les yeux ». Sans doute, il n'est pas de spectacle plus beau que celui de la voûte céleste; pourtant cette magnificence n'est que l'image imparfaite d'une magnificence supérieure, celle qui résulte des relations idéales existant entre les mouvements des corps célestes. Dans le ciel visible, l'ordre n'est toujours qu'imparfait, les rapports des phénomènes célestes manquent de stabilité : la vraie astronomie porte sur un autre ciel, sur des lois d'une invariabilité absolue que la pensée seule peut saisir (1).

Mais l'astronomie touche de près à la musique; ce sont deux sciences sœurs qui diffèrent seulement par les sens auxquels elles s'adressent; on l'admettra donc comme l'astronomie elle-même, pour diriger l'âme vers les choses intelligibles. C'est qu'en effet la vraie musique n'est pas cet art empirique qui consiste à tourmenter les cordes d'un instrument, à tendre l'oreille pour saisir au passage les sons et leurs nuances les plus fines; c'est une science qui cherche de quels nombres résultent les accords qui frappent l'oreille, elle s'adresse moins aux sens qu'à l'intelligence (2). (C. 9 à 12.)

cessitent l'intersection des sections coniques, c'est-à-dire nos problèmes des troisième et quatrième degrés (Voy. Tannery, *L'Éducation platonicienne*, dans la *Revue philosophique*, 1880. Nous n'avons eu qu'à résumer cette belle et savante étude).

(1) Platon considère donc que l'astronomie doit porter non sur le ciel visible, mais sur un ciel idéal ; il remarque que l'ordre parfait n'existe pas dans le premier et il lui en substitue un autre plus mathématique. Les anciens, depuis les Pythagoriciens, avaient été en effet frappés des anomalies des mouvements des planètes, qui, pour nous, tiennent, en dehors de l'obliquité des orbites, à leur forme elliptique découverte par Képler et à la position excentrique d'où nous les observons. Pythagore avait déjà déclaré que le mouvement des corps célestes devait être circulaire et uniforme, et cependant on constatait que les apparences n'étaient point conformes à cette loi. Platon suit la trace de Pythagore en affirmant que la véritable astronomie est celle qui, au lieu de se contenter de l'observation confuse des faits irréguliers, cherche des lois simples, mathématiques, un ciel parfaitement ordonné. L'astronomie n'est plus qu'une province des mathématiques.

(2) La musique, comme l'astronomie, n'est donc aussi qu'une province des mathé-

Cependant ces sciences ne sont pas encore suffisantes; elles ne représentent que le prélude de l'air qu'il importe d'apprendre : cet air, c'est la dialectique qui l'exécute. Seule, en effet, la dialectique permet à l'âme de saisir l'essence des choses, de parvenir jusqu'au sommet du monde intelligible, de voir face à face le Bien lui-même. Mais pour cela, une sorte d'initiation intellectuelle est nécessaire. Rappelons-nous l'homme de la caverne : sorti de sa prison, il ne peut d'abord contempler ni les êtres, ni le soleil qui les éclaire, mais seulement les ombres des objets. De même, avant d'être capable de contempler les essences divines et le Bien, il faut familiariser l'intelligence avec ce qui en est l'image, et c'est précisément le rôle des sciences que nous avons énumérées : elles détournent l'âme de la considération des choses sensibles pour l'habituer au commerce des réalités intelligibles. Elles constituent comme une région intermédiaire : sans doute elles ont quelque rapport avec l'Être; mais, toujours astreintes à travailler sur des choses sensibles, elles partent aussi de principes qu'elles ne justifient pas. Elles tiennent pour ainsi dire le milieu entre la simple opinion et la vraie connaissance; supérieures à l'une, elles restent inférieures à l'autre; elles constituent la connaissance discursive. Seule, la dialectique s'élève au-dessus du simple domaine des hypothèses, saisit par une vue directe les principes absolus, tire peu à peu l'œil de l'âme du bourbier où il est plongé. Et ainsi « l'intuition » sera la première et la plus excellente partie de la connaissance; après elle viendra la « connaissance dircursive », au-dessous se placeront la « foi » et la « conjecture ». Les deux premières forment la science, les autres la simple opinion. Ce que l'Être est au devenir, la science l'est à l'opinion, l'intuition à la foi, la connaissance discursive à la conjecture. Ainsi, le dialecticien, seul capable de rendre raison de l'essence de chaque chose, de donner du Bien une définition précise, est aussi le seul qui, dans la vie,

---

matiques. Il faut remarquer que cette énumération des sciences n'est pas faite au hasard : Platon procède de l'abstrait au concret ; il part de la quantité numérique qui est la plus simple et qu'il donne pour objet à la science du calcul; en ajoutant à ce concept celui de l'étendue, il obtient la science de la géométrie; Platon ajoute alors un autre concept, celui du mouvement. Mais le mouvement est perçu par la vue ou par l'oreille, de là deux sciences nouvelles : l'astronomie et la musique. Ne pourrait-on pas rapprocher le principe de la classification de Platon de celui de A. Comte ? Ce dernier suppose aussi qu'il faut commencer l'éducation de l'esprit par les sciences mathématiques qui sont les plus simples ; il veut de même donner à la science la suprême direction de l'État ; mais tandis que dans Platon les sciences ne sont qu'une préparation à la métaphysique, on sait qu'A. Comte supprime la métaphysique au profit des sciences. Voir Liard, édition du VII° livre de la *République* (Garnier).

voie clair et sache se conduire; c'est lui qu'il convient de placer à la tête de l'État. (C. 13 à 15.)

Pour de telles études, on choisira non seulement les plus vaillants et les plus beaux, mais encore ceux qui possèdent les plus remarquables qualités intellectuelles et morales : il faut des sujets auxquels il ne manque rien, ni du côté du corps, ni du côté de l'âme. Les études préparatoires à la dialectique commenceront dès l'enfance; de ces études, on aura soin de bannir toute violence; il faut que les enfants s'instruisent en jouant. On choisira alors ceux qui auront montré le plus de courage à la guerre, le plus de patience dans les travaux, le plus d'ardeur pour l'étude. A l'âge de vingt ans, ils étudieront dans leur ensemble les sciences qu'enfants ils avaient parcourues isolément, on leur en fera saisir les rapports, moyen excellent pour discerner les esprits propres à la dialectique, car le dialecticien doit savoir se placer à un point de vue général (1). A trente ans, on fera une nouvelle sélection; on choisira ceux qui se seront distingués dans la science, la guerre et les autres épreuves, l'on s'efforcera de discerner ceux qui, sans le secours des sens, pourront s'élever jusqu'à la connaissance de l'être. Les plus grandes précautions sont ainsi nécessaires. En effet, la dialectique actuelle n'est pas sans danger : ceux qui prêtent l'oreille à ses raisonnements sont dans la situation d'un enfant supposé qui, élevé dans une riche famille, entouré de flatteurs, posséderait un jour le secret de sa naissance. Sans doute, tant qu'il ne saurait rien, il serait plein de déférence pour ses parents et les préférerait à ses adulateurs; mais à peine aurait-il connu la vérité qu'il s'abandonnerait entièrement aux conseils de ses flatteurs, sans s'occuper désormais de sa famille. De même en chacun de nous il existe certains principes moraux qui sont comme des parents au milieu desquels nous sommes élevés et que nous avons l'habitude de respecter. Mais d'autres principes viennent aussi obséder notre âme comme autant de flatteurs et nous sollicitent à les suivre. Tout d'abord nous résistons et persévérons dans notre conduite. Pourtant, qu'un raisonneur survienne et nous demande ce que c'est que l'honnête, qu'il confonde toutes nos réponses et nous amène à douter de l'existence du Bien, ne perdrons-nous pas tout respect pour les principes sur lesquels nous avions jusqu'ici vécu, nous abandonnant au régime qui

---

(1) Platon a, comme A. Comte et les positivistes, l'idée d'une synthèse totale des sciences, d'une systématisation du savoir ; mais il ne considère cette synthèse que comme la préparation à la véritable philosophie et non comme la philosophie même.

nous flatte davantage? Aussi convient-il d'interdire la dialectique à ceux qui sont trop jeunes, car lorsqu'ils commencent à l'étudier, ils « en abusent et en font un jeu, contredisant sans cesse et, à l'exemple de ceux qui les ont confondus dans la dispute, confondant les autres à leur tour ; semblables à de jeunes chiens, ils se plaisent à harceler et à mordre avec le raisonnement tous ceux qui les approchent ». Bientôt ils rejettent tout ce à quoi ils croyaient auparavant, donnant ainsi au public l'occasion de décrier la philosophie. Il est donc nécessaire de n'admettre aux exercices dialectiques que des esprits sérieux. Quand ils y auront passé cinq ans, ils redescendront dans la caverne, rempliront les emplois militaires et les autres fonctions propres à la jeunesse et à l'âge mûr : de cette façon, ils posséderont l'expérience convenable. Pendant quinze ans, ils seront soumis à des épreuves nouvelles où se révélera leur fermeté. Ceux qui en seront sortis avec succès devront alors se livrer sans réserve aux occupations de la philosophie, ils contempleront l'essence du Bien et la prendront comme modèle pour gouverner; quand leur tour arrivera, ils se chargeront du fardeau des affaires, se consacrant entièrement à leur devoir et au bien public. Enfin, après avoir travaillé sans cesse à former des hommes qui leur ressemblent et à laisser de dignes successeurs pour la garde de l'État, ils pourront passer de cette vie dans les Iles des bienheureux, et la cité leur élèvera des monuments, les honorera par des sacrifices publics, les considérant comme des génies tutélaires et des âmes divines.

Telle est l'éducation de nos hommes d'État : elle conviendra d'ailleurs aussi aux femmes douées d'aptitudes convenables : tout doit être commun aux deux sexes. Par suite, l'État dont nous avons tracé le plan n'est pas une vaine chimère ; sa réalisation est difficile, mais non impossible. En tout cas, il ne pourra exister que s'il est gouverné par des philosophes n'ayant d'autre souci que de faire régner la justice. Pour cela ils relégueront à la campagne tous les citoyens au-dessus de dix ans, et, soustrayant les enfants à la contagion des mauvaises mœurs, ils les élèveront d'après leur exemple et suivant leurs principes. (C. 16 et 17.)

LIVRE VIII

Les formes dégénérées de l'âme et de la cité.

Au début du Ve livre, Socrate avait voulu passer à l'énumération des formes défectueuses de l'État, et il en avait été détourné par la question d'Adimante relative à la communauté des femmes et des biens. C'est ce point particulier que Socrate reprend et développe dans le VIII° livre. Suivant lui, il existe pour l'État quatre degrés de décadence ; ce sont : le gouvernement timocratique, tel qu'il existe à Lacédémone, le gouvernement oligarchique, le gouvernement démocratique et enfin la tyrannie. A ces quatre formes d'État correspondent d'ailleurs quatre caractères d'hommes, car ce qui fait les gouvernements, ce ne sont pas « les chênes ni les rochers, mais bien les mœurs des citoyens » qui les composent. Il s'agit donc d'examiner chacun de ces gouvernements qui vont ainsi s'éloignant de plus en plus de l'État idéal, comme aussi les caractères individuels qui leur sont parallèles. De cette façon, l'on verra mieux de quel côté est la justice et l'injustice, de quel côté aussi se trouve le bonheur ou le malheur. (C. 1 et 2.)

On le sait : le gouvernement parfait est l'aristocratie fondée sur la vertu. Comment peut-il dégénérer? Il faut en chercher la raison dans une loi universelle des choses. Tout ce qui naît est condamné à dépérir; pour l'espèce humaine, comme pour les races d'animaux et des plantes, il existe des périodes successives et bien réglées de fécondité et de stérilité; il est un nombre géométrique (1) dont la puissance préside aux bonnes et aux mauvaises générations. Il importe que les magistrats s'en rendent compte pour saisir l'époque favorable des mariages; s'ils l'ignorent ou se départissent de leur surveillance, ils ordonneront les unions à contretemps et les naissances se produiront sous de funestes auspices. La nouvelle génération, négligeant la musique et la gymnastique, sera à la fois plus grossière et plus lâche; d'elle sortiront des magistrats qui manqueront d'aptitude pour discerner les différentes races d'or, d'argent, d'airain ou de fer. Dès lors le fer se mêle à l'argent, l'airain à l'or : l'harmonie, c'est-à-dire la justice, n'existe plus. Les races de fer et d'airain aspirent en effet à acquérir des biens; de leur côté les races d'or et d'argent, riches de leur nature, tendent au maintien de la constitution primitive : après bien des violences, on convient de se partager la terre et les maisons; les hommes des classes inférieures ne sont plus regardés comme des hommes libres, mais réduits à la condition d'esclaves.

Tel est le passage de l'aristocratie à la timocratie. Avec ce

(1) C'est ce qu'on appelle le « nombre nuptial ». On n'est pas d'accord sur ce nombre. Voir Tannery, *Le Nombre nuptial de Platon* (*Revue philosophique*, 1876).

gouvernement, le pouvoir n'appartient plus aux sages ; ces caractères fortement unis font défaut et l'on ne trouve plus que des natures « mêlées ». Ce qui domine chez les chefs, ce n'est plus la raison, mais le « courage ». Ceux-ci sont plutôt nés pour la guerre et on les voit toujours les armes à la main. Sans doute un tel gouvernement retient encore certaines qualités de l'aristocratie : déjà pourtant la décadence est grande. Les gouvernants sont avides de richesses, ils tiennent l'or et l'argent précieusement cachés; retirés dans leurs maisons, ils se livrent à de folles dépenses, s'adonnent aux plaisirs et évitent avec soin les regards de la loi. Et tout ce mal vient de ce qu'on a négligé la véritable muse, c'est-à-dire l'étude de la philosophie, et préféré la gymnastique à la musique. (C. 3 et 4.)

L'homme qui répond à ce gouvernement est plein d'ambition, il néglige le commerce des muses et l'art de la parole; dur envers ses esclaves, humble devant ses supérieurs, il aspire aux dignités et ne veut s'y élever que par les travaux de la guerre, il aime avec passion la gymnastique. Après avoir dans sa jeunesse méprisé les richesses, il s'y attache de plus en plus avec l'âge. Se demandera-t-on comment se forme un tel caractère? L'homme timocratique est le fils d'un citoyen honnête, vivant dans un État mal gouverné et qui, pour conserver sa tranquillité, veut rester dans l'obscurité. Le jeune homme assiste aux plaintes journalières de sa mère : elle est dans une situation inférieure parce que son mari n'a aucune charge; celui-ci ne se soucie pas assez de ses intérêts et ne sait pas les défendre, ni se défendre lui-même devant les tribunaux; tout occupé de lui-même, il la traite avec trop d'indifférence. Et après les reproches de sa mère, le jeune homme entend les critiques des domestiques qui veulent par là faire preuve d'affection pour lui : leur maître a tort de ne poursuivre ni le paiement de ses dettes, ni la réparation de ses injures; ils engagent le fils, quand il sera grand, à mieux soutenir ses droits et à se montrer plus homme. Mais que sera-ce une fois que le jeune homme sortira de sa maison ? Il verra que ceux qui s'occupent de leurs propres affaires sont l'objet du mépris, tandis qu'à ceux qui ne s'en occupent pas reviennent estime et honneurs. Embarrassé, sollicité en sens opposés par son père qui voudrait cultiver la raison dans l'âme de son fils et par les autres qui enflamment ses désirs (1), il « livre le

---

(1) Analogie de la lutte qui existe au début du gouvernement timocratique entre

gouvernement de son âme à cette partie de lui-même où réside la colère et l'esprit de dispute, et qui tient le milieu entre la raison et le désir; il devient un homme hautain et ambitieux ».

A la timocratie, succède l'oligarchie. Alors le cens décide de la condition des citoyens; seuls les riches détiennent le pouvoir, les pauvres en sont exclus. Cette forme de gouvernement dérive naturellement de la timocratie par l'amour sans cesse croissant de l'argent : à mesure qu'augmente le crédit des richesses, celui de la vertu diminue. D'ambitieux, les citoyens deviennent cupides; bientôt on n'estime plus que les riches et c'est assez d'être pauvre pour être méprisé. Alors une loi interdit l'accès des charges publiques à ceux dont la fortune n'atteint pas un chiffre déterminé : l'oligarchie est ainsi constituée. Les vices d'un pareil gouvernement sont évidents. Dirigé exclusivement par les riches, sans que les pauvres, qui auraient peut-être plus de capacités, puissent participer aux affaires, l'État ressemble à un vaisseau dont le pilote aurait été choisi, non d'après son habileté, mais d'après sa seule fortune. D'autre part, un tel État est en réalité divisé en deux États, celui des riches et celui des pauvres, et ces deux factions conspirent sans cesse les unes contre les autres. De là l'impossibilité de faire la guerre : si, en effet, on arme la multitude, elle devient plus redoutable que l'ennemi même; si on refuse son concours, on va au-devant de la défaite. Mais surtout le tort de ce gouvernement est de laisser à chacun la liberté de se défaire de ses biens. Même les chefs ont bien soin de ne pas prévenir un pareil désordre, car par lui les uns peuvent s'enrichir, tandis que les autres sont réduits à l'extrême misère. Dès lors il se forme toute une classe d'oisifs qui sont aussi funestes à l'État que les frelons le sont à la ruche, ou plutôt ceux-ci sont plus dangereux encore, ils composent la redoutable engeance des filous, des fripons de toute espèce, de ces hommes que les magistrats doivent sans cesse surveiller et contenir par la force. Et tous ces maux viennent de la mauvaise éducation, comme aussi de la constitution défectueuse du gouvernement. (C. 5 à 7.)

L'homme oligarchique naît également de la même manière de l'homme timocratique. Fils d'un père ambitieux, il veut d'abord marcher sur ses traces, mais remarquant que « son père s'est brisé contre l'État, comme un vaisseau contre un

---

les races d'or et d'argent, qui veulent maintenir intacte l'ancienne constitution, et les races d'airain et de fer, qui aspirent à s'enrichir.

écueil »; qu'après avoir dépensé toute sa fortune dans quelque charge publique, il est traîné devant les tribunaux et condamné; alors, ayant perdu son patrimoine, craignant pour lui-même, « il précipite cette ambition et ces grands sentiments du trône qu'il leur avait élevé dans son âme », il ne songe plus qu'à amasser de l'argent et, « sur ce même trône, il fait monter l'esprit de convoitise et d'avarice, l'établit comme son grand roi, lui met le diadème, le collier et le ceint du cimeterre ». C'est aux pieds de ce nouveau maître qu'il abaisse la raison et le courage désormais esclaves; il oblige la première à ne réfléchir qu'aux moyens d'accumuler de nouveaux trésors, il force l'autre à ne se passionner que pour les richesses.

Les ressemblances qui existent entre un tel caractère et le gouvernement oligarchique sont visibles. De même que l'oligarchie, il estime par-dessus tout l'argent, il ne satisfait que les désirs nécessaires, maîtrise tous les autres pour éviter toute dépense; homme sordide, il épargne, thésaurise. Le défaut d'éducation a laissé naître en lui des désirs de la nature des frelons; mais, dominé par sa passion, il parvient à les contenir. Sans doute il pourra, par de belles apparences, obtenir l'estime; ce sera seulement grâce à la violence qu'il exerce sur lui et qui provient, non d'un amour sincère de la vertu, mais de la crainte de perdre sa fortune. Un tel homme est nécessairement en proie aux discordes intestines : il existe deux hommes en lui, car il est partagé entre des désirs contraires; sans doute les meilleurs l'emportent d'ordinaire; mais la vraie vertu d'une âme où règne l'harmonie est loin de lui. Toujours ménager de son argent, craignant d'éveiller en lui les passions prodigues, il est mesquin dans toutes ses actions : de la sorte il a toujours le dessous dans les différents concours où il figure. (C. 8 et 9.)

A son tour la démocratie sort de l'oligarchie grâce aux progrès de la passion de l'or. Les chefs ne devant leur autorité qu'à leur fortune ont garde d'arrêter les dépenses exagérées des jeunes gens dont ils désirent acheter les biens ou se les approprier par voie usuraire. Bientôt il existe dans l'État deux partis en opposition, l'un composé des citoyens accablés de dettes, l'autre constitué par ceux qui se sont enrichis de la fortune des autres. Et le fléau a beau s'étendre, le nombre des frelons et des mendiants s'accroître sans cesse, les riches ne prennent aucune mesure pour arrêter le mal. Aussi ne peuvent-ils que se corrompre, eux et leurs enfants : ceux-ci, gâtés par le luxe, deviennent lâches; ils délaissent absolument la vertu. Cependant les pauvres prennent de plus en plus conscience de leur force ; se trouvant dans une théorie ou à l'armée en présence de ceux qui les ont dépouillés, ils remarquent que les riches « élevés à l'ombre, surchargés d'embonpoint », sont bientôt hors d'haleine, embarrassés de leur personne : dès lors ils se disent que c'est à leur propre lâcheté que les riches doivent leur situation. Aussi la révolution éclate-t-elle dans l'État à la moindre occasion, soit que les riches et les pauvres appellent à leur secours, les uns les chefs d'un État oligarchique, les autres les citoyens d'un État démocratique, quelquefois même sans aucune intervention étrangère. La démocratie est la victoire des pauvres sur les riches ; ils massacrent les uns, exilent les autres, se partagent le pouvoir et les charges dont, la plupart du temps, le sort est seul à décider.

Dans un pareil État tout le monde est libre, chacun agit comme il lui plaît, vit comme il l'entend. Ce gouvernement bigarré de mille caractères ressemble à un habit sur lequel on aurait brodé toutes sortes de fleurs : qui donc ne le trouverait pas admirable ? Grâce à l'excessive liberté qui le distingue, il renferme vraiment tous les gouvernements possibles et quiconque veut former le plan d'une cité n'a, semble-t-il, pour faire son choix, qu'à se transporter sur ce marché politique. Quelle heureuse condition de vivre dans un pareil État ! Personne ne vous contraint d'accepter aucune charge ; libre à vous de ne point vous laisser gouverner, de ne pas aller à la guerre quand les autres y vont, de ne pas vivre en paix quand les autres y vivent, d'être, s'il vous en prend la fantaisie, juge ou magistrat. Et comme ce gouvernement est plein de douceur pour tout le monde ! Des hommes chargés de condamnations s'y promènent en public, marchent aussi fièrement que les héros : personne ne les inquiète ! L'on ne prend pas la peine d'examiner quelle est la valeur de celui qui se mêle des affaires publiques : c'est assez qu'il se dise dévoué au peuple. Charmant gouvernement, d'une bigarrure piquante et qui a trouvé le moyen d'établir l'égalité entre les choses inégales (1) ! (C. 10 et 11.)

Venons à l'homme démocratique. Fils d'un homme avare et oligarchique, élevé dans les mêmes sentiments que son père, il maîtrise d'abord les désirs qui le portent à la dépense et

---

(1) Inutile de faire remarquer que toute cette peinture de la démocratie est une satire.

qu'on appelle superflus. Il est en effet deux sortes de désirs : les désirs superflus et les désirs nécessaires. Ces derniers sont ceux dont il n'est pas en notre pouvoir de nous dépouiller et dont la satisfaction est indispensable à la vie : tel par exemple le désir de manger. Les autres sont ceux que nous pouvons surmonter, pourvu que nous nous y habituions de bonne heure, et qui, contraires à la tempérance, sont aussi nuisibles au corps qu'à l'âme : tel est le désir de manger des mets délicats (1). L'homme qui est la proie des désirs superflus est un vrai frelon ; celui en qui dominent les désirs nécessaires est précisément « notre personnage avare et oligarchique ». Si donc ce dernier se transforme et devient démocratique, c'est pour avoir goûté du miel des frelons et s'être trouvé dans la compagnie de ces insectes habiles à irriter en lui des désirs de toute espèce. Il en est de lui comme de l'État qui a changé de forme parce que les deux factions rivales ont reçu le secours de forces de même nature que chacune d'elles ; il se corrompt, parce que certaines de ses passions reçoivent le secours de passions étrangères et analogues. Sans doute son père ou ses amis peuvent venir à la défense des désirs oligarchiques : alors son cœur est déchiré par une lutte intestine. Parfois la faction oligarchique l'emporte en lui, et, dans cette circonstance, saisi de honte, il chasse les mauvais désirs. Mais bientôt ceux-ci sont remplacés par d'autres que, par suite de sa mauvaise éducation, il a, sans le savoir, laissés grandir. L'entraînant de nouveau dans les mêmes compagnies, ils ont vite fait de s'emparer de la citadelle de son âme, d'expulser les bons principes, d'y substituer des croyances extravagantes. Dès lors c'en est fait de toutes les vertus : elles sont ignominieusement chassées, la pudeur comme étant de l'imbécillité, la tempérance de la lâcheté, la modération de la bassesse. A leur place s'introduisent l'insolence, l'anarchie, la débauche, l'effronterie, décorées de beaux noms qui ne leur conviennent pas. Impuissant à distinguer les désirs superflus des désirs nécessaires, l'homme démocratique s'abandonne à tous, déclare que toutes les passions sont bonnes et qu'il est permis de les satisfaire. Aussi son caractère est essentiellement instable : « aujourd'hui il s'enivre et il lui faut des joueurs de flûte, demain il jeûne et ne boit que de l'eau ; tantôt il s'exerce au gymnase, tantôt il est oisif ». On le voit s'éprendre tour à tour de la philosophie, de la guerre, des affaires

---

(1) Cette distinction sera plus tard reprise et développée par Épicure.

publiques, des finances : aucun ordre ne préside à sa conduite. Plein de contrastes, réunissant en lui presque tous les caractères, il a la bigarrure de l'État populaire : rien d'étonnant alors que tant de personnes trouvent si beau un semblable genre de vie. (C. 12 et 13.)

Il reste maintenant à considérer « la plus belle forme de gouvernement, ainsi que le plus beau caractère », c'est-à-dire la tyrannie et le tyran (1). Ce nouveau mode de gouvernement sort de la démocratie à peu près de la même manière que la démocratie sort de l'oligarchie. C'était le désir insatiable des richesses qui avait perdu l'oligarchie; ce qui perd la démocratie, c'est le désir insatiable de la liberté. En effet, dans la démocratie, chacun est bientôt dévoré par la soif de l'indépendance absolue; si les chefs font quelque résistance, on les accuse d'être des partisans de l'oligarchie et on les punit comme des traîtres; on méprise ceux qui respectent les magistrats pour ne plus honorer que « les gouvernants qui ont l'air d'être gouvernés, et les gouvernés qui prennent celui de gouvernants ». Bientôt, dans un tel État, l'esprit de liberté s'étend à tout : le fils se croit l'égal de son père, l'étranger du citoyen; le maître est plein de ménagement pour ses élèves et les élèves se moquent de leurs maîtres; le jeune homme veut en savoir autant que le vieillard et le vieillard par condescendance affecte les manières du jeune homme; l'esclave se croit aussi libre que son maître. Cet esprit d'indépendance va s'étendant jusqu'aux animaux mêmes : les chevaux, les ânes, prenant une fière allure, heurtent tous ceux qu'ils rencontrent pour se faire un passage : partout règne la licence la plus complète (2).

Mais tout excès amène l'excès contraire, et de cette liberté sans bornes va sortir le plus intolérable despotisme. Il est facile de le comprendre. L'État démocratique se compose de trois classes. Ce sont d'abord les frelons, vrai fléau de la cité et qui sont pour l'organisme social ce que le phlegme et la bile sont pour l'organisme corporel. Ils deviennent dans la démocratie autrement dangereux que dans l'oligarchie; dans cette dernière forme de gouvernement, on avait en effet bien soin de les écarter de toutes les charges; au contraire, dans la démocratie, ce sont eux qui dirigent presque exclusivement les affaires et on peut les voir « bourdonner » autour de la tribune, fermant la bouche à quiconque veut les contredire.

(1) Ce sera l'objet du IX⁰ livre. Inutile de faire remarquer le ton ironique de Platon.
(2) Voir dans la *République* de Cicéron la façon dont le philosophe latin a traduit ce passage (Voir nos *Auteurs philosophiques latins*).

Une autre classe est formée des citoyens qui, par leur travail et leur conduite, sont arrivés à s'enrichir : c'est naturellement sur cette « herbe » que les frelons viennent faire leur butin. Enfin la troisième classe comprend le peuple, c'est-à-dire les artisans qui sont étrangers aux affaires et ne possèdent presque rien : c'est la plus nombreuse. Aussi, pour la flatter, les chefs trouvent souvent moyen de s'emparer des biens des riches, tout en gardant d'ailleurs pour eux-mêmes la meilleure part. Menacés d'être dépouillés, les riches organisent la résistance ; on les accuse alors de vouloir rétablir l'oligarchie : de là les procès, les luttes entre les partis. Dans ces circonstances, le peuple confie ses intérêts à un chef, et « c'est de la tige de ces protecteurs du peuple que naît le tyran ». En effet, après avoir trempé ses mains dans le sang de ses concitoyens, supprimé ses adversaires, fait miroiter devant les yeux de la multitude la perspective de l'abolition des dettes et d'un nouveau partage des terres, ce chef se trouve amené à cette alternative ou de périr de la main de ses ennemis ou de se transformer en un véritable loup, de devenir tyran. Faisant dès lors appel au peuple, il demande une garde pour être mieux protégé contre les riches, et il l'obtient facilement. Désormais sans crainte, il monte ouvertement sur le char de l'État, s'empare du pouvoir : la tyrannie est instituée. Sans doute, dans les premiers jours, le tyran se montre affable envers tout le monde, il fait de nombreuses promesses, abolit les dettes, partage les terres entre le peuple et ses favoris. Mais il a soin de toujours susciter quelque guerre, pour que le peuple ne puisse se passer de lui et pour qu'épuisés de contributions, les citoyens, obligés de pourvoir aux nécessités de chaque jour, soient moins dangereux pour lui ; d'ailleurs il ne se gêne pas pour faire disparaître ceux qui résistent à ses volontés. Mais une pareille conduite ne manquera pas de lui attirer la haine de tous ceux qui auront quelque courage : dès lors, pour rester le maître, il sera forcé de supprimer tous ceux qui auront de la noblesse, de purger l'État de tout ce qu'il peut y avoir de bon. C'est pourquoi le tyran est dans l'alternative ou de périr ou de ne vivre que dans la société d'individus méprisables, dont il ne pourra d'ailleurs éviter la haine. Plus il se rendra odieux à ses concitoyens, plus il aura besoin d'une garde nombreuse : mais celle-ci ne pourra se composer que d'un ramassis d'esclaves affranchis. Quel sort enviable de n'avoir pour amis que de pareilles gens et d'être détesté par les citoyens vertueux ! Pour nourrir ses satellites, le tyran dépouillera d'abord les temples ; quand ce fonds sera épuisé, il n'hésitera pas à se faire nourrir par le peuple, lui, ses convives et ses favoris. Si, à la fin, le peuple se fâche, lui déclare que le fils ne doit pas être à la charge du père ; s'il lui fait entendre qu'il ne l'a pas élevé au pouvoir pour être l'esclave de ses esclaves, s'il veut le chasser, comme un père chasse de sa maison un fils indigne, le peuple verra alors quel enfant il a élevé et caressé, il constatera que ceux qu'il voudrait chasser sont plus forts que lui. Le tyran n'hésite pas à faire violence à son père, à le frapper : c'est un fils ingrat, un parricide. C'est ainsi que le peuple, pour avoir voulu éviter le gouvernement facile des hommes libres, tombe dans l'esclavage, échangeant sa liberté excessive contre la plus dure des servitudes (C. 14 à 19).

Appréciation des livres VI, VII et VIII de la « République ». — Nous n'avons pas ici à donner une appréciation générale sur toute la *République* de Platon, à rechercher jusqu'à quel point le philosophe est original, quels sont en particulier les emprunts qu'il a pu faire aux conceptions politiques des Pythagoriciens ou aux constitutions de certaines cités de la Grèce. D'ailleurs il ne semble pas qu'il faille chercher autre part que dans sa philosophie même et dans sa théorie des Idées le principe fondamental de l'État rêvé par Platon. Alors que la cité antique, reposant tout entière à l'origine sur la religion et le respect de la tradition, menaçait de périr dans les excès de l'individualisme, et cela par suite de la dissolution même des croyances et des principes qui en étaient l'assise, Platon essaie de la restaurer, de la reconstruire sur une nouvelle base, sur l'autorité d'une autre religion, savoir la religion issue de la raison même, sur l'autorité d'autres dieux, savoir les Idées, le Bien, principes éternels de tout ce qui existe : la cité humaine ne doit être qu'une copie de cette cité céleste, constituée par les essences divines profondément unes dans l'Idée du Bien. Et que l'on remarque combien, tout en prétendant restaurer la cité grecque, Platon subit encore l'empire des anciennes idées. La cité qu'il construit, c'est vraiment la cité antique, aux limites étroites, autocratique, négative de toute liberté individuelle, sans égard aucun pour les inclinations les plus naturelles de l'homme.

Nous n'avons pas non plus à nous demander quelle est, sur le rôle de l'État, la valeur d'une telle conception qui fut celle de toute l'antiquité et que nous avons modifiée par une connaissance plus juste des droits et des revendications légitimes de la personnalité : en particulier, il serait facile de montrer la fausseté de l'idée qui constitue le fond même de la *République*, savoir que l'État est le gardien de la moralité et qu'il lui appartient de faire régner la vertu. Nous l'avons déjà dit (1) : la vertu ne peut venir que du dedans, elle ne doit pas s'imposer du dehors; un État qui voudrait faire régner la moralité violerait les droits les plus incontestables de la personne, il serait immoral. Toutes ces vérités qui paraissent aujourd'hui banales, la Grèce antique ne les connut, ne les soupçonna même pas : pénétrée de l'omnipotence de la cité, elle reconnut toujours à l'État le soin de tout réglementer, de s'immiscer partout, même d'entrer dans les détails les plus intimes de la vie des particuliers. — Encore bien moins avons-nous à discuter la question de savoir si, comme on l'a dit souvent, l'État platonicien n'est qu'une utopie chimérique parce qu'il n'est pas de forme de gouvernement valable, absolument et universellement, et que les constitutions politiques, dépendant, comme l'a bien vu Aristote (2), d'une foule de conditions variables et diverses, ont loin d'avoir la raideur géométrique et la structure figée que suppose le philosophe. — Ne nous demandons pas non plus jusqu'à quel point Platon croyait sa cité réalisable ou plutôt si, durant toute sa vie, il la crut réalisable, ou si au contraire dans sa vieillesse, ainsi que semble l'attester son dernier ouvrage sur les *Lois*, il ne crut pas, désabusé par le triste spectacle de sa patrie et le souvenir de ses tentatives inutiles en Sicile, devoir corriger quelque peu la rigueur de ses principes en revenant à un idéal moins éloigné de la réalité. Il nous suffira ici de jeter un rapide coup d'œil sur les principales idées

---

(1) Voir l'étude précédente sur le *Gorgias*.
(2) Voir plus loin notre étude sur la *Politique* d'Aristote.

qui sont plus spécialement contenues dans les trois livres que nous avions à analyser et qui, avec celui qui termine l'ouvrage, sont véritablement les plus intéressants de la *République*.

1° Les Livres VI et VII. — Comme on l'a vu, le VI° livre est consacré à l'étude du caractère philosophique, le VII° indique les études préparatoires nécessaires à la formation de ce caractère même. Le premier nous dit plutôt ce qu'est le philosophe, l'autre nous expose surtout à quelles conditions on peut le devenir ; l'un est une analyse psychologique, l'autre plutôt un exposé pédagogique. Or on peut le dire : sur tous ces points, les vues de Platon sont le plus souvent d'une vérité et d'une profondeur remarquables.

Et d'abord comment lui contester qu'il se soit rendu un compte exact de la nature même de la philosophie ? La philosophie, déclare-t-il, est avant tout la science de l'Être, son objet est l'inconditionnel, l'absolu. Et Platon a raison. Nous n'avons pas besoin ici de montrer longuement que ce qu'on appelle aujourd'hui la « science », c'est-à-dire l'ensemble des connaissances positives, nous laisse dans la caverne des ombres, dans le domaine des apparences ou, comme dit Kant, des « phénomènes », qui, tout relatifs à la constitution et aux lois de notre conscience, sont impuissants à nous donner la moindre idée de ce que les choses peuvent être en elles-mêmes. Sans doute ce n'est pas une raison pour jeter sur la « science » un injuste discrédit, car la notation aussi exacte que possible des successions constantes de ces apparences ne laisse pas d'être fort avantageuse à l'homme, dont la condition est de vivre au milieu d'elles. Il n'en est pas moins vrai que la science ne satisfait pas notre esprit, impatient de sortir de la prison des faits, de pénétrer dans la région plus vraie de l'être (1). Les sciences sont bien, suivant l'expression de Platon, « hypothétiques » : toutes reposent sur des postulats qu'elles n'examinent pas, sur des notions de la valeur desquelles il faut même

---

(1) Voir notre *Composition de philosophie*, Introduction.

qu'elles se désintéressent, si elles veulent faire des progrès. Notre physique ne nous dit pas ce qu'est la matière, pas plus que nos mathématiques ne nous instruisent sur la nature de l'espace ; en ce qui concerne leurs principes mêmes, nos sciences ne sont qu'ignorance. Et d'autre part, si elles recherchent les causes, elles restent dans le domaine des « causes secondes », c'est-à-dire ici encore des causes « hypothétiques », relatives ; les lois qu'elles nous donnent sont aussi des faits contingents, « hypothétiques », car elles ne nous en font pas savoir la raison. Platon l'a bien senti : notre pensée réclame une connaissance moins décevante ; qu'on le lui permette ou non, il faut qu'elle sorte des apparences contradictoires pour se mettre en rapport avec l'Être identique, dont la notion constitue notre esprit même, qu'elle quitte le domaine de l'hypothèse pour pénétrer dans la région de l'absolu ; dans sa marche dialectique, elle n'est satisfaite que quand elle est parvenue à cette Réalité suprême que Platon appelait l'Idée du Bien : toujours à la science doit se superposer la philosophie, comme à la διάνοια la νόησις.

Mais il y a plus et Platon a encore compris que les études philosophiques demandent toute une discipline préparatoire. On sait avec quelle force il insiste sur la nécessité de se livrer aux spéculations mathématiques pour amener progressivement l'esprit à se détourner des illusions des sens, des fantômes de l'imagination, pour entrer plus facilement dans la région de l'être et s'élever jusqu'à l'absolu. Plus tard, Descartes, désireux de s'assurer de la certitude des mathématiques, ne devait aussi considérer ces sciences que comme un marchepied pour remonter jusqu'au Parfait ; Leibniz, à son tour, ne devait voir dans le mathématisme cartésien qu'un moyen pour pénétrer dans le domaine de la véritable réalité. Toutefois ce n'est pas seulement les mathématiques, comme le croit Platon, qui invitent l'esprit aux hautes spéculations de la philosophie : ce sont toutes les sciences en général, et si Platon n'en parle pas, c'est que de son temps la plupart d'entre elles n'étaient pas encore constituées, tandis que les mathématiques avaient déjà atteint un degré remarquable de perfection. Toutes les sciences, en effet, non seulement sont excellentes pour ouvrir et fortifier l'esprit, le préparer aux problèmes de la métaphysique qui, par nature, sont les derniers de tous, mais encore, quand elles sont bien comprises, elles amènent naturellement la pensée à « regarder en haut », suivant l'expression de Platon, et l'initient à un autre ordre de choses que celles dont elles-mêmes traitent. S'il est peut-être impossible de soutenir avec Pythagore, Descartes ou Aug. Comte que le mathématisme est le fond même des choses, il n'en est pas moins vrai qu'à mesure que les sciences font des progrès, à mesure se révèle avec une clarté plus vive la mathématique qui préside à l'univers, c'est-à-dire les lois des choses, et comme il est manifestement impossible de mettre cet ordre sur le compte du hasard, notre pensée se porte aussitôt vers l'éternel géomètre, dont le monde, suivant le mot de Leibniz, représente le calcul et est comme le reflet de ses divines perfections. Peut-être est-il permis de reprocher à Platon d'avoir réalisé des abstractions en considérant les lois de la nature comme autant de types réels et absolus ; mais il ne faut pas oublier que toutes les Idées ne sont en définitive pour lui que comme des déterminations, des modes de l'Idée du Bien et peut-être la dernière pensée du philosophe est-elle cette conception profonde, savoir que les lois qui président à l'harmonie du monde ne sont que les idées mêmes de l'Intelligence créatrice.

Toutefois, si sur tous ces points les conceptions de Platon semblent définitives, si la philosophie représente véritablement de la connaissance la forme la plus haute, l'on peut se demander si au point de vue pratique, politique, en ce qui concerne le gouvernement des hommes, elle a toute la valeur que la *République* lui reconnaît. Platon, qui en tout soutient et élève les droits de la raison, est le promoteur de la politique idéaliste. Mais, pourra-t-on objecter, le vrai politique, au lieu d'avoir sans cesse les yeux fixés sur un monde transcendant d'idées pures, ne doit-il pas au contraire, pour conduire la masse des forces sociales, posséder au plus haut point le sens de la réalité, la connaissance des aspirations, du caractère de ceux qu'il dirige? On a bien médit de cette politique « idéologue » qui, *à priori*, construit des systèmes plus ou moins brillants, dans un superbe mépris de l'expérience, sans souci du monde variable et complexe où l'idéal qu'elle propose doit s'appliquer. Et en effet, outre les dangers qu'elle pourrait entraîner, cette politique trop absolue aurait l'inconvénient de n'engendrer que de chimériques utopies, de venir misérablement se briser contre la réalité trop diversifiée, trop souple, trop fluide pour s'enfermer et se fixer dans un mode de gouvernement identique, irrévocablement invariable. Cela est vrai ; néanmoins, si la politique ne doit pas perdre de vue la réalité, il ne faut pas non plus qu'elle se borne à un pur empirisme. Tout gouvernement doit avoir un idéal qui l'éclaire, l'inspire, le soutienne, introduise dans ses actes cette cohérence, cette unité qui seule est féconde en résultats. C'est la gloire de Platon de l'avoir dit, d'avoir proclamé que cet idéal devait être aussi moral que possible, d'avoir posé que, pour les États comme pour les individus, il était une règle absolue, dont il ne fallait jamais s'écarter, savoir celle du juste, du droit, du bien.

2° LE LIVRE VIII. — Peut-être convient-il de faire plus de réserves sur les théories du VIII° livre où Platon compare les différentes formes de gouvernement et expose les causes des révolutions qu'elles subissent. On lui a reproché de n'avoir présenté de la succession des divers types d'organisation sociale qu'une construction *à priori* et sans valeur historique. L'objection est peut-être injuste et il semble au contraire que les théories du philosophe aient été en grande partie suggérées par l'histoire des différentes révolutions qui agitèrent la cité antique.

On sait que la royauté avait été vaincue et remplacée par l'aristocratie, sa rivale naturelle. Celle-ci, se fondant à la fois sur la religion et sur la naissance, s'était, comme le dit Platon de la timocratie, distribué les parts du territoire et, seule propriétaire du sol, avait réduit les classes inférieures dans une sorte d'esclavage. Mais celles-ci avaient pris peu à peu conscience de leurs droits et les clients avaient fini par s'affranchir de la tutelle des « eupatrides ». Devenus à leur tour propriétaires du sol, cultivant la terre, se faisant commerçants, la plupart étaient devenus riches. Dès lors, entrant dans la cité, ennemis de l'aristocratie, ils l'avaient renversée et remplacée par une oligarchie fondée sur la seule fortune. A son tour cette nouvelle aristocratie fut bientôt en butte à l'envie de ceux qui étaient restés pauvres : ceux-ci composèrent désormais le parti populaire, et à mesure qu'ils se sentirent plus nécessaires aux riches qui dans les guerres avaient besoin d'eux, à mesure ils devinrent plus audacieux ; poussés par leurs orateurs, les démagogues, ils en vinrent vite à décréter la confiscation des biens des riches ou à exiler ces derniers : la démocratie était établie. Mais désormais la cité recélait dans son sein deux factions ennemies l'une de l'autre, se regardant d'un œil haineux, conspirant sans cesse l'une contre l'autre. Pour mieux résister aux riches, les pauvres révèrent vite un gouvernement monarchique qui fût conforme à leurs intérêts et réprimât le parti contraire : ainsi s'établit le tyran, sorte de roi dont l'autorité reposait seulement sur le choix populaire. Bientôt d'ailleurs, après avoir flatté les convoitises de la foule, on voit le tyran ne plus songer qu'à lui-même, à la satisfaction de ses passions, supprimer tout ce qui lui fait ombrage, se faire le maître de la vie et de la fortune de tous : la démocratie a sombré dans le plus affreux despotisme (1).

On le voit : que Platon ait vraiment consulté l'histoire ou que ce soit de sa part une intuition de génie, il a d'une manière assez fidèle reproduit la suite des changements plus ou moins violents dont la cité antique fut le théâtre, et l'on ne peut entièrement accepter les objections d'Aristote quand il reproche à son maître de n'avoir pas vu que les révolutions consistent non pas dans le passage d'une forme d'organisation sociale à la forme la plus voisine, mais dans la transformation d'un système politique en

---

(1) Voir Fustel de Coulanges, *La Cité antique*. Voir aussi Janêt, *Histoire de la science politique*, page 140.

celui qui lui est le plus diamétralement opposé (1). Ce qui est plus contestable peut-être, c'est la conception du philosophe sur les causes et les caractères des révolutions. D'après Platon, celles-ci ont en définitive leur raison dernière dans la loi fatale de dégénérescence, qui, dominant, suivant lui, l'univers tout entier, s'applique nécessairement aussi à l'humanité; de cette façon, elles ne peuvent dériver que de la décadence morale progressive, mais irrémédiable, de ceux qui composent les États mêmes. Il en résulte encore que Platon les considère comme étant toujours et nécessairement mauvaises. Ce sont comme des maladies inguérissables de plus en plus profondes, une sorte de gangrène pénétrant de plus en plus dans le corps social et le minant à ce point que le salut ne peut plus venir que d'un miracle. Et il n'en pouvait être autrement : partisan résolu de l'aristocratie ou gouvernement des meilleurs, des hommes à « l'âme royale », le philosophe ne devait voir dans les autres formes d'organisation politique que des types de plus en plus éloignés de l'État idéal, de même qu'il ne voyait dans l'âme dominée par le cœur ou par le désir que des types de plus en plus éloignés de l'âme idéale. Pourtant on pourrait se demander si la loi de l'humanité, au lieu d'être celle de la décadence, n'est pas au contraire celle du progrès; si, au lieu d'être condamné à descendre toujours plus bas, l'homme ne peut pas monter toujours plus haut. Certes, ce progrès ne peut se discuter en ce qui concerne la science et ses admirables applications, en ce qui regarde aussi la moralité dont l'idéal se parfait sans cesse : pourquoi n'en serait-il pas de même dans le domaine de l'activité politique? La grande loi de l'évolution, proclamée par Spencer, pourrait-elle ne pas s'y appliquer? Pourquoi l'homme, débutant par un mode d'organisation sociale naturellement insuffisant, ne pourrait-il pas progressivement concevoir et chercher à réaliser des types d'organisation plus en rapport avec les besoins matériels, les aspirations de sa nature mieux

---

(1) Voir notre étude sur la *Politique* d'Aristote.

connue, les droits de la personne plus exactement déterminés? Cette idée de progrès a d'ailleurs été étrangère presque à toute l'antiquité ; et c'est par une illusion qui fut à peu près générale, qui subsista aussi longtemps, que Platon croit qu'en politique, comme dans les autres domaines, l'humanité a débuté par l'âge d'or et que les descendants sont nécessairement moins sages, moins vertueux, moins heureux que les ancêtres (1). Revenus à une conception plus juste des choses, plus confiants dans les lois de la nature et les efforts de la liberté, nous nous représentons tout autrement la vie de l'humanité ; comme Bacon, nous disons volontiers que l'âge d'or n'est pas derrière nous, mais devant nous et nous pensons que la vie individuelle n'a d'autre fin que de contribuer pour sa part et, pour ainsi dire, d'ajouter sa pierre au progrès indéfini des choses. Et c'est pourquoi toutes les révolutions ne sont pas nécessairement mauvaises, elles ne représentent pas seulement une décadence morale ; elles peuvent être une évolution, le passage à un état meilleur. Si, souvent peut-être, elles ont leurs causes dans les mauvaises passions, comme l'ambition, le désir excessif du pouvoir, les rivalités ou les haines, parfois aussi elles ont leur point de départ dans la conception d'un idéal moral nouveau, dans la revendication légitime de droits jusqu'alors méconnus ou sacrifiés. Aristote, qui a aussi étudié les révolutions politiques, semble avoir vu plus juste que son maître quand il les considère tantôt comme la réaction des inégalités de naissance, de talent, de fortune ou de mérite contre l'amour de l'égalité absolue et sans condition, tantôt comme la réaction du sentiment de l'égalité plus ou moins exactement comprise contre des inégalités considérées comme arbitraires ou injustes (2). Platon n'avait-il pas d'ailleurs en lui-même l'intuition de cette idée, quand il faisait sortir la démocratie du gouvernement oligarchique par le soulèvement des pauvres traités avec trop de dédain et réclamant leur place dans la cité ?

(1) Voir nos *Auteurs philosophiques latins*, étude sur Lucrèce.
(2) Voir notre étude sur la *Politique* d'Aristote.

Ce qu'il reste de la « République » de Platon. — Pourtant, malgré toutes les critiques, on peut l'accorder à Platon : l'État idéal, c'est l'État juste ; il s'agit seulement de bien comprendre en quoi il consiste. L'État juste n'est pas celui dont le philosophe nous a tracé le plan, dans lequel tous les citoyens obéissent fidèlement à une discipline extérieure, qui répartit chacun à sa place, fixe à chacun sa mission et son rôle. C'est là une harmonie, une justice toute superficielle ou plutôt c'est une véritable injustice, car une pareille forme sociale n'a qu'une influence coercitive et ne comprend que des tyrans et que des esclaves. Avec elle, les volontés individuelles sont sacrifiées, les libertés méconnues, les droits de la personne violés. La cité idéale, la *Cité moderne* que nous rêvons est l'opposé de la cité antique : elle repose sur le consentement des volontés, provient de la liberté, est la consécration de tous les droits ; c'est la *République*, la démocratie, c'est-à-dire la nation se gouvernant elle-même ; elle seule est l'expression parfaite de la justice sociale, parce qu'elle a pour fondement la liberté collective de tous les citoyens et s'établit ainsi en harmonie avec les exigences de la conscience. C'est aussi à cet idéal que, semble-t-il, tendent de plus en plus les nations et les peuples ; c'est lui qui les travaille plus ou moins obscurément, les meut à travers les agitations de leur histoire. Sans doute, l'âme aristocratique et d'ailleurs profondément honnête de Platon ne pouvait avoir que du mépris pour la démocratie ; il ne pouvait la juger que d'après les excès et les égarements de celle qui régnait alors à Athènes, et il ne voyait partout que des spectacles offensants. Mais cette démocratie n'était qu'une démagogie et sa liberté n'était que de la licence. Néanmoins de la condamnation portée par le philosophe il se dégage une importante et précieuse leçon : précisément parce que la démocratie est la consécration de toutes les volontés libres, il importe que ces volontés restent honnêtes, qu'elles se fassent un devoir de demeurer attachées à la règle du bien, de vivre dans le respect de la justice et du droit. Sans cela elle est vouée au désordre, dégénère rapidement en une démagogie anarchique, appelle bientôt par une réaction inévitable les excès du despotisme. C'est la gloire de Platon de l'avoir proclamé : en ce sens, il mérite d'être considéré comme l'un des plus profonds instituteurs de la cité moderne.

LE PHÉDON

Le « Phédon » : les personnages. — De tous les dialogues de Platon, le *Phédon* est, sans contredit, l'un des plus beaux ; c'est par lui surtout que l'on peut saisir et admirer toutes les ressources du génie merveilleusement souple et riche du philosophe : cet ouvrage unit en effet avec un art remarquable l'intérêt dramatique et la discussion philosophique. Le *Phédon* est le récit vivant, ému des derniers moments de Socrate en même temps que la démonstration de l'immortalité de l'âme.

Le personnage qui a donné son nom au dialogue, Phédon, disciple de Socrate et qui à la mort de son maître fonda l'école d'Élis, est supposé passer par Phlionte, ville de Sicyonie, probablement tout de suite après la catastrophe qui l'avait obligé, comme les autres, à quitter Athènes : il y rencontre le pythagoricien Échécrate avec quelques-uns de ses amis. Ceux-ci alors le prient de les mettre au courant d'un événement qu'ils connaissent, mais dont ils ignorent les détails. Phédon, qui était lui-même présent à la scène qu'on lui demande de raconter et auquel rien n'est plus cher que le souvenir de Socrate, accède volontiers à cette prière et développe le dernier entretien que le sage, avant de mourir, eut avec ses disciples dans sa prison. Dans ce dialogue tel qu'il est rapporté par Phédon, le principal interlocuteur est Socrate lui-même, autour duquel se concentre naturellement l'intérêt et qui mène la discussion avec une sûreté et un calme admirables. Les autres sont deux jeunes Thébains, Simmias et Cébès, initiés comme Echécrate à la doctrine de Pythagore et qui présentent à Socrate des objections assez subtiles; d'autres amis du philosophe, en particulier Criton et Phédon, lui-même, interviennent aussi, de même que le serviteur des Onze ; mais ils ne prononcent que quelques paroles.

Argument analytique du « Phédon ». — Au moment où s'engage l'entretien que Phédon va raconter « du commencement jusqu'à la fin » et qui fit sur lui une impression si extraordinaire, les disciples de Socrate qui avaient l'habitude de passer tout le jour avec leur maître sont, plus tôt que d'habitude, réunis aux portes de la prison : ils ont en effet appris le retour de la théorie que les Athéniens envoyaient tous les ans à Délos pour accomplir le vœu autrefois fait à Apollon, et pendant l'absence de laquelle il leur était défendu de faire périr qui que ce soit au nom de l'État. Socrate doit donc se tenir prêt à mourir : déjà les Onze sont dans la prison pour l'avertir et pour lui ôter ses fers. Bientôt les disciples sont introduits: à leur vue, Xantippe, qui était assise avec son enfant auprès de son mari, s'abandonne aux transports les plus violents du désespoir. Socrate ordonne qu'on la reconduise chez elle. Lui-même, s'asseyant sur son lit et se frottant la jambe, heureux d'être délivré de ses fers, fait remarquer l'union intime du plaisir et de la douleur qui se succèdent perpétuellement en nous comme s'ils étaient attachés bout à bout. Ésope aurait pu à ce sujet faire une fable et nous montrer comment les dieux, ayant essayé en vain de réconcilier ces deux adversaires, en firent, en les liant, d'inséparables compagnons. Sur ce propos et au nom du poète Événus, Criton demande à Socrate pourquoi, n'ayant jamais fait de vers dans sa vie, il s'est mis à en composer dans sa prison. Celui-ci répond qu'il a voulu ainsi obéir à un songe qui depuis longtemps lui ordonnait de s'appliquer aux beaux-arts; tant qu'il a été libre, il s'est adonné entièrement à la philosophie, persuadé que, puisqu'elle était le premier des arts, il se conformait aux prescriptions du songe; mais une fois en prison et toujours sollicité par le même ordre, il s'est demandé s'il ne s'était pas trompé et, pour se mettre en règle avec sa conscience, il s'est appliqué aux beaux-arts dans le sens ordinaire du mot, composant alors un hymne en l'honneur d'Apollon et mettant en vers quelques fables d'Ésope qu'il savait par cœur. Voilà ce que l'on devra répondre à

Évenus : il faudra lui dire aussi de suivre au plus tôt Socrate qui doit, sur l'ordre des Athéniens, partir aujourd'hui même : d'ailleurs Évenus le fera volontiers, car il est philosophe; or, pour un philosophe, c'est un bonheur de mourir, bien que pourtant il soit défendu d'attenter à ses jours. Cébès croit relever dans ces paroles une contradiction ; s'il faut suivre celui qui meurt, n'est-il donc pas permis de se donner la mort ? Sans doute Philolaüs interdit aussi le suicide, mais il n'a jamais présenté ses raisons; quelles seront donc celles de Socrate? Celui-ci rappelle alors la maxime enseignée dans les Mystères : nous sommes tous ici-bas comme dans un poste, personne ne doit le quitter sans permission. De plus, les dieux prennent soin de nous; nous sommes comme leur possession. Or nous-mêmes nous nous irriterions contre un de nos esclaves qui se serait donné la mort sans notre ordre, nous le punirions si cela était possible; qui oserait donc soutenir que nous pouvons sortir de la vie sans que Dieu nous en impose la nécessité! (C. 1 à 6.)

Cébès n'est point satisfait d'une réponse qu'il trouve inconséquente. Si les dieux veillent ainsi sur nous, s'ils sont à notre égard les meilleurs maîtres que nous puissions trouver, appartient-il vraiment au sage de désirer la mort, c'est-à-dire de s'arracher à leur sollicitude et à leurs bons soins? Sans doute, le fou peut bien croire qu'il convient de fuir un excellent maître ; mais l'homme sensé ne doit-il pas estimer qu'il faut toujours rester auprès de qui est meilleur que lui et désirer y rester pour toujours attaché? Par suite « c'est le sage qui doit s'affliger de mourir, le fou qui doit s'en réjouir ». A son tour Simmias déclare que Cébès a raison et fait sentir à Socrate que l'objection s'adresse directement à lui, puisqu'il quitte si volontiers ses amis et les dieux. Ainsi mis en cause, Socrate avoue qu'en effet il aurait tort de ne pas s'affliger de mourir, s'il n'avait pas la ferme espérance d'aller, après la mort, dans un autre monde, se réunir à des hommes vertueux et à des dieux sages et bons. S'il quitte cette vie sans tristesse, c'est qu'il croit, autant du moins qu'on peut le faire en de pareilles matières et suivant en cela l'antique tradition, à une destinée future qui doit être meilleure pour les bons que pour les méchants. Alors, à la demande de Simmias qui le prie pour le bien de tous d'exposer les raisons de ses espérances, et malgré les avertissements de Criton qui lui conseille de ne pas trop s'échauffer parce que cela est contraire à l'action du poison, Socrate se prépare à développer les motifs qui permettent au philosophe d'être plein de confiance à l'approche de la mort. (C. 7 et 8.)

Et d'abord la vie tout entière du philosophe n'est-elle pas une préparation à la mort ? La mort n'est rien en effet que la séparation de l'âme d'avec le corps; or précisément c'est à cette séparation que le philosophe tend sans cesse : au lieu de s'attacher au corps, de poursuivre les jouissances qui en dérivent, il n'a pour lui que du mépris; il s'en abstrait le plus possible, cherche à en affranchir complètement son âme et à faire que celle-ci revienne tout entière sur elle-même. Et c'est seulement par là qu'il peut acquérir la science; l'âme ne peut connaître que si elle se renferme toute sur elle-même et se débarrasse de tout contact avec le corps. La connaissance véritable porte en effet sur les essences, et celles-ci ne peuvent être saisies par aucun organe corporel ou plutôt, pour les atteindre, il importe de rompre tout commerce avec les sens et de ne se servir que de la pensée pure. Aussi, tant que l'âme sera enchaînée à la corruption du corps, elle sera impuissante à posséder la vérité : le corps nous embarrasse par la nécessité où nous sommes de le nourrir, par les maladies qu'il amène; il nous remplit d'imaginations, de désirs qui nous enlèvent toute sagesse; il engendre les luttes et les guerres qui nous distraient de la poursuite du vrai, ou si parfois il nous laisse quelque répit, il nous trouble par ses fantômes, nous trompe par ses erreurs, nous rend impuissants à discerner la vérité. Aussi l'âme ne sera en possession de la vraie science que lorsque, après la mort, elle existera seule avec elle-même, parfaitement indépendante, désormais purifiée des folies du corps. Dès lors pourquoi, à l'approche de la mort, n'être pas rempli d'espérance? Celle-ci n'est-elle pas l'affranchissement de l'âme, sa délivrance, et peut-elle ne pas combler tous les vœux du philosophe? Ne serait-il pas ridicule de s'exercer à mourir pendant toute sa vie et de se récrier quand la mort se présente? On a vu des hommes ne pas hésiter à descendre aux enfers, conduits par l'espoir d'y retrouver ceux qu'ils avaient perdus; comment le philosophe serait-il fâché de mourir quand il sait que c'est seulement aux enfers qu'il jouira de cette parfaite sagesse, objet de tous ses désirs? Sans doute, le vulgaire redoute la mort : c'est qu'il ne possède pas le vrai courage, il n'affronte une douleur que par peur d'une douleur plus grande et de cette façon il n'est courageux que par lâcheté; il ne possède pas non plus la vraie tempérance, et ne s'abstient de certaines jouissances qu'en vue de jouissances plus grandes, de sorte qu'il n'est tempérant que par intempérance. Mais le philosophe en possession de la sagesse, c'est-à-dire de la connaissance du vrai bien, est vraiment courageux et tempérant, car il est affranchi de la crainte des maux imaginaires, comme du désir des biens illusoires : il est pur de toute passion ; que peut donc la mort physique sur une âme qui par cette purification morale est déjà, dès cette vie même, absolument morte au corps? Or, pendant toute son existence, Socrate, se conformant en cela à l'enseignement des Mystères, n'a eu d'autre but que la purification parfaite ; il a cherché à être du petit nombre des élus ; aussi espère-t-il bientôt savoir s'il a suivi la bonne voie. Voilà pourquoi il n'éprouve ni chagrin, ni colère au moment de quitter ses amis et les maîtres de ce monde ; il a foi en une autre vie où il rencontrera aussi de bons amis et de bons maîtres. (C. 9 à 13.)

Toutefois Cébès le fait remarquer : ces belles espérances n'ont quelque fondement que si l'âme, au moment de la mort, ne se dissipe pas comme une fumée, mais subsiste quelque part, recueillie sur elle-même, douée d'activité et d'intelligence. En d'autres termes, il est nécessaire de démontrer que l'âme est immortelle. Socrate le comprend et c'est ce qu'il va faire. Ici commence véritablement la discussion.

Socrate rapporte d'abord une antique tradition qui veut que les âmes des morts se rendent aux enfers et reviennent de là sur cette terre : les vivants naîtraient ainsi des morts. Et en effet ce n'est là qu'une conséquence particulière d'une loi qui s'applique non seulement aux hommes, mais encore aux animaux et aux plantes, c'est-à-dire à tout ce qui naît. Cette loi est celle de la génération des contraires par les contraires. Dans la nature, toute chose naît de son contraire ; la vie de l'univers n'est qu'un immense devenir, dans lequel les contraires se transforment réciproquement l'un dans l'autre, passant alternativement de l'un à l'autre : le grand naît du plus petit et le plus petit du plus grand, la bonté de la méchanceté et la méchanceté de la bonté. Or la vie n'est-elle pas le contraire de la mort, comme la veille du sommeil? Si donc la mort vient de la vie comme le sommeil de la veille, il faut aussi que, comme la veille naît du sommeil, la vie naisse elle-même de la mort. Le devenir qui conduit de la vie à la mort tombe sous l'expérience ; or « la nature ne saurait être boiteuse » et il faut admettre une génération contraire qui fait à la mort succéder la vie. Les vivants naissent donc des morts, de la même façon que les morts naissent des vivants : ce qui implique que les âmes des morts subsistent quelque part, d'où elles reviennent à la vie. Et il faut bien qu'il en soit ainsi. Si la veille engendrait le sommeil sans qu'à son tour la veille sortît du sommeil, la nature entière finirait par surpasser Endymion, ensevelie alors dans un sommeil absolu ; de même si la vie engendrait la mort sans que réciproquement la mort engendrât la vie, bientôt la mort régnerait seule sur l'univers d'où toute vie aurait définitivement disparu. La vie et la mort se succèdent ainsi suivant un rythme sans fin, dans un cercle éternel; les vivants naissent des morts, ce qui exige que les âmes des morts ne soient point anéanties. (C. 14 à 17.)

A son tour, Cébès apporte une nouvelle preuve qui, à vrai dire, ne fait que compléter la précédente en montrant que l'âme a réellement préexisté, puisqu'elle se souvient de cette existence antérieure. C'est la preuve par la réminiscence. Chacun peut le remarquer : les hommes, à la seule condition d'être bien interrogés, peuvent d'eux-mêmes trouver sur toute chose la vérité; en seraient-ils cependant capables, s'ils ne possédaient en quelque sorte la science infuse ? Toute leur science n'est que réminiscence. Qu'est-ce en effet que la réminiscence, sinon l'acte par lequel à l'occasion d'une perception actuelle nous pensons à une chose différente qui n'est pas présentement perçue ? Ainsi la vue d'une lyre nous suggère l'idée de la personne qui s'en sert habituellement : en voyant le portrait de Simmias, nous pensons à Cébès qui est son ami ou à Simmias lui-même. Ces exemples prouvent que la réminiscence se fait tantôt par ressemblance et tantôt par contraste. Or, quand nous venons à voir des arbres ou des pierres, nous jugeons sans doute qu'ils sont égaux, mais en même temps nous concevons qu'en dehors de tous ces objets particuliers, distincte d'eux, existe l'Égalité absolue, l'Égalité en soi. Et en effet il est impossible que l'Égalité se confonde avec les choses égales : les objets qui sont égaux à ceux-ci peuvent n'être plus égaux à ceux-là ; leur égalité est donc toute relative, elle peut être en même temps inégalité; au contraire, l'Égalité en soi ne peut jamais être qu'égale et il serait contradictoire qu'elle pût être en même temps l'inégalité. Mais qui donc nous fait penser à l'Idée de l'égalité, sinon les objets particuliers que les sens nous présentent, et comme par nature elle est absolument différente de ceux-ci, il faut accorder que cette Idée est pour nous l'objet d'une réminiscence (1). Toutefois il faut le remarquer : nous ne pouvons nous souvenir d'une chose que si nous l'avons connue auparavant ; pour penser à l'Égalité, il est donc nécessaire que nous l'ayons connue avant le temps où, pour la première fois, nous servant de nos sens, nous avons perçu des choses et jugé qu'elles sont égales. Or précisément nous avons fait usage de nos sens dès le commencement de cette vie; c'est donc avant notre naissance même que nous avons acquis la connaissance de l'Égalité. Et ce qui est vrai de l'Égalité l'est aussi du Beau, du Bien, du Juste, en un mot de toutes les essences qui sont souverainement réelles : il est nécessaire qu'avant notre naissance nous en possédions déjà la science. Objectera-t-on que c'est au moment même de naître que nous acquérons de pareilles connaissances ? Mais s'il en était ainsi, tous les hommes sans exception devraient posséder la science complète et la conserver durant toute leur vie : or c'est ce qui n'est pas. Bien loin que ces connaissances aient été acquises au moment de notre naissance, c'est au contraire à cette époque qu'elles se sont obscurcies : nous les avons oubliées, pas complètement pourtant, puisque à l'occasion des perceptions des sens et comme sous leur impulsion elles peuvent se réveiller et réapparaître à la claire conscience. Mais s'il en est ainsi, si ces essences éternelles existent et si c'est à elles que nous rapportons, comme à un modèle, tout ce qui tombe sous nos sens, il est nécessaire que, pour pouvoir les contempler et en prendre connaissance, notre âme ait existé avant notre naissance : cette existence antérieure dans le monde des Idées est aussi assurée que celle des Idées mêmes.

Cébès ne trouve pas cette preuve concluante : elle établit bien sans doute que l'âme existe avant cette vie, non qu'elle doive survivre après la mort. Socrate répond qu'il faut joindre à cet argument celui des contraires précédemment admis. L'âme, en arrivant à la vie, ne peut venir que de ce que nous appelons la mort, pourtant elle existait déjà : il est donc néces-

(1) On voit que Platon a déjà aperçu le phénomène de l'association des idées et qu'il en a saisi deux lois principales, loi de *similarité*, loi de *contraste* ; l'exemple du musicien et de la lyre montre aussi qu'il a pressenti la loi fondamentale de *contiguïté*. Il est important aussi de signaler le rôle qu'il fait jouer à cette loi sur laquelle la philosophie anglaise insistera tant ; sans doute, pour Platon, l'association n'explique pas les vérités nécessaires et universelles qui reposent sur l'intuition des Idées, mais elle explique en tout cas comment l'âme tombée du monde intelligible dans l'univers sensible, et en qui ces vérités sommeillent, comme des souvenirs, peut les retrouver et les penser de nouveau, à l'occasion de la perception des sens. Voir dans nos *Leçons de psychologie*, l'Association des Idées.

saire qu'elle subsiste après la mort, car elle se retrouve alors dans sa première condition, c'est-à-dire la vie. (C. 18 à 23.)

Cependant Socrate s'aperçoit que ses disciples ne sont pas encore convaincus ; ils craignent toujours que l'âme, à la sortie du corps, ne soit emportée et dissipée par le vent, « surtout quand on meurt par un grand vent ». Cébès confesse en effet qu'il existe encore en lui « un enfant » rempli de craintes. C'est pourquoi Socrate cherche une preuve plus décisive : il croit la trouver dans la nature même de l'âme. Pour que l'âme pût mourir, il faudrait qu'elle fût condamnée à se dissoudre. Mais qui peut se dissoudre, sinon ce qui est composé, soumis par suite à la loi du changement. Le simple étant immuable échappe naturellement à toute décomposition. Or ce qui est simple, toujours identique et inaltérable, ce sont les essences, telles que l'Égalité ou la Beauté en soi, réalités invisibles que la pensée seule peut saisir. Au contraire, ce qui change et est livré à un perpétuel devenir, ce sont les objets particuliers qui tombent sous les sens. Ainsi, le « genre invisible » est toujours le même, tandis que le « genre visible » est dans un continuel changement. Or, si notre corps fait partie des choses qui sont visibles, l'âme, au contraire, n'appartient-elle pas aux choses qui ne le sont point? En effet, elle est d'autant plus elle-même qu'elle s'affranchit plus du corps, se dégage du vertige des sensations changeantes, pour se recueillir, s'attacher à ce qui est immortel, immuable : « Alors en communication avec des choses qui sont toujours les mêmes, elle est aussi toujours la même et participe en quelque sorte de la nature de son objet » : en contemplant les Idées, l'âme devient identique aux Idées mêmes. Or c'est là sa perfection ; c'est aussi sa véritable nature. D'autre part, bien qu'unie au corps, ne lui commande-t-elle pas? Mais ce qui commande est plus divin que ce qui obéit : l'âme est donc véritablement d'essence divine ; par suite, elle est immortelle. Le corps seul peut se dissoudre et tomber en poussière ; et d'ailleurs, quand on l'embaume, il est capable de se conserver pendant longtemps ; même certaines parties de l'organisme, comme les os, sont vraiment immortelles. Et l'âme, invisible, d'essence supérieure, serait, à la mort, dissipée et anéantie! Au contraire, quand, par la philosophie, elle s'est de plus en plus affranchie du corps et des passions de la matière, elle se rend, à la mort, vers ce qui est semblable à elle, c'est-à-dire immortel et sage ; elle vit au sein de l'éternité avec les dieux. Mais quand elle quitte le corps, souillée et impure, parce qu'elle a toujours vécu en contact avec lui et s'est faite l'esclave des appétits dégradants de la sensibilité, l'âme, comme alourdie par la nature corporelle qu'elle porte avec elle, loin de gagner le séjour de l'invisible, est entraînée de nouveau dans le monde visible, condamnée à errer autour des tombeaux en punition de sa première vie, jusqu'à ce qu'enfin elle puisse rentrer dans un corps. Et l'existence qu'elle y reprend est pareille à celle qu'elle avait menée auparavant : ceux qui se sont adonnés à l'ivrognerie ou à quelque passion analogue passent dans des corps d'ânes ou d'animaux semblables : les tyrans deviennent des loups ou des oiseaux sauvages. Chaque âme prend un corps en rapport avec les mœurs qu'elle a eues ; ceux qui ont été vertueux, mais seulement par habitude et par routine (1), sans le secours de la vraie sagesse, passent dans l'espèce des abeilles ou des fourmis (2), parfois même dans l'espèce humaine. Seuls parviennent au rang des dieux, ceux qui sont sortis de la vie parfaitement purs, c'est-à-dire les philosophes : seuls en effet ils se sont parfaitement dégagés de toutes les passions corporelles, ils ont appris à mépriser tous les faux biens, ils ne connaissent plus les craintes vulgaires, ils n'ont de soin que pour leur âme et ne poursuivent que sa purification. C'est qu'en effet ils le savent : cette âme est liée et comme « collée » au corps, enchaînée en lui comme dans une prison, et il importe de lui rendre la liberté : c'est pourquoi ils renoncent aux témoignages trompeurs des sens pour s'attacher avec l'essence propre de la pensée à l'essence même de la réalité, ils rejettent le sensible pour l'intelligible, s'abstiennent des jouissances corporelles qui apportent dans l'âme le désordre, y sèment le trouble par les passions qu'elles engendrent, sont comme autant de clous qui la rivent au corps et la rendent matérielle. L'âme du philosophe a rompu toutes ces attaches, elle ne se nourrit que d'aliments immortels, elle sort du temps pour entrer dans l'éternité. Mais s'il en est ainsi, comment, « avec un tel régime et après de telles pratiques », craindre que l'âme ne s'envole et cesse d'exister? (C. 24 à 31.)

Après le développement de cette preuve, il se fait un long silence ; Socrate et la plupart de ses disciples pensent à tout ce qui vient d'être dit. Cébès et Simmias échangent quelques mots à voix basse ; Socrate, qui les aperçoit, leur demande si

---

(1) Platon fait allusion ici aux disciples ormés par la Sophistique, laquelle en effet, d'après Socrate, ne pourrait donner qu'une vertu routinière. ἐποχή.

(2) Les anciens attribuaient à ces animaux une intelligence supérieure à celle des autres (Voir Virgile, *Géorgiques*, IV, v. 219).

e raisonnement leur paraît défectueux en quelque point, et les prie d'exposer leurs doutes. Simmias lui confie en effet son embarras, il voudrait bien que Socrate pût l'en tirer, mais il a peur que, dans la triste situation où son maître se trouve, sa demande ne soit importune.

Socrate le rassure en souriant : comment persuaderait-il aux autres hommes qu'il ne regarde pas la mort comme un mal, s'il ne pouvait le persuader à ses amis en se montrant, au moment de mourir, tel qu'il a toujours été? Est-il donc inférieur aux cygnes pour la divination? Quand ils sentent qu'ils vont mourir, ces oiseaux se mettent à chanter plus harmonieusement qu'auparavant, tout joyeux qu'ils sont d'aller retrouver le dieu auquel ils sont consacrés, et c'est parce que les hommes sont eux-mêmes pleins de crainte à l'égard de la mort que, calomniant les cygnes, ils déclarent que ceux-ci chantent de douleur et pleurent leur trépas. Consacrés à Apollon, les cygnes ont reçu le don de la divination, et c'est parce qu'ils prévoient le bonheur qui les attend qu'ils disent adieu à la vie en chantant. Socrate lui aussi est consacré à Apollon, lui aussi jouit du don de la divination; aussi est-il heureux de voir la mort s'avancer; que ses disciples ne craignent donc point, ils peuvent l'interroger aussi longtemps que les Onze le permettront. Alors Simmias, après avoir reconnu qu'en de telles matières la certitude absolue est bien difficile, mais qu'il convient de chercher tous les moyens de s'éclairer, tant est considérable pour la conduite de la vie la question que l'on discute, Simmias déclare qu'il n'aura plus de scrupule à exposer à Socrate tous les embarras dans lesquels lui et Cébès se trouvent encore.

C'est alors qu'il présente une première objection restée célèbre. Tout ce que l'on a dit de l'âme ne pourrait-il pas se dire également de l'harmonie d'une lyre? L'harmonie est en effet quelque chose d'invisible, d'immatériel, de divin, tandis que la lyre et les cordes sont des choses sensibles, corporelles, de nature périssable. Par suite, en suivant le raisonnement précédent, ne pourrait-on pas soutenir que, quand on a brisé la lyre ou rompu les cordes, l'harmonie, d'essence divine et immortelle, subsiste encore quelque part, qu'elle continuera même à exister, sans subir aucune atteinte, lorsque le bois ou les cordes de la lyre seront tombés en poussière? L'âme en effet n'est pas autre chose que l'harmonie des éléments qui composent le corps, la juste proportion de leurs combinaisons. Pourtant, lorsque la lyre est brisée, l'harmonie ne peut subsister et il est de toute évidence qu'elle doit disparaître. N'en est-il donc pas de même pour l'âme, qui est l'harmonie du corps, et lorsque, relâché ou tendu à l'excès par la maladie, le corps dépérit et meurt, n'est-elle pas aussi condamnée à s'évanouir?

A son tour, Cébès expose les raisons qui l'empêchent d'être parfaitement convaincu. Sans doute, Socrate a bien démontré que l'âme a existé avant d'entrer dans le corps; mais qu'elle subsiste après la mort, voilà ce qui n'a pas encore été définitivement prouvé. Certes, contrairement à l'opinion de Simmias, l'âme possède en elle-même le principe d'une durée bien supérieure à celle du corps; elle diffère absolument de l'organisme; pourtant, peut-on en conclure qu'elle soit immortelle? Un tisserand, qui est mort, s'est fabriqué et a usé plusieurs vêtements; comparé à chacun d'eux, il est d'une nature supérieure, il a aussi plus de durée : pourtant ne serait-il pas absurde de prétendre pour ces raisons qu'il n'a pas péri et qu'il existe encore quelque part? C'est que le tisserand a pu user plusieurs vêtements et mourir avant d'avoir usé le dernier. Pourquoi en serait-il autrement pour l'âme? Le corps est dans un état d'écoulement et de déperdition incessante; il faut que l'âme, pareille à un tisserand, refasse sans cesse ce vêtement qui sans cesse se dissout : par suite, ne peut-elle pas en venir à son dernier habit et mourir avant lui? Sans doute, on peut accorder que l'âme existait avant la naissance, qu'elle peut même, après cette vie, traverser intacte toute une série de naissances et de morts successives; mais rien ne prouve qu'elle ne se fatigue pas dans cette pluralité de naissances, qu'elle ne s'éteint pas une bonne fois dans quelqu'une de ces morts : or, du moment que personne ne sait quelle est la séparation dernière qui doit détruire l'âme, comment rester calme en face de la mort qui s'approche et ne pas redouter pour l'âme un absolu anéantissement? Pour qu'il n'en fût pas ainsi, il faudrait avoir prouvé qu'elle est par nature indestructible et impérissable. Mais c'est ce qui n'a pas encore été fait. (C. 35 à 37.)

Ces objections jettent les assistants dans l'inquiétude la plus pénible; par ses raisonnements antérieurs, Socrate les avait pleinement convaincus, et tout à coup ils se sentent envahis par le doute le plus cruel. Echécrate lui-même, interrompant Phédon, confesse à son ami qu'il éprouve les mêmes sentiments : il demande comment Socrate accueillit ces objections et s'il put y répondre d'une manière satisfaisante. Phédon reprend son récit : il montre avec quelle bienveillance mêlée de joie le vieux sage écouta les raisonnements de ses jeunes contradicteurs, avec quelle pénétration il devina l'impression qu'ils avaient faite sur les autres, avec quelle subtilité calme, les ramenant tous au combat « comme des fuyards et des vaincus », il eut vite fait de dissiper leurs craintes.

Et d'abord, Socrate avertit ses disciples de ne pas devenir « misologues »; de même qu'après avoir donné sans précaution sa confiance à certains individus et avoir été trahi par eux, l'on est exposé à prendre désormais en haine tous les hommes et à devenir misanthrope, de même, après s'être fié à certains raisonnements sans connaître l'art de raisonner et avoir reconnu plus tard qu'ils étaient faux, on en vient vite à douter de tout raisonnement, quel qu'il soit; on imite ces prétendus sages qui, passant leur vie à tout soutenir et à tout nier, déclarent qu'il n'y a rien de vrai, on finit par douter de toute science. C'est là un malheur qu'il faut éviter; l'insuffisance de certains arguments ne doit pas abattre à l'excès : parmi les raisons, comme parmi les hommes, beaucoup sont médiocres, très peu excellentes. Que l'on ne désespère donc pas de la vérité, mais qu'on la cherche avec courage et sincérité. Socrate ne fera pas comme ces disputeurs qui, indifférents au vrai, ne songent qu'à faire prévaloir leur opinion : ce n'est pas tant les autres qu'il s'agit pour lui de convaincre que lui-même; il s'efforcera donc d'apporter de nouvelles preuves plus solides; s'il s'abuse, il aura au moins gagné de ne pas importuner les autres par ses lamentations; il invite d'ailleurs ses disciples à faire des raisons qu'il va apporter la critique la plus sévère; il ne voudrait pas les tromper et partir « en laissant, comme l'abeille, l'aiguillon dans la blessure ». (C. 38 à 40.)

Socrate commence alors par discuter l'objection de Simmias. Tout d'abord, il est impossible d'admettre à la fois que la science soit réminiscence et que l'âme soit une harmonie. En effet, l'harmonie ne saurait exister avant la lyre; elle la suppose au contraire. Mais si la science est réminiscence, c'est que l'âme a existé avant le corps et représente une essence indépendante de lui. Entre ces deux propositions : « la science est réminiscence » et « l'âme est une harmonie », il faut choisir : or la première a été admise sur des preuves solides; il faut donc rejeter l'autre. De plus, l'harmonie est susceptible de degrés suivant qu'il y a plus ou moins d'accord dans les éléments qui la composent, et par là elle est quelque chose d'essentiellement variable; au contraire, une âme ne peut être plus ou moins âme qu'une autre : toutes les âmes sont âmes au même degré. Il faut aussi remarquer que la vertu consiste dans l'accord des diverses facultés de l'âme, et c'est elle qu'il est juste de définir une harmonie. D'après la doctrine que l'on discute, faudra-t-il donc déclarer que l'âme vertueuse est l'harmonie d'une harmonie, que l'âme vicieuse est une harmonie privée d'harmonie? Toutes ces conséquences sont absurdes. Même l'harmonie, en tant que telle, n'admettant point de dissonance et l'âme étant par hypothèse essentiellement harmonie, l'on devra admettre qu'aucune âme n'est vicieuse ou que toutes les âmes sont également vertueuses. Enfin, l'harmonie ne fait qu'obéir aux éléments qui la composent; loin de leur commander, elle est incapable de réagir contre eux. Au contraire, l'âme gouverne le corps, elle lui résiste, elle entre en lutte avec les désirs, les passions qui en proviennent, elle est capable de les étouffer. Pour toutes ces raisons, l'objection de Simmias ne se soutient pas : l'âme n'est pas une harmonie. (C. 41 à 44.)

Il reste maintenant à examiner celle de Cébès. Il faut, d'après lui, démontrer que l'âme est absolument indestructible, et qu'à travers ses incorporations successives, elle est assurée de ne pas périr. Ce n'est pas là une petite chose; il est nécessaire de considérer l'essence même de l'âme et pour cela de remonter jusqu'aux principes universels de l'existence. C'est alors que, par la bouche de Socrate, Platon nous expose comment, après avoir parcouru sur ce problème important les conceptions de ses prédécesseurs, il en est progressivement venu à sa doctrine personnelle, la théorie des Idées.

Tout jeune encore, Socrate brûlait du désir de connaître la physique, de saisir la cause des choses, de leur devenir comme de leur naissance, de pénétrer la raison de tous les phénomènes de la terre et du ciel. Il adopta d'abord l'explication des physiologues, par les causes matérielles; mais il en reconnut bientôt l'insuffisance et ne vit que difficultés, ignorance là où il croyait trouver la science : c'est ainsi qu'après avoir expliqué la croissance de l'homme par ce fait que, grâce à la nourriture, les chairs s'ajoutent aux chairs et les os aux os ou la formation du nombre deux par l'addition de l'unité à l'unité, Socrate constata qu'en réalité il ne savait pas pourquoi un homme devient grand et pourquoi un nombre en devient un autre. Dès lors, abandonnant les principes des physiologues, il s'enquit d'une explication moins décevante. Il crut la trouver dans la doctrine d'Anaxagore. En effet, ayant un jour entendu dire que, suivant ce philosophe, l'Intelligence est la cause de tout, il en fut ravi; il pensa que, s'il en est ainsi, l'Intelligence doit avoir disposé chaque chose pour le mieux et que par suite, pour trouver la cause de l'existence, de la génération et de la mort, l'homme n'a plus qu'à chercher « par rapport à lui-même et aux autres choses que ce qui est le meilleur et le plus parfait » (1); Anaxagore lui apparut comme capable de donner, en montrant ce qui constitue pour chaque chose et pour l'ensemble le plus grand bien, la science définitive de l'ensemble de l'univers, comme de chaque phénomène en particulier. Socrate lut donc ses livres avec empressement, mais il fut vite « trompé dans ses brillantes espérances ». Il remarqua en effet qu'Anaxagore ne faisait aucun usage de l'Intelligence et qu'il en revenait simplement aux principes absurdes des physiciens.

« Il me parut agir, déclare Socrate, comme un homme qui dirait : Socrate fait tout ce qu'il fait par intelligence et qui ensuite, voulant expliquer chacune des choses que je fais, dirait, par exemple, que je suis assis à cette place parce que mon corps est composé d'os et de nerfs, que les os sont solides et séparés par des jointures; que les nerfs peuvent s'étendre et se contracter et qu'ils entourent les os..., que les os étant libres dans leurs emboîtures, les nerfs, en se rétractant et en se contractant, font que je puis ployer mes membres, et que c'est pour cela que je suis assis à cette place les jambes pliées de cette manière. C'est encore comme si, pour expliquer notre entretien, il invoquait d'autres causes de même nature, par exemple les sens, l'air, l'ouïe et mille autres choses semblables, négligeant les causes véritables, à savoir que les Athéniens ayant jugé qu'il était mieux de me condamner, j'ai pensé aussi qu'il était mieux d'être assis à cette place et plus juste de rester pour subir la peine qu'ils m'ont imposée. Et certes ces os et ces nerfs seraient depuis longtemps à Mégare ou en Béotie, si j'avais cru que cela eût été mieux et si je n'avais pensé qu'il était plus juste de subir la peine que m'a infligée la cité que de me dérober et de m'enfuir comme un esclave (2). »

Anaxagore n'est point resté fidèle à son principe, il a confondu la condition nécessaire avec la raison suffisante : sans

---

(1) En d'autres termes, Socrate, mécontent d'une explication mécaniste des choses par les seules causes efficientes, est ravi de trouver dans Anaxagore un autre mode d'explication, l'explication par les causes finales ou, comme dira plus tard Leibniz, par le principe du meilleur. Mais il reproche à Anaxagore de n'être pas resté fidèle à son principe et de n'avoir fait intervenir l'intelligence qu'en désespoir de cause et d'être revenu à une explication purement mécaniste.

(2) Traductions Carrau et Fouillée (Voir ces éditions classiques).

doute, sans os, ni nerfs, ni autres choses semblables, Socrate ne pourrait rien faire de ce qu'il juge à propos : mais il n'en est pas moins vrai que ni les os, ni les nerfs ne sont la vraie cause de ses actions ; celle-ci se trouve dans l'intelligence seule, c'est-à-dire dans le choix du meilleur. Il faut distinguer entre ce qui est la cause véritable et ce sans quoi la cause ne pourrait agir. Les physiciens ont précisément pris pour cause ce qui n'est de la cause que la condition, l'instrument matériel; ils n'ont fait en aucune façon intervenir le bien ou la convenance, et voilà pourquoi il est impossible de s'en tenir à leur explication (1).

Après avoir échoué dans toutes ces recherches, Socrate comprit que, pour arriver à la connaissance des vrais principes des choses, il fallait renoncer à se servir des yeux du corps, abandonner l'observation sensible pour ne plus consulter que les concepts de la pensée : eux seuls sont l'image exacte de la réalité ou plutôt la réalité même. En dehors et au-dessus des objets sensibles il existe en effet des essences intelligibles, comme par exemple le Beau, le Bien, le Grand, et ce sont elles qui expliquent l'existence comme aussi les qualités des choses. Pourquoi, par exemple, une chose est-elle belle? la réponse est simple : la chose est belle par la présence en elle de la Beauté, parce qu'elle participe à la Beauté en soi, à l'Idée de la Beauté. Qu'on ne dise pas en effet qu'une chose est belle à cause de ses vives couleurs : c'est simplement reculer la difficulté, car les couleurs vives ne peuvent communiquer la beauté que si elles la possèdent; mais précisément d'où la possèdent-elles?

« Je me dis donc à moi-même, sans façon et sans art, peut-être même trop simplement, que ce qui rend belle une chose quelconque

(1) On voit toute l'importance de ce passage qui distingue déjà nettement la connaissance par les conditions telles que la science positive les donne et la connaissance métaphysique par les vraies causes. L'on voit aussi que Platon a déjà admirablement aperçu le caractère superficiel de l'explication scientifique. Ces lignes du *Phédon* ne semblent-elles pas être encore aujourd'hui merveilleusement efficaces pour dissiper l'orgueil et l'illusion de la science positive qui a parfois si peu la conscience claire de sa nature et de sa portée? Toutefois on peut se demander si Platon n'est peut-être pas injuste envers Anaxagore et si ce dernier n'avait justement pas eu l'idée de la distinction faite par Platon lui-même : peut-être en effet la pensée du philosophe de Clazomène était que le savant doit pousser aussi loin que possible la détermination des causes efficientes, des « causes secondes », comme dira Aristote, des « phénomènes », comme dira Kant, et que cette détermination n'exclut pas, mais appelle, quand on veut expliquer la cause efficiente même, l'intervention de la cause finale, de la Cause première et absolue.

c'est la présence ou la communication de la Beauté, de quelque manière que la communication se fasse..., c'est à la Beauté que toutes les choses doivent d'être belles (1). »

Et de même c'est par la Grandeur que les choses sont grandes, par la Petitesse qu'elles sont petites, par la « Duité » que les choses sont deux. D'une manière générale, les essences ou Idées existent par elles-mêmes, elles sont absolues, en soi, et rien n'existe que par participation à elles. Or ces essences sont parfaitement pures, simples, c'est-à-dire qu'elles excluent leurs contraires. Et c'est précisément ce qui les distingue des objets sensibles ; sans doute Simmias est grand, mais il ne l'est pas absolument, il ne l'est que d'une façon relative, par rapport à Socrate qui est petit ; grand par rapport à Socrate, il peut être petit par rapport à Phédon qui le surpasse ; de la sorte on peut dire de Simmias qu'il est à la fois grand et petit. Mais la Grandeur en soi ne peut jamais être en même temps grande et petite ; elle exclut son contraire. Même la grandeur qui est en nous n'admet point la petitesse ; sans doute Simmias peut bien être à la fois grand et petit ; il n'y a point là de contradiction : n'étant pas la Grandeur en soi, il peut, sans cesser d'être, admettre la petitesse, mais la grandeur qui est en lui et distincte de lui ne l'admet pas ; jamais la grandeur ne peut devenir la petitesse, ni la petitesse la grandeur, et d'une manière générale « il n'est pas un seul contraire qui puisse, pendant qu'il est ce qu'il est, devenir ou être son contraire : il se retire ou périt quand l'autre arrive ».

Cette discussion subtile paraît ne pas avoir été comprise de tous les assistants ; l'un d'eux fait remarquer à Socrate qu'il avait auparavant admis tout l'opposé de ce qu'il soutient maintenant : ne disait-il pas en effet que les contraires naissent des contraires ? Socrate répond à cet interrupteur qu'il n'a pas saisi la différence entre le principe posé actuellement et la loi précédemment signalée.

« Alors nous parlions des objets qui ont en eux les contraires et leur empruntent leurs noms ; mais à présent nous parlons des contraires mêmes, des essences qui par leur présence donnent leur nom aux objets où elles se trouvent, et ce sont ces essences qui ne peuvent naître l'une de l'autre. »

Il faut donc maintenir ce principe, à savoir que « jamais un contraire ne sera son propre contraire à lui-même » (2).

---

(1) Voir le *Phédon*, traduction Carrau. — Voir aussi l'édition de M. Fouillée.
(2) Dans le monde sensible, une chose qui est petite peut bien devenir grande,

Chaque Idée exclut l'Idée directement opposée; il en est de même des objets qui participent aux Idées. C'est de la participation aux Idées que les objets tirent leur essence; par suite, de même qu'une Idée ne peut admettre son contraire, de même tout ce en quoi elle est réalisée, tout ce dont elle constitue l'essence exclut le contraire de cette essence. Par exemple, la neige n'est pas le froid, contraire du chaud, mais elle participe du froid, c'est le froid qui constitue sa nature; par suite, pas plus que le froid lui-même, elle n'est capable de recevoir le contraire du froid, c'est-à-dire le chaud : « à l'approche du chaud, il faut ou qu'elle se retire ou qu'elle périsse »; de même le nombre trois n'est pas l'impair en soi, contraire du pair; mais il participe de l'impair qui constitue son essence; c'est pourquoi, à l'instar de l'impair lui-même, le nombre trois exclut le pair; « il périra ou éprouvera tout au monde plutôt que de supporter de devenir pair en restant trois ».

Appliquons maintenant ces principes à l'âme. Sans doute, l'âme n'est pas la vie en soi, contraire de la mort; mais elle participe à l'Idée de la vie et c'est la vie qui forme son essence; partout en effet où elle entre, l'âme apporte la vie avec elle, de même que trois apporte partout avec lui-même l'impair. Il s'ensuit donc que, pas plus que la vie elle-même, l'âme ne peut admettre le contraire de la vie, savoir la mort : elle est ainsi essentiellement impérissable; il lui est aussi impossible de mourir qu'il est impossible au nombre trois de devenir pair ou à la neige de devenir chaude. Sans doute on peut objecter que si l'impair ne peut devenir pair, il peut, quand le pair approche, périr et lui laisser la place; on demandera alors si, quand la mort s'approche, l'âme ne peut pas périr et être remplacée par elle. L'objection est mal fondée : certes, on ne peut pas assurer qu'à l'approche du pair, l'impair ne périt pas, car l'essence de l'impair n'est pas d'être impérissable; au contraire l'essence de l'âme c'est la vie, par suite l'âme est absolument impérissable; à la mort, ce qu'il y a en nous de mortel peut sans doute mourir; mais ce qu'il y a d'immortel et d'indestructible se retire absolument intact.

c'est-à-dire que le contraire (grand) peut naître du contraire (petit); il n'y a à cela aucune contradiction, car la chose n'est ni la petitesse, ni la grandeur et peut seulement participer à ces deux essences différentes. Mais considérée en elle-même, en tant qu'essence, la grandeur ne peut pas devenir la petitesse, ni la petitesse la grandeur. Les choses sensibles sont bien mélangées de contraires, mais les contraires en eux-mêmes sont absolument ce qu'ils sont, les essences sont pures, sans contradiction intérieure. Voir Fouillée, *Philosophie de Platon*, I.

Socrate demande alors à Cébès s'il est maintenant convaincu de l'immortalité de l'âme : celui-ci répond qu'il n'a aucune raison de ne pas croire aux preuves qui ont été données. A son tour Simmias déclare qu'il est dans les mêmes dispositions que son ami ; pourtant la grandeur du sujet et la faiblesse humaine lui laissent encore malgré lui quelques doutes. Socrate exhorte ses disciples à réfléchir sérieusement sur la démonstration qui a été faite; alors ils seront convaincus « autant que des hommes peuvent l'être », et quand cette conviction sera complète, ils ne chercheront plus rien au delà. (C. 45 à 47.)

Ici se termine la partie vraiment philosophique du *Phédon*. L'âme est immortelle : mais alors, conclut Socrate, il faut en prendre soin, non seulement pour le temps de la vie, mais encore pour l'éternité; la négliger serait s'exposer à un trop grand danger. Si la mort était la destruction complète de l'homme, elle serait vraiment trop profitable aux méchants, qu'elle délivrerait à la fois de leur corps et de leur méchanceté; mais puisque l'âme est immortelle, « il n'y a pour elle d'autre moyen d'éviter les maux qui l'attendent, d'autre salut que de devenir aussi vertueuse et aussi sage que possible ». C'est à ce moment que Socrate aborde dans un mythe la description du séjour des bienheureux et des méchants, tel que se le représente sa brillante imagination et cela avec une telle profusion de détails, de traits précis que le philosophe semble vraiment avoir vu tout ce qu'il décrit.

A sa mort, chaque individu, sous la direction du génie qui l'a guidé pendant toute sa vie, est conduit dans un lieu où toutes les âmes se rassemblent pour être jugées et se rendent ensuite dans l'autre monde, pour y subir le sort qu'elles méritent. L'âme sage suit son guide avec docilité, car elle sait le bonheur qui l'attend; et en effet elle se trouve dans la compagnie des dieux, puis elle va habiter une région magnifique. Au contraire l'âme souillée de meurtres et d'injustices, esclave du corps, résiste au guide qui veut l'entraîner loin du monde qu'elle aime; quand elle arrive au lieu de réunion des âmes, toutes la fuient et elle erre seule, abandonnée, jusqu'à ce que la nécessité, au bout du temps prescrit, l'entraîne dans la demeure qui lui est destinée. Il ne faut pas croire en effet que la terre ait l'aspect et les dimensions qu'on se figure d'ordinaire; elle est immense et nous n'en occupons qu'une petite partie, « répandus autour de la mer comme des fourmis autour d'un marais »; au delà de nous, d'autres peuples habitent d'autres parties qui nous sont inconnues (1). Au-dessus de nous s'élève une partie pure, le ciel où se meuvent les astres, c'est-à-dire l'éther. Quant à nous, nous n'habitons que les parties inférieures du monde, des espèces de cavernes remplies d'un dépôt de sédiment grossier. Sans doute, nous croyons habiter le haut de la terre ; mais nous sommes dupes de la même erreur qu'un individu qui, perdu au fond de l'Océan, s'imaginerait en habiter la surface, prendrait la mer pour le ciel, n'apercevrait le soleil et les astres qu'à travers l'eau et ne soupçonnerait pas toutes les beautés des régions que nous occupons. Nous aussi nous prenons l'air pour le véritable ciel ; mais si nous pouvions nous élever plus haut, nous apercevrions des séjours d'une tout autre pureté, le véritable ciel, la vraie lumière, la vraie terre : et tandis qu'ici-bas ce ne sont que cavités, boue et fange, là-haut est un séjour éblouissant des plus admirables merveilles. Vue d'en haut, cette terre apparaît comme un ballon, couverte de douze bandes de couleurs différentes et si riches que celles de notre peinture n'en sont qu'un pâle reflet : elle est aussi d'une ineffable beauté. La perfection de toutes les productions n'y est pas moins remarquable ; les pierres les plus précieuses y abondent de même que les métaux les plus recherchés. C'est là, au milieu d'un air absolument pur, qu'habitent des hommes doués de sens merveilleusement subtils, exempts de toute maladie, dont la vie fortunée se prolonge dans un commerce intime avec les dieux, bien au delà des limites imposées à notre misérable existence d'ici-bas. Maintenant cette terre est percée de nombreuses cavités qui communiquent entre elles par des canaux ; dans ceux-ci coulent tumultueusement et à grand fracas d'immenses fleuves de feu et de boue qui viennent tous se jeter dans un gouffre affreux, le Tartare. Il en existe quatre principaux, savoir l'Océan qui coule le plus extérieurement tout autour de la terre, l'Achéron, le Puriphlégéton, le Cocyte, dont le point de croisement est le lac Achérusiade. Quand les morts sont arrivés dans le lieu où leur génie les conduit, ils sont d'abord jugés (2). Ceux qui ne sont ni entièrement criminels, ni absolument innocents sont envoyés à l'Achéron et portés sur des nacelles jusqu'au lac Achérusiade ; ils subissent alors les châtiments qu'ils ont

---

(1) Suivant la remarque de M. Couvreur, on voit que Platon devine qu'il y a d'autres pays habités en dehors du monde connu des anciens.
(2) Voir ce jugement dans le *Gorgias*. Platon a ainsi l'idée de ce que la religion chrétienne appelle le jugement dernier.

mérités, puis reçoivent la récompense de leurs bonnes actions. Ceux qui ont commis des fautes par trop grandes, des crimes par trop affreux et qui dès lors sont incurables, ceux-là sont précipités dans le Tartare et n'en sortent jamais; quant à ceux dont les fautes sont sans doute considérables, mais susceptibles d'être expiées et qui d'ailleurs en ont fait pénitence toute leur vie, ils sont aussi précipités dans le Tartare; un an après, ils sont rejetés dans le Cocyte ou le Puriphlégéton qui les entraîne dans le marais Achérusiade; ils jettent alors de grands cris, implorent le pardon de ceux qu'ils ont outragés pendant leur vie : s'ils arrivent à les fléchir, ils sont délivrés; sinon, ils sont de nouveau précipités dans le Tartare et roulent dans les autres fleuves jusqu'à ce qu'ils aient obtenu la grâce qu'ils demandent. Ceux qui au contraire ont passé leur vie dans la sainteté sont reçus dans la terre pure qui est pour toujours leur demeure; enfin, ceux que la philosophie a entièrement délivrés vivent sans corps pendant l'éternité et habitent un séjour encore plus admirable. « Tout ce que je viens de vous dire, conclut Socrate, suffit pour nous faire voir que nous devons travailler toute notre vie à acquérir de la vertu et de la sagesse, car le prix en est beau et l'espérance grande. » Sans doute, le philosophe avoue qu'il ne peut affirmer que toutes ces choses soient telles qu'il l'a rapporté : quel homme de bon sens pourrait en de telles matières être aussi catégorique? mais enfin il se peut qu'il en soit ainsi ou d'une manière approchante; tout cela d'ailleurs ne vaut-il pas la peine qu'on y croie? « C'est un hasard qu'il est beau de courir, ce sont des croyances dont il faut comme s'enchanter soi-même. » Que l'homme de bien ne s'alarme donc point à l'approche de la mort : du moment qu'il a orné son âme des plus précieuses vertus, la tempérance, le courage, la sagesse, la justice, il peut attendre avec calme l'heure de son départ pour les enfers. (C. 48 à 63.)

Après que Socrate a ainsi parlé, Criton lui demande s'il n'a pas, avant de mourir, de recommandation à leur faire à l'égard de ses enfants ou de quelque autre chose. Socrate lui répond que le meilleur service que ses amis peuvent lui rendre, c'est de suivre les conseils qu'il leur a toujours donnés, c'est-à-dire d'avoir soin d'eux-mêmes : sans cela toutes les promesses qu'ils pourraient faire seraient inutiles. Criton veut savoir au moins de quelle façon Socrate désire être enseveli. « Comme il vous plaira, réplique Socrate, si toutefois vous pouvez me saisir et que je ne vous échappe pas. » Criton n'a-t-il donc pas compris, d'après toute la discussion précédente, que ce qu'il ensevelira, ce n'est pas Socrate lui-même, mais seulement son corps? Qu'on l'ensevelisse donc comme on voudra, de la manière la plus conforme aux lois. Alors Socrate se lève, passe dans une autre chambre pour y prendre un bain, car il veut épargner aux femmes le soin de laver un cadavre. Pendant ce temps, les disciples s'entretiennent entre eux, parlent du malheur qui va les frapper, « se regardant comme des enfants privés de leur père et condamnés à rester désormais orphelins toute leur vie ». Socrate sort du bain; on lui apporte ses enfants, on introduit les femmes de sa famille; il leur donne ses ordres, les congédie et revient vers ses disciples. A ce moment, le serviteur s'avance et annonce à Socrate que le moment est venu de boire le poison : il espère d'ailleurs que Socrate, qui « a été le plus courageux, le plus doux, le meilleur de tous ceux qui sont venus dans la prison », ne s'emportera pas contre lui, comme les autres, car il n'est pas la cause de sa mort : puis il se retire en fondant en larmes. Socrate, après avoir rendu hommage à l'honnêteté et à la bonté de cet homme, ordonne qu'on lui apporte le poison. En vain Criton lui fait observer que le soleil est encore sur les montagnes et qu'il reste du temps; Socrate répond qu'il ne veut pas se rendre ridicule à ses propres yeux en témoignant pour la vie d'un amour exagéré. Il fait alors approcher l'esclave qui tient dans la coupe le breuvage empoisonné, la prend avec le plus grand calme « sans trembler, sans changer ni de couleur, ni de visage, mais regardant cet homme d'un œil ferme et assuré, comme d'ordinaire ».

« Dis-moi, est-il permis de répandre un peu de ce breuvage pour en faire une libation? — Socrate, nous n'en broyons que ce qui est nécessaire d'en boire. — J'entends, dit Socrate, mais au moins il est permis de faire des prières aux dieux afin qu'ils bénissent notre voyage et le rendent heureux; c'est ce que je leur demande; puissent-ils exaucer mes vœux! »

Après avoir ainsi parlé, il porte la coupe à ses lèvres et la boit avec la plus admirable sérénité. Alors ses disciples, qui jusqu'ici avaient pu se contenir, éclatent en sanglots; Socrate seul reste calme et maître de lui.

« Que faites-vous, dit-il, mes amis? C'était surtout pour éviter ces enfantillages que j'avais renvoyé les femmes; car j'avais toujours ouï dire qu'il faut mourir avec de bonnes paroles. Tenez-vous donc en repos et ayez plus de fermeté. »

Cependant Socrate, qui se promène, sent ses jambes devenir lourdes et, suivant la recommandation de l'esclave, il se couche sur le dos ; peu à peu le froid gagne des extrémités au cœur. Socrate alors se découvre, rappelle à Criton qu'ils doivent un coq à Esculape et lui recommande d'acquitter cette dette : puis il fait un mouvement convulsif ; il est mort ; Criton lui ferme la bouche et les yeux.

« Voilà, Échécrate, dit Phédon en terminant le récit que Platon met dans sa bouche, voilà quelle fut la fin de notre ami, de l'homme, nous pouvons bien le dire, le meilleur de ceux que nous ayons connus en ce temps et de tous les hommes le plus sage et le plus juste. » (C. 64 à 67.)

Appréciation du « Phédon ». Sa valeur littéraire. — Il ne nous appartient pas d'apprécier la valeur du *Phédon* au point de vue littéraire, de montrer avec quel art le philosophe a su ordonner, graduer et enchaîner les différents arguments, construire cette œuvre qu'on a pu comparer à une tragédie, parce qu'en effet rien ne manque, exposition, nœud, dénouement ; parce qu'aussi, à côté du drame métaphysique qui concerne cette démonstration, cette thèse, dont Platon fait une véritable personne, il existe un « drame humain » qui se déroule devant nous, car si nous nous intéressons si fort au raisonnement, c'est que de la solution apportée dépend la fortune morale de cet homme, de ce sage qui tout à l'heure va mourir frappé par la plus injuste des condamnations (1). Nous n'avons pas non plus à faire ressortir le choix heureux des personnages du dialogue que Platon, comme pour excuser les objections qu'ils adressent à Socrate dans une circonstance si grave pour lui, est allé, avec un tact exquis, chercher parmi des « étrangers pythagoriciens, disciples de Philolaüs » ; à insister sur la beauté grandiose du récit des derniers moments de Socrate, de cette mort si éloquente, si persuasive dans son calme et sa sérénité classique, sur l'éclat de ce mythe brillant par lequel Platon clôt la discussion purement philosophique et où, malgré ses réserves bien permises, nécessaires même

(1) Voir pour tous ces points la belle introduction de Couvreur dans son édition du *Phédon*.

en de pareilles matières, il exprime toute sa foi, présente tout ce dont son imagination a comme la vision, tout ce que son cœur désire et espère; enfin à mettre en relief tout le charme de ce dialogue où la discussion la plus subtile s'allie avec la langue la plus souple, où aussi le raisonnement le plus abstrait, la dialectique la plus serrée s'unit à une poésie d'une éloquence telle qu'elle produit parfois une émotion vraiment religieuse.

Récapitulation des preuves de l'immortalité de l'âme. — Nous n'avons ici à apprécier le *Phédon* qu'au point de vue purement philosophique. Et d'abord il faut le dire; si, comme nous l'avons vu à propos du *Gorgias* ou de la *République*, l'on a pu discuter sur le vrai sujet de certains dialogues de Platon, surtout des plus importants, qui contiennent presque tout le platonisme, ici, semble-t-il, la question n'a pas à se poser. Le problème que Platon examine et qu'il veut résoudre, c'est évidemment celui de la destinée de l'âme, problème identique d'ailleurs à celui de sa véritable nature ; pour cette discussion, le philosophe ne pouvait choisir de cadre plus favorable que les derniers moments de son maître, puisque d'une part, en raison de la situation, tout l'intérêt se concentre sur les raisons données en faveur de l'immortalité (1) et puisque, d'autre part, la façon héroïque dont Socrate accepte la mort vaut peut-être mieux pour la thèse qu'il défend que le raisonnement le plus logique et la démonstration la plus solide.

On a vu quels sont les arguments présentés par le philosophe ; il n'est pas inutile d'en présenter une rapide récapitulation. Tout d'abord, comment le philosophe pourrait-il craindre la mort, la séparation de l'âme d'avec le corps, puisque toute sa vie ne consiste que dans cette séparation même? La vertu, la science, choses d'ailleurs identiques, ne consistent qu'à mourir au corps et cette mort du corps est la vraie vie de l'âme : que peut donc être la mort physique pour l'âme véritablement sage,

---

(1) Voir Couvreur, *op. cit.*

sinon l'affranchissement et la délivrance complète (*preuve par la nature de la vertu et de la science*)? D'ailleurs l'immortalité n'est pas le privilège de quelques âmes, mais la destinée de toutes. C'est en effet une loi universelle que les contraires naissent des contraires: or la vie est le contraire de la mort, par suite il faut qu'elle en sorte ; ce que nous appelons la mort n'est pour l'âme que le commencement d'une autre existence (*argument des contraires*). Notre âme existait donc déjà avant de naître : et la preuve c'est qu'elle peut se souvenir de cette existence antérieure. En effet, il nous arrive à l'occasion des perceptions des sens de penser à des réalités dont les sens sont pourtant impuissants à nous donner l'idée : c'est ce qui constitue le phénomène de la réminiscence ; toute notre science n'est que réminiscence ; notre âme possédait donc l'idée de ces essences avant de faire usage des sens, c'est-à-dire avant cette vie; par suite, elle existait déjà avant d'entrer dans le corps : mais si elle préexiste à lui, pourquoi ne pourrait-elle pas lui survivre (*preuve par la réminiscence*)? Et en effet, l'âme est absolument simple, incorporelle, invisible : or le composé, le corporel, le visible seul peut se dissoudre ; donc l'âme est indissoluble, par suite immortelle (*preuve par la simplicité de l'âme*). Sans doute, Simmias objecte que l'âme pourrait bien être une harmonie, une résultante des éléments corporels, destinée à périr avec eux ; à son tour Cébès déclare que, tout en étant plus durable que le corps, l'âme peut s'épuiser peu à peu dans une série d'incarnations successives et périr après la dernière (*objections de Simmias et de Cébès*). Socrate ne se laisse pas embarrasser. D'abord l'âme n'est pas une harmonie. L'harmonie n'existe qu'après les éléments qui la composent, l'âme au contraire existe avant le corps ; l'harmonie peut avoir des degrés, au contraire toute âme est également âme; c'est seulement la vertu qui est l'harmonie dans l'âme; dire que toute âme est harmonie, ce serait soutenir que toute âme est également vertueuse et que le vice n'existe pas ; enfin l'harmonie ne fait qu'obéir aux éléments dont elle est constituée; au contraire l'âme commande au corps et le dirige à son gré (*réponse à l'objection de Simmias*). D'autre part, l'âme est absolument impérissable : en effet, les principes des choses sont les Idées et les choses n'existent que par participation aux Idées ; mais les Idées excluent leurs contraires et tout ce qui participe à une Idée exclut tout ce qui est directement contraire à cette Idée ; or l'âme participe à l'Idée de la vie ; par suite elle exclut absolument le contraire de cette Idée, savoir la mort ; il est donc contradictoire de supposer que l'âme puisse périr (*réponse à l'objection de Cébès*).

Originalité du « Phédon ». — Sans doute, en donnant ces diverses preuves, Platon n'est pas absolument original ; d'abord le philosophe devait naturellement trouver dans la conscience grecque de son époque quelques indications assez précises sur ce sujet. De tout temps, les Grecs ont cru à une autre vie ; Homère déclare déjà qu'après la mort, l'âme va vivre d'une autre existence qu'il nous peint dans le XIe chant de l'*Odyssée* (1). Bientôt ce n'est plus une seule existence qu'on admet, mais toute une série d'existences successives. La pensée de Platon semble d'ailleurs s'être plus d'une fois inspirée de la tradition des Mystères orphiques et des idées philosophiques de Pythagore, idées d'ailleurs assez semblables à celles qui caractérisent l'Orphisme lui-même et dont l'origine est probablement tout orientale. La doctrine de la purification, de la vie considérée comme l'affranchissement complet de l'âme d'avec les passions corporelles, l'idée plus précise des récompenses et des punitions dans la vie future, celle d'incarnations successives de l'âme dans des corps différents en expiation de ses fautes et pour lui permettre de retrouver sa pureté primitive, toutes ces conceptions, qu'on retrouve dans des poètes comme Pindare et Eschyle, des philosophes comme Empédocle, et dont Platon s'est visiblement souvenu, appartiennent à l'Orphisme et au Pythagorisme. L'origine pythagoricienne de l'objection de Simmias et de la con-

---

(1) Voir le livre de M. Girard, *Le Sentiment religieux en Grèce*.

ception de l'âme comme harmonie est aussi impossible à contester : d'ailleurs Platon nous présente les deux principaux interlocuteurs de Socrate comme des disciples de Philolaüs. D'autre part comment, dans l'argument des contraires, ne pas reconnaître l'influence directe d'Héraclite, auquel d'ailleurs le philosophe des Idées semble avoir emprunté toute sa théorie du monde sensible ? « Nous vivons la mort des dieux », disait symboliquement le vieil Ionien, et les dieux vivent à leur tour notre mort : or, pour lui, ces dieux, ces démons ne sont pas autre chose que les âmes et par suite celles-ci ne cessent pas d'exister. Enfin, toutes ces idées que Platon développe avec tant d'aisance, savoir que la science est réminiscence, que l'âme est distincte du corps, qu'elle est faite pour lui commander, qu'elle est véritablement divine, il n'est pas douteux que c'est à Socrate que Platon les doit : toutefois le disciple dépasse le maître lui-même, car, quoique croyant sans doute à une vie future, Socrate n'a pourtant jamais affirmé la réalité d'une pareille existence et ne paraît avoir considéré l'immortalité que comme une probabilité, non comme une certitude (1).

Et néanmoins, au milieu de tous ces emprunts, Platon est profondément original. Quelque chose reste bien à lui, savoir « la mise en œuvre et comme en faisceau de toutes ces idées » (2), l'organisation savante de tous ces arguments, qui fait que le philosophe s'élève progressivement des arguments les moins profonds et les plus exotériques jusqu'aux plus forts et aux plus décisifs, en sorte qu'ils se soutiennent ou plutôt se complètent les uns par les autres et forment ainsi comme les articulations successives et de plus en plus solides d'une démonstration vraiment une. Et d'ailleurs il est facile de le voir, toutes les preuves données par Platon peuvent se ramener à

---

(1) A cet égard, ainsi que l'établit M. Croiset, le témoignage de l'*Apologie* est décisif. Platon croit au contraire fermement et sur la foi de la dialectique à l'immortalité de l'âme; c'est là pour lui une doctrine absolument certaine. Ce qui reste problématique et purement possible, c'est le tableau qu'il présente de la vie future : la croyance remplace la science, l'imagination la raison, la divination la dialectique Voir Couturat, *Les Mythes de Platon*.

(2) Couvreur *op. cit.*

une seule, savoir la preuve par les Idées ; c'est par elles que s'explique l'alternance éternelle des contraires, ce sont elles seules qui rendent possible le fait de la réminiscence, prouvent la préexistence de l'âme, s'opposant ainsi à ce qu'elle ne soit que l'harmonie du corps ; véritable nourriture de l'âme, elles font aussi que l'âme devient, en les pensant ici-bas, semblable à elles, c'est-à-dire divine, intemporelle, capable dans l'existence actuelle d'avoir déjà le sentiment de son éternité. Mais surtout, principes absolus des choses, elles en composent l'essence nécessaire et immuable, de sorte que l'âme, tirant tout son être et sa réalité de l'Idée de la vie, est essentiellement vivante et est assurée de l'immortalité. En définitive, l'âme est parente des Idées ou plutôt elle est une véritable Idée, détachée des autres, emprisonnée dans la matière qu'elle anime ; mais comme toutes les Idées, elle est éternelle, indestructible ; déjà ici-bas, se ramenant entièrement sur elle-même, se séparant de tout ce qui la corrompt et la dénature, elle peut retrouver sa véritable essence, se soustraire aux vicissitudes de l'espace et du temps, mourir au monde sensible pour entrer dans le monde intelligible, se retrouver Idée pure dans la région lumineuse de l'Être et de l'Éternel.

Valeur des preuves de l'immortalité de l'âme. — Mais précisément en faisant ainsi de l'âme une Idée, une substance et en établissant son éternité, on peut se demander si Platon a réellement établi la démonstration que nous réclamons et qui seule nous intéresse. Ce qui importe en effet dans la question de l'immortalité, ce n'est pas tant de prouver qu'il existe en nous une substance indépendante du corps et capable de lui survivre, ou qu'il existe dans le monde une quantité fixe et indestructible de substance immatérielle ; ce qu'il faut surtout démontrer, c'est qu'à la mort notre *moi*, notre personnalité subsiste tout entière, avec le sentiment de soi, avec tous ses souvenirs, c'est que la substance psychique sera toujours répartie en des sujets qui auront vraiment conscience d'eux-mêmes et dont la vie antérieure comme la vie actuelle ne sombrera pas dans une inconscience équivalente au néant ; en d'autres termes, ce qu'il nous faut, c'est non pas l'immortalité substantielle, mais une immortalité personnelle. Or, *à priori*, on peut prévoir que c'est surtout de la première qu'il sera question dans le *Phédon*.

La philosophie de Platon est en effet essentiellement tournée vers l'objectif, vers le général, elle n'a qu'à un faible degré le sentiment du subjectif, de l'individu qu'elle sacrifie toujours. Si l'âme est une Idée, il faut bien remarquer qu'elle est plutôt un objet qu'un sujet, une chose, une « *res* », qu'une pensée consciente, possédant le sentiment d'elle-même. Et c'est bien en effet la pure immortalité substantielle que les arguments du *Phédon* semblent seulement réussir à établir. L'argument des contraires prouve-t-il autre chose que ceci, savoir que la même quantité d'âmes doit constamment subsister pour entretenir dans la nature le mouvement et la vie ? Mais le moi, la personne subsiste-t-elle après la dissolution des organes ? voilà ce sur quoi il reste muet. Sa conséquence directe, c'est d'ailleurs la doctrine de la métempsycose, des incarnations successives de l'âme : cette hypothèse, que Platon accepte pour des raisons scientifiques, est visiblement inconciliable avec le dogme de l'immortalité de la personne. Sans doute l'auteur du *Phédon* paraît avoir pressenti la difficulté, et par sa doctrine de la réminiscence il semble précisément vouloir établir que l'existence antérieure de l'âme n'est pas pour elle complètement perdue, qu'il lui en reste au contraire quelque obscur souvenir et que, par suite, c'est bien la même personne qui renaît et non seulement la même substance qui persiste. Mais précisément le dogme de la réminiscence est bien hypothétique, nous n'avons aucun souvenir de cette vie antérieure; même cette théorie est contradictoire, car elle est destinée à expliquer par une sorte d'empirisme transcendant la pensée que nous trouvons en nous de l'universel et du nécessaire, alors que précisément l'universel et le nécessaire ne peuvent pas être objet d'intuition, cette intuition fût-elle toute différente de celle des sens (1). Par suite, comment de la préexistence toute gratuite de l'âme conclure à sa survivance certaine? Si dans notre nouvelle condition nous sommes condamnés à n'avoir pas plus conscience de notre existence terrestre que nous n'avons maintenant conscience de la vie céleste de l'âme au sein des Idées, autant vaut pour nous un anéantissement absolu. Quant à la preuve tirée de l'Idée de la vie qui constitue l'essence de l'âme et qui est assurément celle à laquelle Platon attribue la plus grande portée, il ne semble pas qu'elle soit plus décisive. Sans doute pour Platon l'essence de l'âme est la vie, mais la vie peut parfaitement se concevoir et exister sans la conscience : les plantes vivent, oserait-on pourtant leur donner le sentiment d'elles-mêmes? Par suite, en admettant même cette théorie animiste, en supposant que l'âme soit le principe de la vie et qu'elle subsiste éternellement, rien ne garantit qu'à la mort elle ne tombe pas, ne s'affaisse pas sur elle-même dans un état d'inconscience complet où toute personnalité s'évanouit.

Et pourtant si on lit le *Phédon* avec attention, surtout si l'on examine le mythe qui en est le couronnement, si on le compare à ceux que le philosophe expose dans d'autres dialogues, comme le *Gorgias*, la *République* ou le *Timée*, il est impossible d'en douter : Platon croit non seulement à une immortalité substantielle, mais bien à une immortalité personnelle. C'est ce qu'établit d'une manière indubitable la conception qu'il adopte sur les sanctions futures. Si, comme Platon l'affirme, les justes reçoivent des dieux eux-mêmes la récompense de leur vertu et les méchants la punition de leurs fautes, si en définitive chaque âme individuelle est traitée comme elle le mérite, il faut bien que chacune d'elles aussi subsiste avec la conscience d'elle-même. Il semble qu'il y ait quelque chose d'analogue à ce que l'on retrouvera plus tard dans la philosophie kantienne. On sait comment par des raisons d'ordre tout moral, au nom de l'union entre la

---

(1) Voir notre *Composition de philosophie*, page 154.

vertu et le bonheur réclamée par la conscience, Kant postule l'immortalité de la personne ; c'est aussi pour des raisons morales, au nom du même besoin de justice, que Platon croit à la vie future et à l'indestructibilité du moi. La règle de la conduite de l'homme, c'est non pas le plaisir, mais la vertu ; sans doute, sur la terre, le méchant est souvent heureux et l'honnête homme honni, injustement condamné : quelle preuve plus éclatante de cette ironie des choses que la mort de Socrate lui-même ! Mais il est impossible que la victoire ne reste pas à la justice, et dans une autre vie chacun subira le sort qu'il aura mérité. La seule différence qui sépare Platon et Kant, c'est que ce dernier veut que la croyance à l'immortalité reste une pure croyance, enveloppée d'obscurité, qu'elle ne devienne pas une vérité démontrée, tandis que Platon cherche à établir sa croyance sur des arguments rationnels et des principes rigoureux. Kant limite la science pour mieux asseoir sa foi, Platon veut établir sa croyance sur la science même. Des deux côtés d'ailleurs le résultat est le même, car il se trouve que Platon, en demandant des preuves à la raison pure, montre l'impuissance de la raison et, au lieu d'établir l'immortalité personnelle, démontre seulement l'immortalité métaphysique qui ne nous intéresse pas. Ainsi Platon croit à l'immortalité personnelle, c'est pour lui un « postulat » de sa morale ou plutôt de sa politique; sur le principe des Idées, le philosophe veut établir une religion complète, montrer que celui qui s'est bien conduit dans la cité terrestre fera partie de la cité céleste des bienheureux, et pour frapper davantage l'imagination, il n'hésite pas à s'adresser à son imagination même : ce sera le rôle du mythe. Mais toutes les fois qu'il veut prouver aux autres sa croyance, la leur faire partager, le philosophe a nécessairement recours à la métaphysique et il se trouve que sa démonstration, établissant seulement l'immortalité substantielle, reste au-dessous de ce qu'il voulait démontrer (1). En définitive, Platon n'a pas encore fait la distinction qui nous

---

(1) Nous empruntons cette idée à Couvreur, *op. cit.*, Introduction, XXVIII.

paraît aujourd'hui si simple de l'immortalité substantielle et de l'immortalité personnelle : croyant certainement à cette dernière, il a cherché à la justifier et à la défendre par des arguments qui sont seulement de nature à assurer la première.

Et pourtant il serait injuste de ne pas rendre hommage à toutes les idées profondes, élevées, hautement morales auxquelles Platon, quatre cents ans avant la révélation chrétienne, s'était déjà élevé, de ne pas reconnaître aussi tout ce qui dans son argumentation semble définitif. Sans doute, il a peut-être eu le tort (comme d'ailleurs la plupart des doctrines spiritualistes) de considérer l'âme à l'instar d'une « chose » faite, d'une « substance » absolument distincte du corps et parfaitement réalisée. A dire vrai, réalité, l'âme n'est pas faite, mais elle se fait et surtout elle doit se faire ; elle n'est pas encore réalisée, mais elle se réalise et doit se réaliser ; elle n'est pas encore substance, mais il faut qu'elle se fasse de plus en plus substantielle, qu'elle introduise en elle de plus en plus d'être, et, comme dit Aristote, qu'elle s'immortalise de plus en plus (1). Or, pour cela il est nécessaire qu'elle s'attache à l'Être, à l'Éternel, qu'elle rompe avec tout ce qui est phénoménal, éphémère, mortel ; il faut qu'elle tende à cette Réalité supérieure, intelligible, normale que la Raison conçoit et pose (2), qu'elle la prenne désormais pour sa norme, pour sa loi, qu'elle se relie indissolublement à elle non seulement par la pensée, mais encore par le cœur, par la volonté, qu'elle l'introduise de plus en plus en elle : alors elle peut défier la mort qui n'a prise que sur le temporel. Tout cela, Platon l'a bien saisi et il l'a admirablement rendu : « Il n'y a d'autre salut pour l'âme que devenir aussi vertueuse et aussi sage que possible (3). » Et c'est par cela même, comme aussi par cette admirable intuition des besoins profonds de la conscience, des pressentiments sacrés du cœur, des espérances indestruc-

---

(1) Voir notre étude sur la *Morale à Nicomaque*, page 184.
(2) Voir A. Penjon, *Précis de philosophie*, page 356.
(3) *Phédon* chap. 57.

tibles de la volonté, puis aussi par ce tableau magnifiquement simple, plein d'émotion, des derniers instants de ce sage païen qui, par sa mort, mérita d'être comparé au divin fondateur du christianisme, c'est pour tout cela que le *Phédon* restera, lui aussi, immortel et demeurera à travers les temps comme un monument vraiment superbe de la sagesse antique.

ARISTOTE

(384-322)

LA MORALE A NICOMAQUE. — LA POLITIQUE.

Vie d'Aristote. — Les ouvrages d'Aristote.
I. LA MORALE A NICOMAQUE. — Authenticité de la *Morale à Nicomaque*. — Plan général de la *Morale à Nicomaque*. — Argument analytique, de la *Morale à Nicomaque*. Livre VIII : théorie de l'amitié. — Livre IX : théorie de l'amitié (suite et fin). — Livre X : théorie du plaisir et du bonheur. — Coup d'œil rétrospectif sur les analyses précédentes. — L'enchaînement des idées dans la théorie de l'amitié et du bonheur. — Valeur des conceptions d'Aristote. La théorie de l'amitié. — La théorie du bonheur.
II. LA POLITIQUE. — La *Politique* d'Aristote. Son désordre. Son plan. — Rapide résumé des principales idées de la *Politique*. — Argument analytique de la *Politique*. Livre VIII : la théorie de l'éducation. — Appréciation de la théorie de l'éducation dans Aristote. Les vues justes et les lacunes.

Vie d'Aristote. — Aristote naquit en 384 à Stagyre, colonie de Chalcis, sur les côtes de la Macédoine, près du mont Athos. Il n'est donc pas Athénien et, bien qu'il ait vécu longtemps à Athènes, il reste « métèque », étranger domicilié (1). Son père Nicomaque était médecin du roi de Macédoine, Amyntas II, le père de Philippe, et appartenait lui-même à une famille de médecins qui se rattachaient à Machaon, fils d'Esculape, et s'appelaient Asclépiades. Ce fait a son importance : par là peut s'expliquer le goût prononcé d'Aristote

---

(1) Voir, pour toute cette biographie : Croiset, *Histoire de la littérature grecque*. t. IV ; Croiset, *Aristote* (Cours fait à la Sorbonne et publié par la *Revue des Cours et Conférences*, 4e année) ; Boutroux, *Grande Encyclopédie*, article *Aristote*. Nous avons fait plus d'une fois des emprunts à ces leçons et à ces articles remarquables.

pour les recherches expérimentales, son esprit d'observation scientifique et aussi ce constant souci du fait, de la réalité individuelle, par lequel ce puissant génie offre tant de contraste avec Platon. A dix-sept ans, ayant perdu son père et en possession d'une assez belle fortune, Aristote vint à Athènes qui était alors, suivant le mot de Thucydide, la véritable école de la Grèce. Platon se trouvait en Sicile; Aristote suivit d'abord les leçons d'Isocrate: et il en conserva toujours un vif intérêt pour les choses de la rhétorique. Mais, au retour de Platon, il s'attacha à ce nouveau maître qu'il ne quitta plus jusqu'à sa mort (347); il se distingua bientôt parmi tous les autres disciples du philosophe qui, dit-on, le surnomma le « liseur », l' « intelligence » de l'école. S'il fallait ajouter foi à certaines anecdotes, des difficultés n'auraient pas tardé à s'élever entre le maître et l'élève. Il est certain qu'il y avait là deux esprits de nature et de tendances bien différentes; Aristote ne demeura pas sans doute longtemps sans saisir les difficultés de la théorie des Idées et peut-être réclama-t-il, même en présence de Platon, le droit de penser autrement que son maître; on sait que lui-même, dans un passage célèbre de la *Morale à Nicomaque*, déclare qu'entre deux biens, l'amitié et la vérité, il faut savoir donner la préférence à la vérité. Mais toutes ces anecdotes, fruits de la « sottise habituelle aux grammairiens de la basse époque », doivent être considérées comme sans valeur. Aristote eut toujours pour Platon un véritable culte; en plusieurs endroits de ses œuvres (1), il témoigne pour lui une véritable admiration, et, à la mort de son maître, il composa en son honneur une élégie qui ne peut laisser aucun doute sur ses vrais sentiments d'affection et de respect.

En mourant, Platon avait remis la direction de son école à son neveu Speusippe; il semble qu'alors Xénocrate et Aristote éprouvèrent quelque mécontentement de n'avoir point été choisis, car ils quittèrent tous deux Athènes. Aristote emmène son ami en Mysie, à Atarnes, le pays de son tuteur Proxène; le tyran de cette ville, Herméias, qui avait lui-même suivi les leçons de Platon, accueille avec empressement les deux philosophes et donne sa nièce ou sa sœur Pythias en mariage à Aristote. Plus tard, ce dernier devait se marier en secondes noces avec Herpyllis. Herméias ayant été assassiné, Aristote se retire à Mytilène, dans l'île de Lesbos, puis revient à Athènes où il paraît avoir ouvert une école de rhétorique

---

(1) Voir notamment *Métaphysique*, I, 9; *Politique*, II, 6.

rivale de celle d'Isocrate. C'est alors que Philippe lui écrit pour le charger de l'éducation d'Alexandre, âgé de treize ans. Aristote reste huit ans à Pella (353-345), jusqu'au moment de la fameuse expédition contre les Perses. Quelle influence le précepteur eut-il sur son élève? On peut le deviner assez facilement par « le goût d'Alexandre pour Homère, son admiration pour Achille, sa curiosité pour les choses de la science » (1) ; le jeune roi dans son expédition se fit accompagner d'une véritable « caravane scientifique », et c'est grâce à tout ce cortège de savants qu'il put, du fond de l'Asie, faire parvenir au maître qu'il aimait, pour l'aider dans sa composition de l'*Histoire des animaux*, une multitude de documents et d'échantillons de toute nature. En 335, Aristote revient à Athènes, fonde une école rivale de l'Académie, près du gymnase consacré à Apollon Lycéen, le Lycée ; ses disciples prirent le nom de *péripatéticiens* (περιπατητικοί), vraisemblablement à cause de l'habitude qu'ils avaient de se promener tout en causant science et philosophie (2). S'il en faut croire Aulu-Gelle, l'enseignement d'Aristote comprenait deux séries de leçons: celles du matin étaient des sortes de « cours fermés », réservés à un petit nombre d'initiés, où le maître traitait sous forme de véritables leçons (ἀκροάσεις) les questions les plus difficiles, se rapportant notamment à la dialectique et à la philosophie de la nature ; celles du soir étaient plutôt des « cours publics », des « conférences » ouvertes à tous ceux qui se présentaient, davantage aussi accessibles à tous à cause de leur caractère plus exotérique (ἐξωτερικός) et qui portaient surtout sur la rhétorique, la topique ou la politique. Pendant plus de dix ans, de 335 à 323, l'école fondée par Aristote brilla du plus vif éclat.

Après le meurtre de son neveu Callisthène, le philosophe avait cessé ses relations avec Alexandre ; la mort de celui-ci le mit cependant en danger. Poursuivi par la réaction antimacédonienne, accusé d'athéisme, « il ne voulut pas qu'Athènes, déjà meurtrière de Socrate, commît un second crime contre la philosophie » ; il se retira à Chalcis, en Eubée, et y mourut l'année suivante (322). Il avait eu de sa première femme, Pythias, une fille qui reçut le nom de sa mère ; de sa seconde, il eut un fils, Nicomaque, « dont le nom est inséparable de la seule Morale authentique laissée par le philo-

---

(1) Croiset, *op. cit.*
(2) Boutroux, *op. cit.*

sophe ». Son testament nous a été conservé par Diogène Laërce ; bien que probablement apocryphe, il suffit à réfuter les calomnies dont Aristote a pu être l'objet et montre que, par la dignité de sa vie, la délicatesse de ses sentiments, Aristote demeura toujours fidèle à ses principes (1).

Les ouvrages d'Aristote. — L'œuvre d'Aristote est considérable ; elle constitue une véritable encyclopédie de son siècle. L'activité de ce puissant génie s'exerça dans tous les genres et fut extraordinairement variée. Aussi le nombre des écrits qu'on lui attribuait était vraiment prodigieux (2). Malheureusement la plus grande partie de cette œuvre est pour nous absolument perdue. On peut diviser les ouvrages d'Aristote en quatre catégories : ceux de poésie, ceux de recherches érudites en vue de la construction de son monument philosophique, ceux où il présente sous la forme de dialogues imités de Platon la première esquisse de son système, enfin ceux où il expose sa vraie pensée sous forme de traités vraiment scientifiques.

Bien que cela paraisse directement contraire à ses tendances positives de savant, Aristote fut à ses heures un poète. Quelques fragments de ses œuvres poétiques nous ont été conservés ; le morceau le plus célèbre est l'*Hymne à la vertu* composée en l'honneur du tyran Herméias (3). D'autre part, pour édifier sa philosophie, persuadé que la science doit reposer sur l'étude minutieuse du plus grand nombre de faits, Aristote avait composé toute une série de recueils de recherches érudites, portant sur les sujets les plus divers, sortes de compilations destinées à accumuler tous les matériaux nécessaires à ses constructions futures. De cette catégorie d'ouvrages, citons seulement ceux qui eurent la plus grande vogue, comme les *Questions homériques*, la *Liste des vainqueurs pythiques*, le *Péplos*, les *Didascalies dramatiques*, le *Recueil des traités oratoires* et surtout les

---

(1) Voir Penjon, *Précis d'histoire de la philosophie*.
(2) A peu près quatre cents, s'il faut en croire Diogène Laërce.
(3) Voir Croiset, *Littérature grecque*, tome IV, pages 695 et 696.

Constitutions. C'était une esquisse de sa philosophie, présentée sous une forme populaire, qu'Aristote s'efforçait de donner dans une autre catégorie d'ouvrages, dans des *Dialogues* imités de Platon, remarquables par leur abondance, leur éloquence et leur grâce. Aristote y abordait les principales questions de politique, de morale, de physique, même de métaphysique ; mais étant destinés au grand public, c'est-à-dire à des esprits insuffisamment cultivés ou privés des loisirs nécessaires pour approfondir les problèmes, Aristote s'en tenait à la simple vraisemblance, à des considérations plus ou moins extérieures, sans descendre au cœur même du sujet. C'est qu'en effet pour lui la dialectique ne correspond qu'à un degré inférieur de la connaissance ; reposant sur les opinions du sens commun, elle conduit non au vrai, mais au vraisemblable. De là le nom d' « *exotériques* » donné à ces ouvrages ; ils sont une œuvre de vulgarisation, non encore de science pure (1). Les principaux étaient : l'*Eudème*, qui traitait de l'immortalité de l'âme ; le Περὶ φιλοσοφίας, exposé de philosophie naturelle, analogue au *Timée* de Platon ; le Περὶ δικαιοσύνης, consacré à la définition de la justice ; le Περὶ εὐγενείας (de la noblesse) ; le Νήρινθος, ainsi appelé d'un laboureur devenu philosophe ; le Γρύλλος, du nom du fils de Xénophon et qui traitait de la rhétorique.

Viennent enfin les œuvres systématiques, c'est-à-dire les traités dans lesquels Aristote s'efforce de construire la science, telle qu'il la conçoit. On peut, avec M. Boutroux, les diviser en quatre catégories :

1° Les écrits logiques qui furent réunis à l'époque byzantine sous le nom d'Ὄργανον : les *Catégories* (Κατηγορίαι), en dix livres ; *De l'interprétation* ou *de la proposi-*

---

(1) On le voit donc : entre l'enseignement des dialogues et celui des traités systématiques d'Aristote (les seuls ouvrages que nous possédons), il n'y a pas une différence de nature, mais une différence de degré. Aristote ne donne pas un enseignement différent dans les uns et dans les autres, mais seulement un enseignement plus profond sur les mêmes questions ; dans les uns il s'en tient à des considérations accessibles à la grande masse des esprits, à des généralités de sens commun ; dans les autres il parle à ses élèves et veut arriver à la vérité scientifique, trouver l'essence même des choses.

tion (Περὶ ἑρμηνείας) ; les *Analytiques* ('Ἀναλυτικά), en deux parties, de deux livres chacune (théorie du syllogisme, théorie de la démonstration); les *Topiques* (Τοπικά), en huit livres (sur le raisonnement dialectique) : le neuvième livre est consacré à la *Réfutation des raisonnements sophistiques* (Περὶ σοφιστικῶν ἐλέγχων).

2° Écrits de philosophie naturelle : la *Physique* (Φυσικὴ ἀκρόασις), en huit livres, sorte de philosophie de la nature, de métaphysique du mouvement ; *De la génération et de la mort* (Περὶ γενέσεως καὶ φθορᾶς) ; *Du ciel* (Περὶ οὐρανοῦ), en quatre livres ; les *Météorologiques* (Μετεωρολογικά), en quatre livres ; l'*Histoire des animaux* (Περὶ τὰ ζῶα ἱστορίαι), en dix livres ; les *Parties des animaux* (Περὶ ζῴων μορίων), en quatre livres ; la *Marche des animaux* (Περὶ πορείας ζῴων), en un livre ; la *Génération des animaux* (Περὶ ζῴων γενέσεως), en cinq livres ; *De l'âme* (Περὶ ψυχῆς), en trois livres ; enfin une série de petits traités qu'on désigne sous le titre de *Parva naturalia*.

3° Traités de philosophie pratique : la *Morale à Nicomaque* (Ἠθικὰ Νικομάχεια), en dix livres ; la *Politique* (Πολιτικά), en huit livres ; la *Rhétorique* (Τέχνη ῥητορική), en trois livres ; la *Poétique* (Περὶ ποιητικῆς), extrait d'un ouvrage plus étendu, en deux livres (1).

4° Écrits dits métaphysiques, traitant de ce qu'Aristote appelait la philosophie première (πρώτη φιλοσοφία). La *Métaphysique* d'Aristote se compose de quatorze livres ; c'est une collection faite vraisemblablement peu après la mort du philosophe et comprenant tout ce qui se trouvait dans ses papiers de relatif à la « philosophie première »; elle doit son nom actuel à sa position après la Physique (Μετὰ τὰ φυσικά) dans l'édition d'Andronicus dont il va bientôt être parlé. Toute cette série d'ouvrages qui, comme on le voit, embrassent les sujets les plus différents, depuis les conditions nécessaires de la science jusqu'à l'Être absolu en passant à travers toute la hiérarchie des êtres naturels, sont des traités vraiment scientifiques (πραγματεῖαι) ; ils représentent la vraie pensée d'Aristote et

1) Croiset, *Histoire de la littérature grecque*, tome IV, page 107.

nous offrent dans leur ensemble un système achevé : on leur donne le nom d'*acroamatiques* ou d'*ésotériques*.

De ces trois catégories d'ouvrages (recueils de matériaux, dialogues, traités systématiques), les deux premières furent publiées par Aristote lui-même, l'autre réservée à l'enseignement intérieur de l'école resta « inédite ». Chose curieuse pourtant, de l'œuvre d'Aristote nous ne possédons que les écrits non publiés ; tous les autres précisément destinés à la publicité ont disparu. Comment les ouvrages d'Aristote se sont-ils conservés ? Suivant Strabon, les manuscrits du philosophe qui n'étaient que des notes de cours devinrent après sa mort la propriété de son disciple Théophraste ; celui-ci les laissa à un de ses élèves, Nélée, qui les emporta à Scepsis en Mysie (1) ; les héritiers particuliers de ce dernier, afin de les soustraire aux recherches des émissaires d'Attale qui travaillait à enrichir la bibliothèque d'Alexandrie, les cachèrent dans une cave où ils furent fort maltraités. Vers la fin du IIe siècle, un bibliophile, Apellicon de Téos, les acheta et les fit copier à Athènes ; au commencement du Ier siècle, Sylla ayant pris cette ville s'empara de ces copies et les envoya à Rome. Là le grammairien Tyrannion en fit établir de nouvelles copies et donna une première édition des œuvres d'Aristote ; peu d'années après, un philosophe péripatéticien, Andronicus de Rhodes, en publiait une autre plus complète. C'est cet Aristote que nous possédons. La collection d'Andronicus contient sans doute tout ce qui subsistait alors d'authentique, mais elle est loin de renfermer tous les ouvrages d'Aristote : quelques-uns, du temps même d'Andronicus, étaient déjà perdus. Dans les ouvrages authentiques aussi, beaucoup d'altérations ont dû se produire ; les originaux étant en mauvais état, les premiers éditeurs durent « corriger, compléter, arranger le texte primitif », ceux qui vinrent après firent de même ; « des notes marginales ou des rédactions parallèles, même des extraits d'ouvrages différents entrèrent sans doute maintes fois dans la

---

(1) Boutroux, *op. cit.* — Ravaisson, *Essai sur la Métaphysique d'Aristote*, tome I.

rédaction définitive ». De sorte qu'Aristote nous est arrivé fort mutilé et considérablement modifié. On a pu avec raison comparer notre édition du texte d'Aristote avec celle des *Pensées* de Pascal donnée par Port-Royal(1). Pourtant il semble que nous possédions l'essentiel de la pensée aristotélicienne. Nous avons affaire à une doctrine définitive ; les ouvrages renvoient les uns aux autres et il nous est impossible de saisir dans les idées quelque trace de progrès ; c'est pourquoi la question de la chronologie des ouvrages du philosophe est insoluble et n'a d'ailleurs qu'une importance secondaire (2). Deux seuls nous intéressent plus particulièrement ici, savoir la *Morale à Nicomaque* (livres VIII, IX, X) et la *Politique* (livre VIII).

LA MORALE A NICOMAQUE

Authenticité de la « Morale à Nicomaque ». — Nous avons sous le nom d'Aristote, outre le petit traité, qui n'est pas authentique, des *Vertus et des Vices*, trois ouvrages importants de morale : Ἠθικὰ Νικομάχεια, qu'on appelle ordinairement *Morale à Nicomaque* et qui peut-être s'intitulerait mieux *Morale de Nicomaque*, en dix livres ; Ἠθικὰ Εὐδήμεια, *Morale à Eudème* ou mieux *Morale d'Eudème*, en sept livres ; enfin Ἠθικὰ μεγάλα ou la *Grande Morale*, en deux livres (3). Contrairement à l'opinion de Schleiermacher, on s'accorde avec Spengel à regarder la *Morale à Nicomaque* comme la seule authentique ; la *Morale d'Eudème* est sans doute une rédaction d'Aristote faite par un de ses disciples, Eudème de Rhodes ; quant à la *Grande Morale*, dont le nom ne s'explique guère que par

---

(1) Croiset, *Histoire de la littérature grecque*, pages 691 et sqq.
(2) Boutroux, *op. cit.*
(3) Hannequin, *Morale à Nicomaque* (livre X), Introduction, p. 78.— Voir aussi : Ollé-Laprune, *La Morale d'Aristote* (Introduction) ; Rodier, *Morale à Nicomaque*, Introduction, pages 6 et sqq. (Delagrave).

une erreur de copiste (1), ce n'est qu'un résumé des deux autres, fait par un péripatéticien inconnu qui a déjà subi l'influence du stoïcisme.

Les critiques ne se sont pas toujours entendus sur la signification du titre de l'Ἠθικὰ Νικομάχεια : les uns y voient une œuvre d'Aristote adressée à son fils Nicomaque et veulent qu'on l'appelle « Morale à Nicomaque » ; d'autres croient plus volontiers que Nicomaque a été chargé de revoir ou de publier l'ouvrage de son père et estiment que le vrai titre est « Morale de Nicomaque » ; d'autres enfin, frappés du décousu de l'ouvrage, ont voulu voir dans l'Ἠθικὰ Νικομάχεια l'assemblage de traités primitivement distincts sur le plaisir (Περὶ ἡδονῆς), sur la justice (Περὶ δικαιοσύνης), le bien (Περὶ τἀγαθοῦ), l'amitié (Περὶ φιλίας), etc., que Diogène Laërce attribue en effet à Aristote. Écartons tout de suite cette dernière hypothèse : l'Ἠθικὰ Νικομάχεια est un traité régulier et, malgré ses défauts, le plan d'ensemble en est trop net pour qu'on se refuse d'y voir une πραγματεία complète ; si les transitions laissent parfois à désirer, s'il y a des écarts ou des retours, c'est qu'Aristote, quoique très didactique, n'écrit point comme nous et se préoccupe plutôt de la richesse de l'analyse que de la rigueur de la composition (2). Peut-être aussi, pour certaines parties, avons-nous moins un traité écrit tout entier de la main d'Aristote qu'une rédaction de certaines leçons du maître faite plus tard, à la prière de Nicomaque, par quelques-uns de ses meilleurs élèves, ou un remaniement des papiers du philosophe par Nicomaque lui-même qui les aurait arrangés et mis au point. C'est ce qui donnerait raison à la deuxième hypothèse : on pourrait aussi comprendre par là pourquoi certaines parties sont absolument semblables dans la Morale à Nicomaque et dans la Morale d'Eudème (3) : elles représenteraient la rédaction du philosophe lui-même ; on

---

(1) Il faudrait peut-être à Ἠθικὰ μεγάλα substituer : Ἠθικῶν κεφάλαια.
(2) Hannequin, op. cit.
(3) Les livres V, VI, VII de la Morale à Nicomaque sont textuellement semblables aux livres IV, V, VI de la Morale d'Eudème. Pour nous conformer à l'usage, nous continuons à dire Morale à Nicomaque.

s'expliquerait aussi pourquoi, contrairement à la première supposition, on ne trouve dans l'œuvre aucune trace d'envoi ou de dédicace ; il serait d'ailleurs étrange qu'Aristote eût dédié à son fils un ouvrage concernant une science à laquelle il déclare lui-même que la jeunesse est peu propre (1).

Plan général de la « Morale à Nicomaque ». — La *Morale à Nicomaque* comprend dix livres : nous n'avons à nous occuper que des trois derniers ; le VIIIe et le IXe sont consacrés à l'étude de l'amitié, le Xe est la théorie du bonheur. Impossible de bien les comprendre sans les replacer dans l'ensemble de l'œuvre, c'est-à-dire sans donner dans ses grandes lignes le plan général de la *Morale à Nicomaque*.

Pour Aristote, comme pour toute l'antiquité, la morale ne peut être qu'une chose, savoir la détermination du souverain bien. Or, d'après lui, cette fin suprême à laquelle se rapportent toutes nos actions, c'est le bonheur. Mais qu'est-ce que le bonheur ? Pour résoudre cette question, il faut se rappeler que le bien de chaque être consiste dans la perfection de sa nature, le développement plein et harmonieux de ses fonctions : il faudra donc, pour découvrir le véritable bien de l'homme, fixer l'activité propre qui le distingue. Or, s'il possède la vie comme la plante, la sensibilité et l'instinct comme l'animal, ce qui lui appartient spécialement et l'élève au-dessus de tous les autres êtres, c'est la raison. L'activité raisonnable, voilà donc la vertu propre de l'homme, c'est-à-dire son bien et par là même la condition de son bonheur (2). Toutefois, pour que ce bonheur soit complet, il est indispensable qu'à la vertu s'ajoute tout un cortège de biens extérieurs : voilà pourquoi la félicité est vraiment un don des dieux et mérite notre respect (3). Néanmoins la vertu en reste la source essentielle. En quoi donc consiste-t-elle ?

---

(1) Voir *Éthique à Nicomaque*, I, c. 1 et VI, c. 6.
(2) *Ibid.*, I, c. 1-7.
(3) *Ibid.*, I, c. 8-11.

Notre nature est double : résumé de tous les règnes de l'univers, elle comprend d'abord tout un ensemble de puissances irraisonnables et au-dessus, capable de les dominer, la raison elle-même. De là deux grandes catégories de vertus : les vertus morales et les vertus intellectuelles (1). La vertu morale n'est pas innée ; elle ne consiste pas non plus uniquement, comme le croyait Platon, dans la science ; il ne suffit pas pour être vertueux de connaître le bien, l'on doit encore le préférer et le choisir, c'est-à-dire le vouloir. Encore n'est-ce pas assez de vouloir une fois par hasard ce que la raison ordonne : il faut que la pratique du bien se convertisse en une habitude inébranlable de l'âme : la vertu morale est coutume (2). C'est elle qui constitue la perfection de notre nature. Mais une chose parfaite est celle qui n'a rien de plus ni de moins que ce qu'elle doit avoir ; le mal est un excès ou un défaut : la vertu sera donc un juste milieu entre deux extrêmes, c'est-à-dire entre deux vices. Qu'on ne croie point pour cela qu'elle soit une médiocrité : au contraire, c'est un sommet auquel on atteint rarement (3). On le voit : la vertu est vraiment l'œuvre de la liberté ; sans doute, elle ne demande pas la répression complète des désirs de la sensibilité ; ce serait tarir les sources de l'activité et, par suite, du bonheur ; elle ne saurait davantage consister dans l'abandon aux instincts aveugles de notre nature ; il faut les pénétrer d'intelligence, introduire en eux l'ordre, la convenance ; de la sorte, la vertu n'est possible que par la raison qui délibère et par la liberté qui choisit (4).

Quelles sont maintenant les principales vertus morales ? Aristote analyse successivement le courage qui consiste à savoir, quand il le faut, accomplir les plus belles actions (5) ; la tempérance, qui, imposant une règle aux appétits corporels, empêche l'homme de descendre au

---

(1) *Éthique à Nicomaque*, I, c. 10.
(2) *Ibid.*, II, c. 1-5.
(3) *Ibid.*, II, c. 6-8.
(4) *Ibid.*, III, c. 1-6.
(5) *Ibid.*, III, c. 7-10.

niveau de la bête (1); la libéralité, la magnificence, grâce auxquelles, par un noble usage de la fortune, l'activité devient plus généreuse et la vertu plus brillante (2); la grandeur d'âme, qui fait qu'on se sent digne des plus grandes choses et qu'on l'est en effet (3). Après avoir passé en revue certaines vertus d'une importance moindre, comme la douceur, la politesse, la véracité, la franchise, le bon ton, Aristote insiste plus longuement sur la justice qui consiste dans le respect de l'égalité sociale, c'est-à-dire de la loi ; il exalte cette vertu qui est le fondement nécessaire de l'association et qui, d'après lui, est plus digne d'admiration que le lever ou le coucher du soleil (4). Il est d'ailleurs quelque chose de plus parfait que la justice même, savoir l'équité qui corrige ce que la justice pourrait avoir de trop raide et qui, remédiant aux insuffisances de la loi trop générale, sait tenir compte de ce qu'il y a de propre à chaque action particulière (5).

Telles sont les vertus qui font la vie de l'homme belle. Mais la sphère de la moralité, c'est la contingence ; pour être moral, il faut choisir ; pour choisir, il faut délibérer; pour délibérer, il faut connaître. Au-dessus des vertus morales s'élèvent donc les vertus intellectuelles. Appliquée au nécessaire et à l'éternel, l'intelligence est raison pure ; ses vertus sont alors le νοῦς qui conduit à la science (ἐπιστήμη) et permet la sagesse (σοφία) ; s'exerçant au sein du contingent, l'intelligence est plutôt raison pratique et ses vertus sont d'une part l'art (τέχνη), guide nécessaire de toute création, la prudence (φρόνησις), sorte de sagesse pratique qui, nous faisant discerner le bien dans chaque action particulière, communique à la « préférence » toute la rectitude nécessaire. Les vertus intellectuelles sont avant tout des dons de la nature : néanmoins elles se développent avec l'âge (6) et l'expérience de la vie (7).

(1) *Ethique à Nicomaque*, III, c. 11-13.
(2) *Ibid.*, IV, c. 1-3.
(3) *Ibid.*, IV, c. 4 et 5.
(4) *Ibid.*, IV, c. 6-9 et V, c. 1-9.
(5) *Ibid.*, V. c. 10 et 11.
(6) *Ibid.*, VI.
(7) Ravaisson. *Essai sur la métaphysique d'Aristote*, I, page 159.

Toute la moralité humaine est donc suspendue à la prudence ; s'introduisant au sein de la matière indéfinie de la nature sensible, cette forme de la raison y apporte l'harmonie et fait de la vie une œuvre d'art : la vertu morale est ainsi équilibre parfait, « tempérance » (1). Toutefois l'homme ne saurait se suffire à lui-même ; il est fait pour vivre en société ; l'association est nécessaire au développement parfait de sa nature, c'est par elle seule qu'il peut se réaliser pleinement. L'amitié, fondement naturel et condition nécessaire de toute association, est ainsi un élément indispensable de la vertu et, par suite, du bonheur, ou plutôt l'amitié n'est-elle pas de la vertu la forme la plus haute ? L'homme appartient à la cité, il ne peut se contenter de poursuivre la perfection pour lui-même, en égoïste, il faut qu'il recherche la perfection du tout dont il est une partie ; d'ailleurs poursuivre son bien n'est-ce pas véritablement rechercher celui du tout au sein duquel il doit vivre ? En ce sens, l'amitié est la vertu même : elle dépasse la justice qu'elle remplace. De là l'étude qu'Aristote consacre à l'amitié (2).

Et pourtant, si haut que nous soyons élevés, nous ne sommes pas encore parvenus à toute la perfection de la nature humaine : la vertu morale, c'est la raison aux prises avec les passions, luttant pour les discipliner ; la « vie politique » est une vie militante, un combat perpétuel ; le bonheur sans mélange n'est pas là. La félicité parfaite ne peut venir en effet que de l'activité parfaite. Or cette activité est celle de l'intelligence contemplant l'éternel et le nécessaire, dans une intuition sans effort, une paix délicieuse, dans un acte intérieur, affranchi de tout lien étranger. C'est là la vie divine ; sans doute, mais c'est aussi le terme des aspirations de l'homme ; c'est la vertu par excellence, la « vertu contemplative » ; c'est par là même le bonheur suprême (3).

---

(1) *Éthique à Nicomaque*, VII.
(2) *Ibid.*, VIII et IX.
(3) *Ibid.*, X; cf. Ollé-Laprune, *La Morale d'Aristote*. — Janet, *Histoire de la science politique*.

Argument analytique de la « Morale à Nicomaque ».

LIVRE VIII. — *Théorie de l'amitié.*

Occupons-nous maintenant plus spécialement des trois derniers livres de la *Morale à Nicomaque*. Comme nous l'avons dit, le VIIIe et le IXe sont consacrés à la théorie de l'amitié. Ce mot a d'ailleurs, chez Aristote, un sens très large : il ne désigne pas seulement cette affection profonde qui unit entre elles deux personnes et qui fait qu'elles ne vivent plus l'une que pour l'autre : par lui, Aristote désigne encore tout lien amical, tout sentiment affectueux à quelque degré que ce soit, comme par exemple l'amour des parents pour les enfants ou des citoyens les uns pour les autres ; il exprime également par là cette sympathie naturelle, cette tendance instinctive qui porte l'homme vers l'homme, comme aussi l'association qui résulte de cette tendance même (1). On a fait remarquer avec raison qu'aux XVIe et XVIIe siècles notre mot « amitié » comportait aussi ces diverses acceptions.

Aristote commence par montrer la place qu'une théorie de l'amitié ainsi comprise doit occuper dans un traité de morale. L'amitié est une vertu ou l'accompagnement naturel de la vertu. Elle est indispensable à la vie : qui voudrait vivre sans amis, même s'il possédait tous les autres biens ? Si l'on est puissant ou riche, elle inspire la générosité ; si l'on est pauvre, elle procure un refuge ; dans la jeunesse, elle préserve des écarts ; dans la vieillesse, elle assure les soins nécessaires ; dans l'âge mûr, elle stimule aux belles actions. D'ailleurs c'est une inclination naturelle : une sympathie instinctive rapproche l'homme de l'homme. Puis elle conserve les sociétés ; même pour cimenter la concorde des citoyens, elle est plus efficace que la justice : avec elle il n'est plus besoin de justice ; mais avec la justice il est encore besoin de l'amitié. Enfin l'amitié est belle : de l'avis de tout le monde, il est beau d'avoir des amis : d'aucuns même pensent que la vertu et l'amitié ne se séparent pas (2).

---

(1) Ollé-Laprune, édition de la *Morale de Nicomaque* (livre VIII), Introduction.
(2) Nous avons suivi, pour faire cette analyse, les traductions de Barthélemy-Saint-Hilaire et de Thurot (revue par Hannequin) et les notes de M. Ollé-Laprune.

Bien des difficultés peuvent se présenter au sujet de l'amitié. Le vulgaire prétend tantôt qu'elle est fondée sur la ressemblance, tantôt qu'elle demande le contraste; d'autres, sur la foi de raisons plus scientifiques, veulent, comme Héraclite, que les contraires se recherchent et, par leur union, produisent la plus belle harmonie; d'autres affirment avec Empédocle que le semblable tend naturellement vers le semblable. Il faut laisser de côté toutes ces discussions qui relèvent de la science de la nature et se borner à celles qui se rapportent à l'homme. On examinera donc si l'amitié peut s'établir entre des individus quels qu'ils soient ou seulement entre les gens de bien, s'il y a aussi plusieurs espèces d'amitiés ou une seule susceptible de différents degrés. (C. 1.)

Quelles sont les différentes espèces d'amitiés ? On ne peut aimer que ce qui est aimable; or ce qui est aimable, c'est le bon, l'agréable ou l'utile; encore l'utile se réduit-il à l'agréable et au bon, de sorte que le plaisir et le bien restent les deux objets définitifs de nos affections. Néanmoins, et à la rigueur, on peut dire qu'il existe trois motifs différents d'aimer. L'amitié d'ailleurs ne saurait exister à l'égard des objets inanimés : elle consiste dans une bienveillance réciproque; or les choses ne peuvent nous vouloir du bien et nous ne saurions davantage leur en vouloir. Encore faut-il que cette bienveillance soit connue de part et d'autre ; si, sans le savoir, deux hommes se veulent réciproquement du bien, on ne peut dire qu'ils soient véritablement amis. (C. 2.)

Autant de motifs d'aimer, autant d'espèces d'amitiés : on distingue ainsi les amitiés fondées sur le plaisir, l'intérêt et le bien. Toutes ont ce caractère commun de comporter une réciprocité de sentiments et une mutuelle bonne volonté. Mais dans l'amitié de plaisir et d'intérêt, on aime seulement l'ami pour l'agrément ou l'utilité qu'on en retire, non pour lui-même. De telles amitiés reposent donc sur des circonstances tout accidentelles ; par suite, elles sont fragiles. Les liaisons d'intérêt se rencontrent de préférence chez les vieillards, qui cherchent plus volontiers l'utile. L'amitié fondée sur le plaisir est plutôt le propre de la jeunesse ; celle-ci en effet obéit plus particulièrement à la passion et poursuit la jouissance du moment. L'intimité s'établit vite, mais aussi elle n'est souvent que de courte durée. L'amitié parfaite est celle qui repose sur la vertu et unit les gens de bien : ceux-ci en effet s'aiment, non point pour de simples accidents, mais pour eux-mêmes, pour la bonté qui constitue leur être. Cette amitié est stable comme la vertu qui la fonde. Du moment qu'on est uni dans la communauté d'un même idéal, comment la liaison ne serait-elle pas solide? Elle présente d'ailleurs les avantages des deux autres formes : les hommes de bien se rendent de mutuels services, se causent de mutuels plaisirs. Une telle amitié ne peut qu'être durable, car elle réunit toutes les conditions pour lesquelles on s'aime. Les autres peuvent reposer sur un bien ou un plaisir relatifs : celle-ci se fonde sur ce qui est agréable et bon absolument; surtout, elle réalise cette ressemblance parfaite de nature qui est de l'amitié l'élément le plus essentiel. Mais de telles amitiés sont rares, car les hommes de ce caractère le sont aussi; elles exigent de plus le temps, l'habitude; ce n'est pas du premier coup qu'on peut se lier d'amitié; il faut pour cela se connaître et s'estimer. (C. 3.)

Telle est l'amitié parfaite; les autres, fondées sur le plaisir ou l'intérêt, n'en sont qu'une image affaiblie; sans doute elles peuvent avoir quelque durée, surtout lorsqu'elles reposent sur un mutuel plaisir puisé à la même source : néanmoins l'amitié par plaisir passe avec l'âge; quelquefois pourtant elle produit entre les caractères une adaptation qui la fait plus stable. C'est la liaison d'intérêt qui est la plus fragile : les amis ne tiennent pas l'un à l'autre et se séparent dès que cesse l'utilité même. Ces amitiés inférieures peuvent exister sans que les amis soient bons; l'amitié véritable ne lie que des gens de bien. Aussi est-elle à l'abri de toute calomnie : les amis se connaissent et sont incapables de se causer le moindre tort qui romprait leur intime harmonie. En définitive, le terme d' « amitié » ayant un sens assez large, rien n'empêche de reconnaître plusieurs espèces d'amitiés : au premier rang, l'amitié proprement dite, c'est-à-dire celle des gens de bien; au-dessous, celles qui ont pour principe l'agréable et l'utile et qui ne méritent leur nom que par les ressemblances qu'elles soutiennent avec la vraie. (C. 4.)

Dans l'amitié, comme dans la vertu, il faut distinguer l'acte et la disposition; on peut rester unis alors qu'on est séparés et qu'on ne se rend pas de services : c'est qu'alors on a conservé la disposition à l'amitié. Toutefois une trop longue absence est capable de détruire l'affection. On n'éprouve aucun plaisir à vivre avec des vieillards ou des caractères moroses : aussi est-il difficile d'en faire ses amis. Sans doute on peut s'agréer, mais sans vivre ensemble : l'amitié n'est plus alors que de la bienveillance; car elle est essentiellement caractérisée par le charme de vivre ensemble : ce qui exige que l'on se plaise mutuellement et que l'on ait les mêmes goûts. Or précisément ces conditions se trouvent réalisées dans les gens de bien : étant bons, ils sont absolument aimables; surtout ils se veulent du bien non seulement par passion, en vertu d'un sentiment passager, mais en vertu d'une disposition de l'âme qui est stable et est l'œuvre de la liberté ; chacun étant bon devient le bien de tous les autres ; chacun donne et reçoit également ; il s'établit ainsi une égalité qui est de l'amitié la condition la plus efficace. (C. 5.)

La véritable amitié ne saurait s'étendre à un grand nombre de personnes : comme l'amour, elle est une sorte d' « excès », c'est le don complet de soi-même ; l'on ne peut s'attacher à la fois à un grand nombre de personnes ; d'ailleurs les hommes vertueux sont rares et il faut encore que l'on se soit longtemps éprouvés. Des liaisons nombreuses ne reposent que sur le plaisir ou l'intérêt. Les amitiés par plaisir ressemblent plus à la véritable amitié que les amitiés par intérêt : elles ont quelque chose de moins mercantile. Ce sont surtout celles que recherchent les gens riches : ceux qui sont au pouvoir veulent à la fois des amis agréables qui leur procurent du plaisir et des amis utiles qui exécutent leurs ordres. Sans doute, l'homme vertueux est à la fois agréable et utile ; toutefois il lui répugne de se lier d'amitié avec celui qui le domine par sa situation, à moins qu'il ne le cède aussi en vertu ; inférieur en mérite, il devra alors dépasser l'autre en affection ; c'est ainsi que l'égalité pourra se rétablir. En tout cas, comme celle que fonde la vertu, l'amitié par plaisir et celle par intérêt reposent sur l'égalité : les amis se rendent plaisir pour plaisir ou service pour service. Elles ont donc avec l'amitié de vertu des rapports et des différences ; c'est pourquoi, suivant le point de vue auquel on se place, on peut dire qu'elles sont ou ne sont plus des amitiés. (C. 6.)

A côté des amitiés entre égaux, il faut citer les amitiés entre supérieur et inférieur : telles sont, par exemple, celles qui existent entre le père et le fils, le mari et la femme, le chef et le subordonné. Les individus étant différents, des deux côtés les obligations ne seront pas les mêmes : le supérieur devra être aimé plus qu'il n'aime et l'affection être proportionnée au mérite ; on retrouvera ainsi l'égalité, condition essentielle de l'amitié. Du point de vue de la justice, il importe peu que chacun ait autant que tous les autres, il faut surtout que chacun ait ce qu'il mérite : l'égalité proportionnelle vient donc en premier lieu. Mais pour l'amitié, il importe surtout que les deux amis donnent et reçoivent autant : l'égalité quantitative vient ainsi au premier rang. Aussi, quand une trop grande distance sépare les hommes, l'amitié devient impossible : peut-on, par exemple, prétendre à l'amitié des dieux et des rois ? Il est d'ailleurs difficile de fixer avec précision les limites compatibles avec l'amitié. En tout cas, il semble que l'on ne puisse désirer pour ses amis le plus grand de tous les biens, c'est-à-dire la divinité ; ils cesseraient d'être nos amis ; et si sans doute on peut souhaiter à son ami les plus grands biens que comporte la nature humaine, l'on ne peut espérer pour lui des avantages qui anéantiraient l'amitié même. (C. 7.)

En général, l'on désire plutôt être aimé qu'aimer : les flatteurs sont partout les bienvenus. C'est que les hommes recherchent l'honneur, séduits par ses avantages ; on aime à être considéré par les puissants, car l'on compte sur leurs bienfaits ; on se plaît à l'estime des honnêtes gens, parce qu'elle flatte notre amour-propre. Pourtant c'est assez d'être aimé : l'amitié vaut par elle-même ou plutôt elle consiste surtout à aimer ; témoin l'exemple des mères qui aiment leurs enfants avant qu'ils puissent leur rendre leur affection et qui ne leur demandent point d'être payées de retour. L'amitié consiste à s'aimer et le véritable ami est celui qui aime autant qu'il le doit : voilà pourquoi une amitié, même profonde, peut, en rétablissant l'égalité, unir des personnes de condition inégale. Mais d'une manière générale l'amitié suppose l'égalité et la ressemblance. Or cette condition est surtout réalisée dans l'amitié des gens de bien : leur commune vertu engendre une fusion parfaite ; aussi est-elle la plus solide. Les méchants ne s'associent que pour un moment ; fragiles aussi sont les amitiés de plaisir ou d'intérêt. La liaison utilitaire paraît d'ailleurs plutôt naître du contraste : le besoin rapproche le pauvre du riche ou l'ignorant du savant ; et c'est ce qui montre encore son infériorité, car la tendance naturelle des choses, c'est le juste milieu. (C. 8.)

L'amitié a beaucoup de relations avec la justice : toutes deux concernent les mêmes objets, s'appliquent aux mêmes êtres. Aussi les retrouve-t-on dans toute association, toute vie en commun : à mesure que l'association est plus intime, à mesure aussi l'amitié est plus profonde, la justice plus exigeante ; réciproquement l'injustice devient plus criante et plus condamnable. Toutes les associations ne sont d'ailleurs que des fragments de la grande association politique ; celle-ci en effet a en vue l'intérêt général et toutes les autres poursuivent quelque intérêt particulier compris dans celui de la cité. Ceci est vrai même des associations qui paraissent n'avoir pour fin que le plaisir, comme celles qui se forment dans le but de célébrer quelque fête ; en effet, l'association politique ne vise pas seulement à l'intérêt du moment, mais à celui de la vie tout entière des citoyens ; or, dans les réunions dont il vient d'être parlé, on offre des sacrifices aux dieux de l'État ; on se donne du loisir, toutes choses qui concourent au bien général de la cité. (C. 9.)

Maintenant, l'association politique peut revêtir trois formes : la royauté, l'aristocratie, la timocratie ou « politie ». A chacune d'elles correspond une déviation. La tyrannie est la corruption de la royauté. Le roi en effet, se suffisant parfaitement à soi-même, n'a besoin de rien et peut se consacrer entièrement au bien de ses sujets ; au contraire le tyran, qui n'est qu'un parvenu, cherche seulement à tirer de sa puissance temporaire tous les avantages possibles. De même l'aristocratie en se corrompant devient oligarchie ; ceux qui gouvernent ne tenant aucun compte du vrai mérite s'attribuent tous les honneurs et n'estiment plus que les richesses. Enfin la timocratie se change en démocratie ; en effet, tous ceux qui ont le cens sont égaux, et comme il n'est pas très élevé, l'égalité peut exister entre un très grand nombre : la timocratie touche ainsi à la démocratie, qui par là même est de toutes les déviations constitutionnelles la moins mauvaise. L'on peut dans la famille retrouver l'image de ces divers types de gouvernement. Les relations du père avec ses fils rappellent la royauté : le père prend soin de ses enfants comme le roi de ses sujets ; chez les Perses, l'autorité du père sur ses enfants est tyrannique, comme celle du maître sur l'esclave ; mais si celle-ci est légitime, l'autre ne l'est plus ; l'autorité doit varier avec ceux qui lui sont soumis. Les relations du mari et de la femme ressemblent à l'aristocratie : l'homme doit commander dans tout ce qui est de son ressort, mais laisser la femme maîtresse dans tout ce qui la regarde plus spécialement. Si l'homme abuse de son pouvoir ou si la femme usurpe le commandement, c'est la famille oligarchique. L'association des frères représente le gouvernement timocratique ; en effet, à moins d'une trop grande différence d'âge, les frères sont égaux ; enfin la démocratie se retrouve dans les familles qui sont sans chef, comme dans celles où le chef laisse chacun agir à sa guise. (C. 10.)

Dans chacune de ces formes de gouvernement, l'amitié et la justice vont de pair. Le roi aime son peuple, veille sur lui comme un berger sur son troupeau. L'amitié du père est encore plus grande : celui-ci a donné la vie à l'enfant, pourvoit à sa subsistance et à son éducation. Comme il y a supériorité d'une part, il est juste que, de l'autre part, l'affection soit plus intense ; les enfants doivent vénérer leurs parents, comme les sujets leur roi. L'amitié qui lie le mari et la femme est la même que celle qui règne dans l'aristocratie : la plus grande affection revient de droit au plus digne. L'amitié des frères ressemble à celle des membres de la timocratie : ils sont égaux, égale aussi l'affection qui les réunit.

Dans les formes corrompues de gouvernement, l'amitié et la justice décroissent dans la même mesure : avec la tyrannie, elles n'existent plus ni l'une ni l'autre : le tyran est à ses sujets ce que l'ouvrier est à son outil, le maître à l'esclave. Or on ne peut éprouver d'amitié pour une chose comme un instrument, ni pour un esclave qui n'est qu'un outil animé. S'il est possible d'avoir quelque amitié pour un esclave, c'est en tant qu'on le considère non plus comme esclave, mais comme un homme, dans la mesure où il l'est. Au contraire, c'est dans la démocratie qu'il y a le plus d'amitié et le plus de justice, car tous les citoyens sont égaux. (C. 11.)

Si dans toute association se trouve l'amitié, il faut pourtant distinguer certaines amitiés qui possèdent plus spécialement les caractères de l'amitié même : telles sont les affections de famille ou les liaisons entre intimes. La principale des affections domestiques est celle qui unit les parents et les enfants. L'amour des parents pour les enfants est plus profond que celui des enfants pour les parents ; ceux-ci en effet aiment l'enfant comme quelque chose d'eux-mêmes ; ils savent qu'il vient d'eux ; au contraire, l'enfant ignore d'abord à qui il doit l'existence ; d'autre part, l'être qui a donné la vie s'attache bien plus à celui qu'il a engendré que ce dernier à l'auteur de ses jours ; l'être engendré fait partie intégrante de celui qui l'a engendré, tandis que l'être qui engendre n'appartient pas ou appartient moins à ceux qu'il engendre. Les frères s'aiment naturellement les uns les autres : nés des mêmes parents, ils sont en quelque sorte un même être en des existences séparées ; nourris au même berceau, vivant sous le même toit, comment pourraient-ils ne pas s'aimer ? Les enfants ont pour leurs parents la vénération des hommes pour les dieux : n'en reçoivent-ils pas d'immenses bienfaits ? L'enfant doit tout à ses parents, vie, subsistance, éducation. De même les frères, quand ils comprennent leur devoir, restent liés par la plus intime des affections. Naturel aussi est l'amour de l'homme et de la femme; l'homme est encore plus porté à s'unir à deux qu'à former une société politique; la famille est antérieure à l'État et plus nécessaire que lui, car elle intéresse au plus haut point la conservation de l'espèce. Toutefois, dans l'humanité, cette union n'a pas seulement pour but la procréation des enfants, mais tout ce qui importe à la vie: l'homme et la femme, remplissant chacun leur fonction propre, se prêtent un mutuel concours. Les enfants ne font d'ailleurs que fortifier cette affection : ils sont le lien des époux. Quant à savoir comment le mari doit vivre avec sa femme et en général l'ami avec l'ami, c'est se demander ce qu'exige la justice. (C. 12.)

Les amis sont-ils égaux? Il faut qu'ils se payent de retour en affection comme en tout le reste; s'ils sont inégaux, l'égalité doit être rétablie, c'est-à-dire que l'inférieur rendra au supérieur une affection proportionnelle à cette supériorité même. D'ailleurs les récriminations ne se produisent guère que dans l'amitié par intérêt; l'amitié par vertu ne les connaît pas, car chacun des amis, poussé par une généreuse émulation, cherche à faire à l'autre le plus de bien possible. De même pour l'amitié par plaisir : l'on peut toujours se séparer dès qu'on a cessé de se plaire. Au contraire, dans l'amitié par intérêt on s'imagine toujours trop donner et ne jamais assez recevoir. Cette amitié est d'ailleurs « légale » ou « morale » : l'amitié « légale » repose sur des stipulations expresses : tantôt l'on traite, comme les marchands, de la main à la main, tantôt on accorde un délai pour le service convenu : ceci même atteste une certaine confiance, c'est-à-dire une certaine amitié. L'amitié « morale » est en dehors de toute convention : on agit comme avec un ami, tout en comptant bien être payé de retour : la déception amène naturellement des plaintes et celles-ci sont fréquentes, car les hommes, préférant l'utile au beau, aiment mieux être payés de retour que de donner sans arrière-pensée. Il importe donc de rendre l'équivalent de ce que l'on a reçu, et cela sans contrainte, comme s'il y avait eu convention et sans supposer dans le donateur une amitié qu'il n'a pas. Doit-on d'ailleurs estimer le service à l'utilité qu'en retire celui qui le reçoit ou à la bienfaisance de celui qui le donne ? L'obligé est porté à diminuer la valeur de ce qu'il a reçu, le bienfaiteur à exagérer celle de ce qu'il a donné. Dans l'amitié par intérêt le service se mesurera au profit qu'on a retiré: on rendra donc autant qu'on a gagné et même davantage, car cela est plus beau. Dans les amitiés par vertu les récriminations ne sont pas à craindre et l'on considérera moins le bienfait lui-même que l'intention du bienfaiteur : c'est à cette bonne disposition qu'il faudra répondre. (C. 13.)

Des différends peuvent aussi s'élever dans les liaisons où les deux amis sont inégaux; chacun d'eux croit facilement qu'il mérite plus qu'il ne reçoit. Celui qui est supérieur par sa vertu ou par ses bienfaits prétend que, donnant plus, il doit recevoir davantage ; au contraire l'inférieur, remarquant qu'il lui manque plus, déclare qu'il lui est dû davantage. Tous deux ont raison: chacun doit de sa liaison retirer une part plus forte, mais non une part de la même chose : le supérieur a droit à plus d'honneur, l'inférieur à plus de bienfaits. C'est ce qui se vérifie dans la vie politique : on ne peut à la fois obtenir l'honneur et l'argent ; mais quand on s'est donné au bien public et qu'on a fait des sacrifices d'argent, on reçoit en échange l'honneur comme récompense. Payons donc en honneur les avantages reçus. S'il est impossible de réaliser une exacte proportion, acquittons-nous dans la mesure du possible. Il est en effet des cas où l'on ne peut jamais parfaitement s'acquitter, par exemple à l'égard des dieux et des parents ; il suffira de rendre hommage dans la mesure de son pouvoir. Aussi le père peut-il renier son fils, tandis que le fils ne peut jamais renier son père : la dette du fils est trop considérable pour être jamais acquittée, tandis que le créancier peut toujours libérer le débiteur. D'ailleurs jamais un père n'usera de son droit envers son fils, à moins que celui-ci ne soit par trop pervers ; son affection naturelle, la pensée que l'enfant pourra lui être utile, tout s'y oppose. D'autre part, un fils dénaturé pourra seul refuser assistance à son père ou ne la lui prêter qu'à contre-cœur. (C. 14.)

LIVRE IX

Théorie de l'amitié (suite et fin).

On le voit donc : la loi des liaisons où les amis ne sont pas égaux c'est la proportion; il en est ici comme de l'association civile où les échanges se mesurent exactement les uns aux autres: ce qui est d'ailleurs facile grâce à la monnaie légale. Mais dans les rapports d'affection ce mètre n'existe pas; aussi des récriminations sont-elles possibles. Celui qui aime peut se plaindre qu'on ne répond pas à sa tendresse ; celui qui est aimé, que l'on ne tient pas ses promesses. C'est qu'alors l'amitié ne reposait que sur le plaisir ou l'intérêt : au lieu de s'aimer pour eux-mêmes, les amis ne s'aimaient que pour des avantages peu durables et l'amitié cesse le jour où ces avantages n'existent plus. Le désaccord peut aussi venir de ce que l'on rencontre tout autre chose que ce que l'on désirait : si l'une des deux parties obtient seule ce qu'elle voulait au détriment de l'autre, l'objet de l'association est manqué. Mais qui doit donc fixer le prix du service ? est-ce celui qui le premier l'a rendu ou celui qui l'a reçu ? Celui qui l'a rendu paraît s'être confié à la générosité de l'autre ; ainsi faisait Protagoras : il donnait d'abord ses leçons et laissait son élève en fixer le prix. C'est ce qui convient le mieux : quand on se fait d'abord payer et qu'ensuite l'on ne tient pas ses engagements, on s'expose à de légitimes reproches. Tel est le cas des Sophistes, qui, réclamant d'avance leur payement, ne réalisent pas les belles promesses qu'ils font. Mais dans les liaisons pures de tout marchandage, là où le service est rendu spontanément, par amour pour la personne même, aucune récrimination n'est à craindre. Telle est l'amitié fondée sur la vertu : ici c'est en bonne volonté qu'il faut rendre ; telle est encore celle qui lie à leur maître ceux qui ont reçu l'enseignement de la philosophie : ni l'argent, ni la vénération ne peuvent payer de pareils services. Mais quand on ne rend de services que dans le but d'en recevoir d'autres, il importe que les deux parties soient d'accord sur la valeur des services échangés ; dans le cas contraire, celui qui le premier a reçu le bienfait doit en fixer lui-même la valeur ; c'est lui qui en effet paraît pour cela le mieux placé, car ce que l'on possède et que l'on donne aux autres semble toujours avoir plus de prix ; d'ailleurs pour rendre l'estimation plus juste, il importe de se souvenir du cas que l'on faisait de la chose alors qu'on la désirait sans la posséder. (C. 1.)

Toutefois il est difficile de savoir ce que l'on doit aux personnes : par exemple, faut-il en tout obéir à son père ? N'est-il pas de cas où il vaut mieux écouter le médecin ou le général ? Ou bien encore, doit-on s'acquitter d'une dette plutôt que de faire un cadeau à un ami ? Les cas sont trop divers pour qu'on puisse poser une règle valable pour tous. D'une manière générale, il vaut mieux reconnaître les services reçus que de chercher à plaire à ses amis ; encore ce principe n'est-il pas sans comporter d'exceptions ; il peut être plus beau de donner à un autre et alors il n'y a pas à hésiter; même l'on ne prêtera pas toujours à qui nous a prêté : faut-il rendre un bienfait à un méchant ou rembourser un fripon ? Encore une fois, point de règle absolue ; il faut savoir tenir compte des circonstances particulières. Les devoirs envers les parents, les frères, les amis sont bien différents : il importe de discerner avec tact ce qui est dû à chacun. C'est ce qui se fait d'ailleurs ordinairement. Les parents ne doivent rester étrangers à rien de ce qui se passe dans la famille. A leur tour, les enfants doivent aux parents la subsistance et le respect ; ils auront pour le père et pour la mère la vénération qui convient. On se montrera plein d'égards pour le vieillard et on se lèvera en sa présence ; envers les frères, les camarades, on sera franc et dévoué. En un mot, l'on s'efforcera de rendre à chacun ce qui lui est dû suivant son degré de parenté, de dignité, d'affection et de se comporter en tout lieu comme il faut. (C. 2.)

Une autre question délicate, c'est celle de la rupture ou du maintien des amitiés quand ceux qui s'étaient liés ne sont plus ce qu'ils étaient. Sans doute, pour ce qui concerne les amitiés par plaisir ou par intérêt, il n'existe pas de difficulté : elles cessent naturellement dès que le motif qui les avait fait naître ne subsiste plus : les deux parties n'ont rien à se reprocher ; l'on ne pourrait se plaindre que si l'on avait été trompé, c'est-à-dire si celui qui aimait seulement par intérêt avait simulé une affection véritable. Mais quand l'on s'est lié avec un honnête homme et que ce dernier devient méchant, comment doit-on agir? Rompra-t-on aussitôt ou seulement quand la perversité paraîtra incurable? Tant qu'il y aura espoir de l'amender, on l'assistera ; sinon, on s'éloignera de lui. Si, au contraire, l'un des amis demeure ce qu'il était, tandis que l'autre arrive à le surpasser de beaucoup en vertu, peuvent-ils encore rester unis? Mais si la distance est trop grande, ils ne peuvent plus vivre en commun et l'amitié n'est pas possible. Pourtant il y aurait quelque chose d'inhumain à ce que l'un, sans se souvenir du tout de l'affection d'autrefois, traitât l'autre comme un étranger, et il faudra, à moins que ce dernier ne soit devenu trop pervers, accorder quelque chose à cette liaison du passé. (C. 3.)

Mais en quoi consiste le sentiment qui constitue la véritable amitié? Aimer son ami, c'est éprouver pour lui l'affection que l'on a pour soi. A son ami, l'on veut et l'on fait du bien, et cela pour lui-même ; pour lui-même encore, l'on désire vie et bonheur ; l'on vit avec lui, l'on partage ses goûts, ses plaisirs, ses peines. Or ces sentiments ne sont-ils pas ceux que l'honnête homme éprouve précisément à son égard? En effet, il ne veut, n'accomplit que le bien et pour le bien même; il aime la vie et il cherche surtout à vivre de cette raison divine qui fait l'essence de l'homme; aussi trouve-t-il dans l'exercice de cette faculté un délicieux plaisir; il se plaît à soi-même, sympathise avec ses joies, ses douleurs qui sont sans mélange. L'on éprouve donc pour son ami, qui est vraiment un autre nous-même, tous les sentiments que l'on éprouve pour soi. Aussi l'amitié ne peut-elle être connue du méchant. Celui-ci n'est jamais en paix avec lui-même, il commet le mal ou évite de faire le bien, il a horreur de sa personne et finit bientôt par le suicide; il ne peut sympathiser ni avec ses joies ni avec ses douleurs, son âme est pleine de discorde, accablée de regrets. Incapable de trouver en lui quelque chose d'aimable, comment pourrait-il s'aimer et aimer les autres? Quelle triste condition! Aussi efforçons-nous de l'éviter, et pour cela tendons à la vertu. (C. 4.)

L'amitié n'est pas sans rapport avec d'autres sentiments; elle est voisine de la bienveillance; pourtant elle en diffère. La bienveillance peut s'adresser à des inconnus et ce n'est pas le cas de l'amitié; elle n'en a d'ailleurs ni l'intensité, ni l'élan; elle peut aussi naître soudainement et par accident. Sans doute, l'amitié suppose la bienveillance, mais la réciproque n'est pas vraie, et la bienveillance, à l'encontre de l'amitié, peut rester inactive. La sympathie n'est que le commencement de l'amitié; il lui faut, pour qu'elle devienne amitié véritable, la consécration du temps et de la coutume. L'amitié se rapproche aussi de la concorde : toutefois celle-ci s'applique plus spécialement aux États, quand il existe entre les différentes parties qui les composent cette communauté de pensées, de volontés et d'actions nécessaire au bien de l'ensemble; la concorde est ainsi une sorte d'amitié civile. Elle aussi n'est possible qu'avec des cœurs honnêtes : seuls en effet ceux-ci, d'accord avec eux-mêmes, peuvent s'accorder avec les autres dans le même idéal de justice et d'utilité générale. Au contraire, avec les méchants, elle ne peut exister que de courts instants, car ceux-ci, sacrifiant l'intérêt commun à leurs passions égoïstes, en viennent bientôt à se diviser et à se combattre. (C. 5 et 6.)

C'est un fait que le bienfaiteur aime plus l'obligé que l'obligé le bienfaiteur. Quelle en est la raison? Le vulgaire assimile généralement le bienfaiteur à un créancier et l'obligé à un débiteur : de même que le débiteur souhaiterait volontiers la disparition du créancier, tandis qu'au contraire celui-ci s'intéresse à celui-là, de même, croit-on, il est naturel que ceux qui ont reçu quelque bienfait s'occupent peu de celui qui le leur a donné, tandis qu'au contraire le bienfaiteur veille sur l'obligé pour que celui-ci puisse reconnaître les services rendus. Une telle analogie est fausse : le bienfaiteur aime celui qu'il a obligé, alors même que celui-ci ne peut le payer de retour; au contraire, le créancier n'éprouve pour le débiteur aucune affection et l'intérêt qu'il lui porte n'a d'autre motif que le payement qu'il attend. L'explication est autre. L'amour du bienfaiteur pour l'obligé est celui de l'artiste pour son œuvre : le poète ne chérit-il pas ses vers avec passion? D'une manière générale, l'ouvrier aime son ouvrage plus que l'ouvrage, s'il pouvait le faire, n'aimerait l'ouvrier : or, précisément, la personne obligée est l'œuvre du bienfaiteur, et il doit éprouver pour elle une affection plus grande que celle qu'elle peut avoir elle-même pour lui. C'est que rien ne nous est plus cher que l'être : or, être, c'est agir; notre œuvre est l'épanouissement de notre être et elle nous est chère comme l'être même. Ajoutons qu'obliger est une belle action et que le bienfaiteur peut jouir de cette beauté même; au contraire, il n'y a rien de beau à être obligé, et le service paraît moins digne d'être aimé. Et puis, s'il est doux de se sentir agir, il l'est encore de se souvenir de ses actions ou d'en imaginer d'autres : rien de semblable pour l'obligé. D'ailleurs, aimer, c'est agir; être aimé, c'est pâtir. Le plaisir de l'action dont on est l'auteur l'emporte donc sur le plaisir de l'action dont on est l'objet. Même, plus l'action a demandé d'efforts, plus elle a de charme. Ainsi peut-on rendre compte des sentiments du bienfaiteur pour l'obligé (1). (C. 7.)

Mais que faut-il penser de cet amour pour autrui? Vaut-il mieux que l'amour de soi-même? D'une part, on blâme ceux qui n'aiment qu'eux-mêmes et on les flétrit du nom d'égoïstes. Et en effet, l'égoïsme semble être le propre du méchant, incapable de songer à autre chose qu'à lui et à la satisfaction de ses désirs, tandis que l'honnête homme agit pour le bien et sait s'oublier pour ses amis. Pourtant n'a-t-on pas dit que le meilleur ami, celui qu'... doit surtout aimer, c'est celui qui veut le plus sincèr... le ... en de son ami, et ces dispositions

---

(1) Il est à peine besoin de faire remarquer toute l'exactitude et la finesse des analyses d'Aristote. Tout ce chapitre est d'ailleurs inspiré par les plus profonds principes de sa philosophie qui consiste à identifier l'être et l'activité et à poser l'activité comme la source de bonheur. Ce dernier point est surtout développé dans le X° livre

ne sont-elles pas celles que l'on a à l'égard de soi-même ? De la sorte, chacun étant pour soi-même son meilleur ami, devrait s'aimer de préférence à qui que ce soit.

Il convient de distinguer deux formes de l'égoïsme. Il est une manière basse et vile de s'aimer soi-même et c'est l'égoïsme que l'on condamne : il consiste à poursuivre les biens vulgaires, à obéir aux passions, à se faire l'esclave de la partie déraisonnable de l'âme. Mais il est aussi une manière belle et louable de s'aimer, et c'est cet égoïsme qu'on ne saurait blâmer : il consiste à vouloir les biens véritables, à priser plus que tout ce que l'on a en soi-même de plus excellent, savoir la raison, à l'aimer et à la servir (1). Et plus on s'aime ainsi, plus aussi on s'aime véritablement, plus on est «égoïste», car la raison est ce qu'il y a de plus nous-mêmes. Mais qui ne le voit ? Cet égoïsme supérieur l'emporte sur l'égoïsme vulgaire autant que la raison sur la sensibilité ; il perd vraiment son nom. Ou plutôt l'égoïsme vulgaire n'est pas vraiment égoïsme, amour de soi : seul, l'honnête homme s'aime lui-même, le méchant ne s'aime pas. Et c'est parce qu'il s'aime ainsi que l'honnête homme aimera son ami; l'amour de soi se confond chez lui avec l'amour d'autrui; à son ami il sacrifiera tout, richesses, honneur, vie même; il renoncera à certaines actions pour lui laisser la gloire de les faire. Pourtant, en abandonnant tout, il se réserve encore la part la plus belle, il garde pour lui des biens incomparablement plus grands, car il se donne cette excellence qui est la chose la plus digne de louanges (2)! (C. 8.)

Tout ceci d'ailleurs permettra de résoudre une autre question : quand on est heureux, a-t-on besoin d'amis? D'une part, dans la félicité, on possède tous les biens. A quoi pourrait donc servir l'amitié ? Pourtant, d'un autre côté, si l'homme est heureux, peut-il manquer d'amis, quand ceux-ci sont les plus précieux de tous les biens extérieurs? L'amitié, d'ailleurs, consiste plutôt à rendre des services qu'à en recevoir. L'homme heureux aura donc toujours besoin d'amis, non pas sans doute pour en attendre des bienfaits, mais pour leur en prodiguer. Et puis, qui voudrait posséder tous les biens du monde à la condition d'en jouir seul? La nature a fait l'homme pour vivre avec ses semblables, et cette loi peut-elle ne pas s'appliquer dans le bonheur? Sans doute, l'on n'aura pas

---

(1) Voir Ollé-Laprune, *Morale à Nicomaque*, page 42.
(2) Ce chapitre est certainement l'un des plus beaux qu'Aristote a écrits et il faut de lire dans le texte même pour en apprécier toute la saveur.

besoin de compagnons de plaisir, car le bonheur qu'ils pourraient apporter n'est rien en comparaison de celui qu'on possède déjà : mais ne faudra-t-il pas toujours la société d'hommes vertueux, pour qu'on puisse contempler leurs belles actions et jouir de ce spectacle? Sans l'amitié, on perdra mille occasions d'agir; par suite, le bonheur sera moins grand. Au contraire, grâce à elle, à cette noble émulation pour le bien, la vertu ne peut que s'accroître et avec elle la félicité. Il y a plus encore : l'être, la vie, sont choses naturellement bonnes; or, être, vivre, c'est se sentir être, se sentir vivre; mais sentir ainsi le bien en soi-même est un plaisir; cette jouissance sera plus profonde encore dans un homme vertueux dont la vie est parfaitement normale. Or qu'on ne l'oublie pas : pour ce dernier, l'ami n'est qu'un autre lui-même; par suite, il ne peut que désirer l'être de son ami avec autant d'amour qu'il désire le sien propre : il a besoin d'avoir conscience de cet être autant que du sien, de se sentir en lui comme il se sent en soi : mais cela n'est possible que s'il vit en sa compagnie, dans un échange intime de paroles et de pensées. Puis donc que l'être est bon et que l'ami est comme un enrichissement de notre être, l'ami est un bien; en toutes circonstances, on ne peut que le désirer; sans lui, point de bonheur complet. (C. 9.)

S'agit-il donc de posséder le plus grand nombre d'amis? Il faut distinguer. En ce qui concerne les amis d'intérêt, il n'est pas besoin d'en avoir beaucoup : pourrait-on, s'ils étaient trop nombreux, rendre tous les services reçus? Pour les amis de plaisir, quelques-uns aussi suffiront; ce sera comme l'assaisonnement dans les mets. Restent les amis par vertu. Il serait sans doute aussi ridicule de vouloir fixer absolument le nombre auquel on doit s'arrêter que celui des citoyens nécessaires pour former un État; mais le signe de l'amitié, c'est la vie en commun et est-il possible de vivre avec une foule de personnes, de sympathiser avec leurs diverses joies ou leurs peines multiples? L'amour est un excès, le don de soi-même; l'affection n'est profonde qu'à la condition de se concentrer sur un petit nombre; les amitiés célèbres n'ont jamais existé qu'entre deux êtres. Et cela est nécessaire : quand on est l'ami de tout le monde, on n'est vraiment l'ami de personne; sans doute, les relations qui ont un caractère politique peuvent s'étendre à beaucoup de gens, mais elles sont aussi plus superficielles; l'amitié vraie ne peut lier que deux cœurs. (C. 10.)

Mais s'il faut des amis, on peut se demander dans quelle condition on en a surtout besoin : est-ce dans la prospérité ou dans l'infortune? Au sein du bonheur, il est plus beau d'en avoir; dans le malheur, il est plus nécessaire. La vue de nos amis est par elle-même un plaisir, mais c'en est un surtout dans l'adversité. Puis l'ami nous console, il sait ce qui peut alléger notre douleur, il diminue le poids de nos souffrances. Sans doute, il est pénible de voir un ami s'affliger de vos propres chagrins : aussi l'homme courageux devra, autant qu'il pourra, dérober ses larmes à celui qu'il aime. Dans la prospérité, la présence des amis ne cesse pas d'être agréable : on jouit de leur commerce, il est doux de savoir qu'ils partagent notre bonheur. On le voit : dans toutes les circonstances de la vie, la présence des amis est désirable. (C. 11.)

L'amitié est comme l'amour : les amants n'ont pas de plaisir plus grand que de se voir; les amis recherchent aussi par-dessus tout la vie en commun. Étant pour son ami ce qu'on est pour soi-même, on aime à sentir qu'il est comme on aime à sentir sa propre existence. Mais ce sentiment ne se réalise que dans la vie commune. Les amis aiment donc à passer ensemble leurs journées, à partager leurs occupations : ils cherchent à rendre leur commerce toujours plus intime. C'est pourquoi l'amitié des méchants est si dangereuse, car ils ne se communiquent que de mauvais sentiments et se corrompent mutuellement. Au contraire, les bons deviennent meilleurs par leur intimité; leur vertu s'accroît, de sorte que le proverbe a raison : « Des bons sort toujours du bien (1). » (C. 12.)

LIVRE X

Théorie du plaisir et du bonheur.

Une suite naturelle de tout ce qui précède, c'est une théorie du plaisir. Le plaisir en effet intéresse au plus haut point la nature humaine; il est l'instrument de l'éducation; rien aussi de plus important pour la moralité et par suite pour le bonheur : la vertu consiste à choisir entre les plaisirs, à aimer ou à haïr les choses qui sont aimables ou haïssables. Il est d'autant plus utile de traiter cette question qu'elle a donné lieu aux opinions les plus contraires : les uns déclarent que le plaisir est le souverain bien, les autres que c'est un mal : de ces derniers d'ailleurs, les uns sont vraiment sincères dans leur opinion,

---

(1) Toutes ces indications sont très vraies. Aristote a remarquablement aperçu la oi de la contagion morale. Tous ces divers points sont développés avec finesse dans la thèse du regretté Marion, *La Solidarité morale.*

..es autres ne parlent ainsi que parce qu'ils croient par là ramener à un juste milieu les hommes qui, pour la plupart, se font les esclaves de la jouissance. C'est là peut-être un stratagème dangereux; en fait de conduite, les actes sont plus persuasifs que les théories, et quand on voit les partisans de cette doctrine se mettre en contradiction avec eux-mêmes en acceptant certains plaisirs, on est convaincu que toutes les jouissances, sans exception, sont bonnes. Rien ne vaut comme les théories vraies : et cela non seulement pour la science, mais aussi pour la pratique ; répondant aux faits, elles invitent ceux qui les comprennent à vivre en conformité avec les règles qu'elles donnent. (C. 1.)

Eudoxe considérait le plaisir comme le souverain bien. Tous les êtres, disait-il, qu'ils soient ou non doués de raison, le poursuivent avec ardeur : c'est donc qu'il est le bien par excellence. Il ajoutait que pour tous les animaux la douleur est un objet d'aversion ; par suite, son contraire doit être un objet de désir. De plus le plaisir est toujours désiré pour lui-même, non pour autre chose ; c'est donc qu'il est désirable par-dessus tout ; enfin il s'ajoute à quelque autre bien, il en rehausse la valeur : or le bien ne peut s'augmenter que par le bien. Ce dernier argument n'est pas décisif : il prouve sans doute que le plaisir est un bien, non qu'il est le souverain bien. C'est précisément ce que montre Platon en établissant qu'une vie unie à la sagesse vaut mieux que la même vie sans la sagesse : preuve évidente que le plaisir n'est pas le souverain bien.

Néanmoins il y a dans la théorie d'Eudoxe quelque chose de vrai. Lui objectera-t-on, comme on l'a fait, que ce qui est universellement désiré n'est pas un bien ? Une telle raison n'est pas valable. Si encore le plaisir n'était recherché que par les êtres sans raison, l'argumentation pourrait avoir quelque fond ; mais les créatures raisonnables n'éprouvent-elles pas le même attrait ? D'ailleurs une tendance vraiment bonne pousse les animaux les plus inférieurs à ce qui est leur bien. Objectera-t-on que si la douleur est un mal, le plaisir n'est pas nécessairement un bien, parce que le contraire d'un mal peut être un autre mal ou une chose indifférente ? Mais si le plaisir et la douleur étaient tous deux des maux, il faudrait les fuir également ; et si tous les deux étaient choses indifférentes, il ne faudrait les fuir ni l'un ni l'autre. Or il n'en est pas ainsi ; on recherche le plaisir, on évite la douleur : en ce sens, ils s'opposent comme le bien et le mal.

On déclare encore que le plaisir n'est pas un bien parce qu'il est indéfini et susceptible de degrés. Que veut-on dire? Que le plaisir varie d'un individu à l'autre? Sans doute, mais il en est de même des vertus, comme la justice, qui peuvent se trouver à des degrés bien différents chez les différents individus. Veut-on dire que les plaisirs sont en eux-mêmes toujours plus ou moins mélangés? De quel droit ceux qui font cette objection parlent-ils alors de plaisirs purs? D'une manière générale, qui empêche le plaisir d'être quelque chose de déterminé, tout en comportant des degrés? La santé est une chose bien définie; pourtant elle n'est pas la même dans tous les individus, ni chez le même individu aux différents moments de sa vie.

On prétend aussi que, tandis que le bien est quelque chose d'achevé et de parfait, le plaisir est un mouvement, un devenir, c'est-à-dire quelque chose d'imparfait. Mais d'abord il est impossible d'assimiler le plaisir et le mouvement. Tout mouvement en effet a pour attributs la vitesse et la lenteur et ceux-ci ne peuvent en aucune façon convenir au plaisir qui, à chaque instant, est un acte complet (1). Le plaisir ne peut pas davantage être considéré comme un devenir. En effet, de quoi proviendrait-il? On dit qu'il a sa source dans la satisfaction des besoins naturels. Mais alors ce serait le corps qui devrait éprouver le plaisir; la jouissance peut suivre la satisfaction d'un besoin, elle ne se confond pas avec cette satisfaction même. Cette théorie ne peut s'appuyer que sur le cas des plaisirs qui accompagnent les fonctions de nutrition : quand nous satisfaisons notre faim, le plaisir fait en effet place à la peine. Mais cela n'est pas vrai de tous les plaisirs; il en est qui ne sont précédés d'aucun besoin; tels sont ceux de la science ou des sens (2).

On objecte encore à Eudoxe qu'il est des plaisirs indignes : mais il s'agirait de savoir si ce sont là réellement des plaisirs. De ce qu'ils plaisent à quelques natures corrompues, on ne peut pas dire qu'ils soient des plaisirs, absolument parlant : ce qui est doux à un malade l'est-il réellement? Toutefois ceci même nous le montre : tous les plaisirs ne sont pas bons, il en est qui viennent de causes impures et qui sont mauvais comme elles; ils diffèrent en espèce et ceux qui résultent

---

(1) Voir le chapitre suivant.
(2) Aristote réfute ainsi par avance l'argument dont se sert le pessimisme et qui consiste à regarder le plaisir comme un état purement négatif, comme la pure cessation de douleur.

d'actes honorables sont différents de ceux qui suivent des actes infâmes. Sur ce point Eudoxe a tort : le plaisir n'est pas le bien. Personne ne consentirait à rester toujours enfant, quand bien même on lui promettrait toutes les jouissances de cet âge (1); personne non plus ne voudrait acheter le plaisir au prix de viles actions; enfin il est une foule de choses que nous rechercherions toujours, quand même elles ne nous donneraient aucun plaisir. Concluons donc : le plaisir n'est pas le souverain bien et tout plaisir n'est pas désirable. (C. 2.)

Quelle est donc la nature du plaisir? Comme la vision, le plaisir est une chose indivisible, parfaite, toujours identique dans sa forme en n'importe quel moment de la durée. C'est pourquoi il diffère absolument du mouvement. Tout mouvement s'accomplit dans le temps et tend à une fin qu'il réalise progressivement; il n'est parfait que quand sa fin a été atteinte, c'est-à-dire par rapport à sa durée totale ou au moment dans lequel il s'achève : par exemple, le mouvement que nécessite la construction d'une maison n'est complet que quand l'édifice est terminé; tous les mouvements partiels qu'il suppose, comme la taille des pierres ou l'arrangement des colonnes, diffèrent les uns des autres comme aussi du mouvement total et sont imparfaits. Et cela est vrai de tout mouvement en général : impossible qu'il soit parfait en n'importe quel moment de la durée. Au contraire, à quelque instant qu'on le considère, le plaisir est quelque chose de complet, il forme un tout absolument indivisible, semblable en cela à la vision ou au point mathématique et à l'unité, toutes choses pour lesquelles il n'y pas de mouvement possible (2). (C. 3.)

Toute fonction sensible ou intellectuelle s'exerce dès qu'elle rencontre son objet; son acte est parfait quand elle est elle-même le mieux disposée par rapport au plus parfait de ses objets. C'est cet acte qui procure le plus de plaisir. Le plaisir achève donc l'acte, non pas sans doute qu'il lui soit nécessaire, comme l'objet sensible à la sensation; il n'est même pas une qualité intrinsèque de l'acte, mais c'est un surcroît qui n'y

---

(1) Cette pensée rappelle la théorie de Stuart Mill sur la qualité des plaisirs (Voir nos *Leçons de morale pratique*, page 62).

(2) Cette distinction du mouvement et du plaisir est très profonde : elle porte à la fois contre ceux qui voudraient ne voir dans les états de conscience que des synthèses d'éléments identiques au fond, mais qui nous échapperaient, comme aussi contre ceux qui voudraient réduire le fait moral au fait physiologique, c'est-à-dire contre ceux qui, dans le domaine de la conscience, voudraient ramener la qualité à la quantité.

manque jamais, une perfection dernière qui s'y ajoute, comme à la jeunesse sa fleur (1). S'il en est ainsi, dira-t-on, pourquoi le plaisir n'est-il pas continuel? C'est que l'activité humaine ne l'est pas davantage; un objet peut nous plaire parce que, par sa nouveauté, il stimule notre activité; puis celle-ci se relâche et le plaisir s'affaiblit ou s'évanouit. En tout cas, on peut comprendre pourquoi les hommes désirent universellement le plaisir : c'est que tous aiment la vie et celle-ci est comme l'acte unique qui comprend tous les autres. Toutefois est-ce la vie qui fait aimer le plaisir ou le plaisir qui fait aimer la vie? A vrai dire, la question ne se pose pas, car ces deux choses sont inséparables : pas de plaisir sans action, point d'action parfaite sans plaisir. (C. 4.)

S'il en est ainsi, il est naturel que le plaisir diffère comme l'acte même : autant d'espèces d'actes, autant d'espèces de plaisirs. La preuve en est que le plaisir augmente l'intensité de l'action à laquelle il est lié, la fortifie : ainsi l'on apprend ou l'on fait mieux ce à quoi l'on trouve du plaisir. En outre, le plaisir, résultant d'un acte, est un obstacle à l'accomplissement d'un autre : le musicien, en entendant de beaux sons, est incapable d'écouter un raisonnement. Éprouve-t-on une jouissance très vive à une chose? Il est impossible d'en faire une autre. Le plaisir qui s'ajoute à une fonction affaiblit toute autre fonction et nous en éloigne, comme le ferait la douleur qui accompagnerait cette dernière. Si donc la liaison du plaisir et de l'acte est aussi intime, les plaisirs doivent naturellement revêtir les mêmes caractères que les actes eux-mêmes. Si l'on distingue des actes bons et d'autres mauvais, il faut aussi admettre des plaisirs honnêtes et d'autres malsains. Ne dit-on pas des désirs qu'ils sont nobles ou blâmables? A plus forte raison, les plaisirs sont-ils susceptibles d'une telle qualification : tandis que les désirs sont par leur nature et le temps distincts des actes qu'ils précèdent, les plaisirs et les actes sont en effet si intimement liés qu'on peut se demander s'il y a lieu de les distinguer. Les plaisirs différeront donc comme les fonctions; chacun de nos sens aura ses jouissances propres; à l'exercice de la pensée s'attacheront de même des plaisirs différents. De même encore les plaisirs de la bête ne seront pas ceux de l'homme : même chaque espèce aura son plaisir spécial, identique pour tous les êtres qui la composent Sans doute, dans l'espèce humaine, tous les individus sont loin de

---

(1) Ravaisson, *Essai sur la métaphysique d'Aristote*, I, 443.

prendre les mêmes plaisirs. Mais certaines jouissances valent mieux que d'autres et sur ce point il faut s'en remettre à l'appréciation de l'homme normalement constitué, c'est-à-dire vertueux; seul, il est juge compétent et les plaisirs qu'il goûte sont les seuls véritables; ceux que recherche le pervers sont faux et ne peuvent avoir de valeur que pour ceux qui lui ressemblent. Il y a donc un plaisir vraiment humain : c'est celui qui vient de l'acte véritablement propre à l'homme, et il laisse bien loin derrière lui tous les autres. (C. 5.)

Après avoir traité de la vertu, de l'amitié et du plaisir, c'est le moment de conclure par une rapide théorie du bonheur. Le bonheur n'est pas une pure disposition, mais un acte. Or, parmi les actes, les uns sont simplement des moyens en vue d'une fin, d'autres sont en eux-mêmes des fins (1). Le bonheur ne peut être qu'un acte de cette dernière espèce, car il doit se suffire parfaitement. Aussi réside-t-il dans les actions vertueuses, qui seules doivent être accomplies pour elles-mêmes. Ne pourrait-on pas pourtant le placer dans les amusements qu'on recherche en effet pour eux-mêmes, parfois au détriment de la fortune ou de la santé? C'est ce que font ordinairement les tyrans, si avides de divertissements, et le vulgaire, séduit par les apparences, place volontiers le bonheur dans un tel genre de vie. Mais peut-on bien s'en remettre à l'appréciation de gens dépourvus de vertu et d'intelligence, incapables de goûter une jouissance délicate ? Les enfants aussi s'imaginent qu'il n'est rien de plus précieux au monde que ce qui leur plaît, et pourtant l'homme fait en juge-t-il de même? Encore une fois, c'est à l'avis de l'homme vertueux que l'on doit s'en remettre: or, pour celui-ci, le bonheur ne peut consister que dans la vertu. Non, le bonheur ne réside pas dans l'amusement : il serait absurde de peiner toute sa vie pour atteindre une telle fin; le jeu est un repos et le repos, loin d'être le but de l'existence, n'est qu'une préparation à l'action. Le bonheur est chose sérieuse, il ne peut consister que dans l'acte le plus sérieux, c'est-à-dire le meilleur de nous-mêmes. L'être le plus inférieur, l'esclave peuvent jouir des biens du corps ; pourtant, connaissent-ils le bonheur ? Celui-ci ne saurait se trouver dans ces misérables passe-temps, mais seulement dans la vertu. (C. 6.)

De cette façon, le bonheur le plus parfait ne peut résider

---

(1) Cette distinction prépare celle que Kant établira plus tard entre l'impératif catégorique et les impératifs hypothétiques.

que dans l'acte conforme à la vertu la plus parfaite, c'est-à-dire à la vertu de la meilleure partie de nous-mêmes, que cette partie soit l'entendement ou quelque chose de divin. Cet acte est celui de la contemplation. C'est en effet sans contredit l'acte le meilleur, car l'entendement dépasse en valeur tout ce qui est en nous; c'est aussi celui qui comporte le plus de continuité, l'action de la pensée pouvant être soutenue bien plus longtemps que n'importe quelle autre ; il nous procure le plaisir le plus pur et le plus certain; enfin il se suffit. Sans doute, comme l'homme juste ou tempérant, le sage a besoin des choses nécessaires à la vie : mais ceux-là, pour exercer leur vertu, sont obligés d'être en relation avec d'autres hommes, tandis que le sage, même seul avec lui-même, peut encore s'adonner à la contemplation : il est ainsi indépendant de tout. D'ailleurs le bonheur ne peut se trouver que dans la paix ; le travail a pour fin le repos. Or précisément la vertu pratique, consacrée à la guerre ou à la politique, est toute militante : point de répit pour le guerrier; l'homme d'État aussi doit conquérir la puissance, la gloire, assurer son bonheur et celui de ses concitoyens. Malgré leur noblesse, ces vertus sont vraiment trop mêlées d'agitation et elles ont un but différent d'elles-mêmes. Au contraire l'acte de la pensée se suffit pleinement, il est fin en soi ; il possède tous les avantages qui caractérisent le bonheur parfait, c'est-à-dire l'indépendance, le calme, la paix ; lui seul constitue la vraie félicité, à la condition toutefois qu'il remplisse la vie tout entière.

Mais précisément cette existence heureuse n'est-elle pas au-dessus de la condition humaine? Si l'homme ne peut en jouir en tant qu'il est homme, il ne possède pas moins en lui quelque chose de divin. Ce divin principe n'est autre que l'entendement; en vivant de la vie de l'entendement, c'est vraiment à une vie divine que l'homme s'élève. N'écoutons donc pas ceux qui conseillent à l'homme de ne songer qu'à des choses humaines, au mortel de n'aspirer qu'à des choses mortelles: au contraire, il faut faire tous nos efforts pour nous immortaliser. Si par la place étroite qu'il occupe l'entendement n'est rien, il est par sa puissance et sa dignité au-dessus de tout. Et c'est lui qui fait l'homme même, car il en constitue la partie supérieure: aussi il serait absurde que l'homme préférât vivre d'une autre vie. Ce qui est conforme à la nature propre de chaque être est pour lui ce qu'il y a de plus agréable; par suite, c'est dans la vie de l'entendement que l'homme doit trouver la parfaite félicité (1). (C. 7.)

Au-dessous de ce bonheur complet, attaché à la vertu contemplative, se trouve le bonheur secondaire des vertus pratiques, celles que nous exerçons dans le commerce ordinaire de la vie : inséparables des passions qu'elles règlent, elles se rapportent à ce tout composé qui représente l'homme. Ce sont donc des vertus purement humaines; humain aussi est le bonheur qu'elles donnent. Celui de la vie contemplative est autrement élevé ; il n'exige pas tout un cortège de biens extérieurs. Sans doute le sage et le juste ont également besoin des choses indispensables à la vie, mais si on les compare dans ce qu'il leur faut pour exercer leurs fonctions, la différence apparaît grande. La libéralité ne saurait aller sans la fortune; le courage demande l'énergie corporelle, la tempérance suppose l'aisance. Puis la vertu ne se contente pas de l'intention, il lui faut encore des actes; mais plus ceux-ci sont nobles et beaux, plus leur accomplissement réclame de biens extérieurs. Rien de semblable pour le bonheur de la contemplation : il se suffit et les biens extérieurs seraient plutôt des obstacles pour la pensée. D'ailleurs, de l'avis de tous, les dieux sont les plus heureux des êtres : mais quelles vertus pourraient-ils posséder ? Il serait ridicule de leur attribuer la justice, c'est-à-dire la fidélité dans les conventions ou l'exactitude à rendre les dépôts, ou bien encore le courage en face du danger, comme aussi la libéralité ou la tempérance. Tout cela est indigne de leur majesté. Pourtant ils agissent; puis donc qu'il faut écarter d'eux toute activité pratique ou poétique, la contemplation est la seule activité qui leur convienne. Dieu, qui est pure félicité, est pensée pure et l'acte qui dans l'homme participe le plus à celui de Dieu est aussi ce qui lui assure le plus parfait bonheur. Les animaux ne peuvent connaître la félicité, car la contemplation leur est refusée; plus un être est capable de contempler, plus aussi il est heureux. (C. 8.)

Toutefois ne l'oublions pas : l'homme, tel qu'il est, a, pour être heureux, besoin des biens extérieurs: la contemplation est au-dessus de sa nature ; en particulier il lui faut la santé et tout ce qui est nécessaire au bien-être du corps. Ce serait pourtant une erreur de croire qu'une grande abondance de biens soit indispensable; l'on peut accomplir de belles actions

---

(1) Ce chapitre est certainement le plus beau de tout le X⁰ livre. On peut le rapprocher du XII⁰ livre de la *Métaphysique* où Aristote établit que la vie de la pensée pure est la vie de Dieu.

sans posséder l'empire des terres et des mers. Solon l'a dit avec raison : avec une fortune médiocre, on peut être heureux à la seule condition de se conduire noblement et de vivre dans la tempérance. De même, suivant Anaxagore, il n'est pas nécessaire pour être heureux d'être puissant ou riche et le bonheur ne consiste pas dans ces biens qui ont tant de prestige aux yeux de la foule. Nous avons donc pour nous l'autorité des sages : toutefois il faut encore considérer si nos théories s'accordent avec l'expérience, décisive en ces matières, et ne les accepter qu'à cette condition. Toutefois auparavant faisons une dernière remarque. Celui qui cultive sa raison, vit de la vie intellectuelle, réalise l'idéal de l'homme et doit plus que tout autre être cher aux dieux; car, s'ils prennent souci des choses humaines, ils doivent particulièrement affectionner cette raison qui, dans l'homme, est le principe qui leur ressemble le plus et combler de bienfaits ceux qui honorent avec le plus de zèle cette divine faculté. Le sage ne peut donc manquer d'être l'objet des faveurs des dieux et par suite d'être le plus heureux des hommes. (C. 9.)

Notre théorie de la vertu, de l'amitié et du plaisir est maintenant exposée. Sommes-nous au bout de notre tâche? Cela serait si, dans les choses de la pratique, la connaissance théorique était le but : au contraire, l'essentiel, c'est l'application ; il ne suffit pas de savoir ce qu'est la vertu, il importe surtout de la réaliser. Sans doute, la connaissance peut avoir quelque influence sur les jeunes gens d'un noble caractère; mais la foule n'agit que par crainte des châtiments; comment la théorie pourrait-elle corriger des âmes aussi grossières, attachées à de vils plaisirs? La vertu ne peut provenir que de trois sources : la nature, l'habitude, l'enseignement. Mais d'abord les dispositions naturelles ne dépendent pas de nous; elles sont plutôt une faveur divine. D'autre part, l'enseignement ne peut avoir de prise que si l'âme de l'élève a été bien préparée et habituée à faire un choix entre ses plaisirs. Mais ceci même exige qu'on soit élevé sous de bonnes lois. A la loi, il appartient de régler l'éducation et la conduite des jeunes gens, de les surveiller, même quand ils auront atteint l'âge viril ou plutôt durant leur existence entière : de cette façon, ils s'écarteront moins du droit chemin, car la plupart des hommes obéissent plutôt à la nécessité qu'à la raison et au châtiment qu'au bien. La tâche du législateur est d'engager les hommes à la vertu (1), de châtier ceux qui sont corrompus,

(1) Ce sont les mêmes idées et les mêmes erreurs que dans Platon (Voir le *Gorgias*).

de débarrasser même au besoin l'État de ceux qui sont moralement incurables; quand la raison ne suffit pas, une puissance coercitive, la loi, doit contraindre l'homme à vivre comme il faut: celle-ci est en effet comme l'expression de la raison et elle possède une force dont ne dispose ni le commandement d'un père, ni celui d'aucun particulier; elle a d'ailleurs l'avantage de ne jamais se rendre odieuse. Pourtant ce n'est qu'à Lacédémone que le législateur a accordé une attention suffisante à l'éducation et à la conduite des citoyens; dans la plupart des autres États, chacun gouverne sa famille à sa guise. L'idéal, c'est l'éducation par l'État (1); quand celui-ci néglige son devoir, chaque citoyen doit travailler à l'éducation des siens; pour cela, il est nécessaire qu'il se fasse lui-même législateur: peu importe après tout que l'éducation soit réglée par des lois écrites ou non écrites, qu'elle s'adresse à un seul individu ou à plusieurs; le père, par sa parole et sa conduite, doit avoir autant d'autorité que les institutions légales, ou plutôt il doit en avoir davantage, grâce aux sentiments naturels d'amour et d'obéissance des enfants pour leurs parents. L'éducation privée aura d'ailleurs cet autre avantage de pouvoir mieux s'adapter à la nature spéciale de l'enfant et de lui donner les soins particuliers qu'elle réclame: ainsi fait la médecine, qui tient toujours compte des tempéraments individuels. Sans doute, pour cela, rien de plus indispensable que l'expérience, qui saisit avec sûreté les cas particuliers, mais celle-ci n'exclut pas, elle demande au contraire la connaissance du général, la science: en tout, la théorie est le guide de la pratique, et nul ne peut mener à bien l'œuvre délicate de l'éducation, s'il ne possède la science.

Comment donc acquérir la science législative? S'adressera-t-on aux hommes qui s'occupent des affaires publiques? Mais chez ceux-ci la politique semble plutôt être une affaire d'expérience, d'habitude que de principes. S'adressera-t-on aux Sophistes, qui en effet se font fort de donner cet enseignement? Mais ils sont étrangers à la pratique; ils ignorent même ce qu'est cette science: ils la confondent avec la rhétorique, la ravalent même au-dessous de celle-ci. D'après eux, la meilleure méthode pour devenir bon législateur, c'est de recueillir les lois établies dans les différents pays et de faire choix des meilleures: comme si ce choix n'exigeait pas déjà la possession des principes à acquérir! Il en est des

---

(1) Voir notre étude sur la *Politique* d'Aristote, pages 207 et sqq.

recueils de lois comme de ceux d'ordonnances dont peuvent seuls se servir les médecins : utiles à ceux qui possèdent déjà la science, ils ne peuvent rendre aucun service à ceux qui ne l'ont pas. Tout est donc à faire dans la science législative ; c'est là un sujet que nous devons maintenant aborder, sous peine de laisser inachevée la philosophie des choses humaines. Pour cela, nous recueillerons les opinions vraies que nos devanciers ont pu émettre ; puis, par une étude attentive des constitutions, nous dégagerons les principes qui conservent les États ou entraînent leur ruine, nous verrons en quoi consiste la bonne ou la mauvaise administration et de cette façon nous serons mieux préparé à déterminer quel est le gouvernement le plus parfait. (C. 10.)

Coup d'œil rétrospectif sur les analyses précédentes. L'enchaînement des idées dans la théorie de l'amitié et du bonheur. — A une lecture superficielle, il semble que dans les trois livres précédemment analysés, l'enchaînement des idées n'est pas très rigoureux ni le plan très méthodique. Il suffit pourtant d'un examen plus attentif pour retrouver l'unité de composition qui en fait un tout bien cohérent.

Considérons d'abord la théorie de l'amitié en elle-même. Tout d'abord Aristote examine les motifs qui président à la formation de l'amitié ; de là la division des trois sortes de liaisons, suivant qu'elles reposent sur le plaisir, l'intérêt ou la vertu. Il considère ensuite la situation respective de ceux qui s'unissent : de là la distinction des amitiés entre égaux et entre inégaux. Enfin il passe à l'examen des associations dont la φιλία est comme le fondement : ce sont la société politique, la famille, l'union entre intimes. Chacune de ces classifications lui a d'ailleurs servi à mieux dégager les caractères de l'amitié vraie : celle-ci est désintéressée, s'adresse à la personne même ; elle demande l'égalité de ceux qu'elle lie, elle constitue une communion de vie, de pensées, de sentiments si intime qu'elle est solide et inébranlable (1). Or toutes ces conditions ne se réalisent

(1) Voir Ollé-Laprune, édition du VIIIe livre de la *Morale à Nicomaque*, où les notes sont toujours judicieuses et les remarques profondes.

pleinement que dans l'amitié entre gens de bien, fondée sur la vertu : seuls en effet les gens de bien s'aiment pour eux-mêmes, non pour des avantages extérieurs ; seuls, ils possèdent dans leur vertu la parfaite égalité et s'unissent d'une intimité profonde dans l'amour d'un même idéal. L'amitié fondée sur la vertu est le type de la véritable amitié; les autres n'en sont qu'une imitation ou plutôt une dégradation plus ou moins lointaine. Mais en quoi consiste une pareille affection? Aristote l'établit alors : l'amour que l'homme vertueux peut avoir pour son ami est identique à celui qu'il éprouve pour lui-même, ou plutôt aimer autrui, c'est vraiment s'aimer soi-même du meilleur des amours, c'est épanouir son activité, développer son être, prendre dans le dévouement la conscience de son excellence et de sa beauté morale, se réserver jusqu'au sein de la plus complète abnégation la meilleure des parts, puiser ainsi dans le don de soi-même les joies les plus délicates et le bonheur le plus exquis. Dès lors comment ne pas le reconnaître? Une telle affection aussi profonde ne peut se porter que sur un petit nombre de personnes. D'autre part, elle est nécessaire à l'homme dans toutes les circonstances de la vie, encore plus peut-être dans la prospérité que dans le malheur, car alors elle permet à l'homme de se donner le magnifique spectacle de sa générosité et la conscience délicieuse de sa valeur.

C'est ainsi qu'à travers ces deux livres consacrés à l'étude de la φιλία, et malgré quelques digressions ou quelques redites, tout se tient, s'élève, concourt à présenter de l'amitié idéale un concept de plus en plus précis. Mais il faut le remarquer: ce n'est pas sans raison que, dans l'œuvre d'Aristote, la théorie de l'amitié ne vient qu'en dernier lieu, après celle des autres vertus pratiques: en effet ne les comprend-elle pas toutes? La vertu consiste à bien remplir son rôle d'homme : mais qu'est-ce donc que l'homme, sinon un être fait pour la société ? Il ne se comprend que dans la cité, il n'est que par elle et c'est à elle qu'il se doit. Sans doute il est beau d'avoir in-

troduit l'ordre et l'harmonie au sein de la multiplicité de
ses propres passions, mais il est plus beau encore de travailler à réaliser dans l'État l'ordre et l'harmonie au
sein de la multiplicité des individus, à produire cette
œuvre splendide, la cité juste. Or de quelle façon cette
fin pourra-t-elle être atteinte, sinon lorsque tous les
citoyens, voués spécialement au culte de la vertu, désormais maîtres des passions qui divisent, seront unis dans
la communion d'une même sagesse, c'est-à-dire lorsqu'ils seront à l'égard les uns des autres plus que des
concitoyens, savoir des amis? Supérieure à la justice,
l'amitié est ainsi le plus haut idéal de la cité, c'est par
excellence la vertu pratique, car la vertu pratique est
avant tout la vertu politique.

Mais comment ce développement parfait et normal de
l'homme ne serait-il pas, en même temps que sa fin, ce qu'il
y a pour lui de plus agréable et de plus doux? Le bonheur
peut-il s'en séparer? La vraie félicité ne peut se composer
que des vrais plaisirs : mais qu'est-ce donc que le plaisir?
quelle en est l'origine et la cause? Aristote se trouve naturellement amené à examiner cette question. Il établit
que le plaisir est inséparable de l'activité, qu'il la parachève et lui donne sa dernière perfection, que chaque
action a son plaisir spécial et que par suite le bonheur
véritable se confond avec l'activité propre de l'homme,
c'est-à-dire précisément avec cette vertu politique qui le
distingue et en fait un être à part. Le bonheur ne peut
être qu'une chose, savoir l'activité prenant conscience de
son libre déploiement, jouissant d'elle-même ; en conséquence, il y aura dans l'homme vertueux, dont l'activité possède toute la perfection qu'elle comporte, une
source continue de bonheur, bonheur d'autant plus noble
et plus sûr qu'il est l'œuvre, non de l'instinct aveugle,
mais de la volonté réfléchie. Perfection et plaisir, vertu
et bonheur, ces termes sont donc identiques et ne se séparent pas.

Pourtant le bonheur inséparable de la vertu pratique,
qui provient de ce que, au sein de la vie sociale, l'homme
remplit bien son rôle, ce bonheur est-il le bonheur com-

plet, celui au-dessus duquel il est impossible d'en concevoir un autre? Certes, sans la vertu pratique, sans la forte discipline des passions, pas de bonheur possible; mais avec la moralité seule, rien non plus qu'un bonheur imparfait et insuffisant. C'est que la vertu pratique et politique est une lutte, une agitation constante et la félicité n'est que dans la paix. La vertu pratique est sans doute déjà le rayonnement de la raison, mais c'est la raison encore aux prises avec la nature, et cherchant à la régler. La félicité réside dans l'action de la raison pure, c'est-à-dire dans la contemplation; c'est là l'acte le plus excellent; lui seul peut communiquer la félicité pleine, au-dessus de laquelle la raison elle-même n'en peut demander d'autre. Sans doute, un pareil bonheur peut paraître n'être pas fait pour nous; il est réservé à Dieu qui est l'acte pur de la pensée pure; « mais la raison divine brille au moins par éclairs dans l'humanité » (1), elle en constitue l'essence profonde, c'est pourquoi ce bonheur doit être le terme dernier des aspirations de l'homme pour le posséder, autant que cela nous est possible, nous devons nous hausser au-dessus de notre nature, non pour la mutiler ou la détruire, mais pour la parfaire en la faisant toucher à la vie divine. La contemplation, voilà donc l'idéal suprême de l'homme; c'est aussi celui de l'État : la cité doit être une république d'esprits, elle a pour fin les loisirs de la sagesse : mais elle ne pourra arriver à ce but que par une bonne éducation, c'est-à-dire par une bonne législation. C'est donc à la politique, science véritablement maîtresse, « architectonique », qu'il appartient de réaliser le règne de la pure pensée.

Valeur des conceptions d'Aristote. La théorie de l'amitié. — Tel est l'enchaînement des idées qui constituent les trois derniers livres de la *Morale à Nicomaque;* ils se présentent comme la conclusion de toutes les théories éthiques du philosophe. On a déjà certainement aperçu toute l'élévation et la noblesse de ces con-

---

(1) Ravaisson, *Essai sur la métaphysique d'Aristote*.

ceptions. La théorie de l'amitié se fait remarquer non seulement par l'originalité de la méthode, la sûreté des analyses, la finesse des observations, mais encore par la beauté du style et la délicatesse du sentiment. L'historien de la philosophie grecque, M. Zeller, a pu dire avec raison qu'elle « fait le plus grand honneur au cœur aussi bien qu'à l'esprit du philosophe qui l'a écrite ».

Ce n'est pas pourtant que tout y soit définitif : sur certains détails, il est permis de faire quelques observations ou quelques critiques. Disons tout d'abord qu'aujourd'hui nous réservons le nom d'amitié à ce qu'Aristote regarde volontiers comme un excès, c'est-à-dire à cette affection enveloppante qui constitue entre deux âmes un lien si profond, qu'elles ne vivent plus désormais en soi, mais seulement l'une pour l'autre : tout le monde connaît les belles pages, pleines d'émotion, que notre Montaigne lui consacre et après lesquelles il n'y a plus rien à dire. Et précisément d'une telle affection, il semble inutile de se demander sur quel fondement elle repose : ne se suffit-elle pas à elle-même ? ne tire-t-elle pas de l'abnégation qui la constitue, de la richesse du cœur dont elle émane toute sa valeur et toute sa noblesse ? Car remarquons-le : ce don de soi-même est absolu, il ne songe pas aux sentiments ou aux actes qu'il pourra déterminer chez autrui ; il ne demande pas à être payé de retour ni récompensé : aussi Aristote semble-t-il avoir introduit à tort au sein de l'amitié les considérations de justice, exigé de ceux qui sont liés une parfaite réciprocité de services, posé entre eux une correspondance exacte d'obligations : un tel sentiment ne comporte rien de semblable. C'est pourquoi l'on peut se demander si le philosophe, dont l'analyse psychologique est pourtant si souvent admirable, a su de cette délicieuse affection pénétrer toute l'essence. Certes, nous ne le nierons pas : Aristote n'a pas tort de déclarer qu'aimer son ami, c'est l'aimer autant que soi-même. Est-ce pourtant suffisant ? Aimer quelqu'un, n'est-ce pas l'aimer, non pas autant, mais plus que soi-même, le préférer à soi, ne plus vivre qu'en lui et mourir, s'il le faut, pour lui ? Sans doute, Aristote semble l'avoir compris :

dans le profond chapitre qu'il consacre à l'étude de l'égoïsme, ne déclare-t-il pas que l'ami doit renoncer à tout pour son ami, tout lui généreusement abandonner, tout, jusqu'à la vie? C'est vrai : mais ne nous laissons pas tromper. Aristote nous dit qu'en agissant ainsi, on se grandit soi-même, on élève son être; on se donne le délicat spectacle de son excellence, la conscience de sa valeur, on garde pour soi la meilleure part. Il y a là un malentendu. Oui, cela est indiscutable : se dévouer à autrui, aimer les autres, c'est encore la meilleure manière de s'aimer soi-même, car c'est renoncer à l'égoïsme bas et mesquin, échapper à l'illusion de l'individualité, se développer conformément à sa vraie nature. Mais qu'on ne l'oublie pas, c'est à la condition qu'on se dévoue, qu'on aime sans se demander, sans savoir le sens métaphysique du dévouement et de l'amour, à la condition qu'on renonce à soi spontanément, sans réflexion, dans un oubli complet de soi-même, non parce qu'on connaît d'avance la joie de ce renoncement et qu'on veut se procurer un plaisir de dilettante, se donner en spectacle à soi-même et jouir de soi. Si cette condition n'est pas remplie, ne voit-on pas qu'il n'y a plus sortie de soi, don de soi, puisque au contraire on ramène tout à soi, même le sacrifice de soi? Ne voit-on pas qu'on n'aime plus véritablement les autres, puisque, au lieu de s'y perdre, on ne cherche qu'à s'y retrouver, au lieu de s'y nier on ne songe qu'à s'y affirmer? Si l'on aime seulement par rapport à soi, pour avoir la meilleure part, c'est vraiment n'aimer pas : ce n'est qu'une forme subtile de l'égoïsme. Ne blâmons point d'ailleurs par trop Aristote de n'avoir pas fait cette distinction : en cela, il est bien Grec, car pour le Grec rien n'est abandonné à la spontanéité irréfléchie, tout procède de la raison : sans doute; mais c'est oublier que ce qui fait la beauté du sentiment, la noblesse de l'affection, c'est qu'elle vient en ligne droite du cœur et est pure de toute réflexion.

La théorie du bonheur. — Que dirons-nous maintenant de la théorie qui constitue la partie principale du X⁰ livre et forme le couronnement de toute la *Morale à Nicomaque?* On le sait ; Aristote place le souverain bien dans l'acte pur de la raison pure, c'est-à-dire dans la contemplation. C'est là une conception qu'on lui a souvent reprochée. Comment, dit-on, après avoir déclaré que l'homme est fait pour l'action et que le bonheur consiste pour lui à bien remplir sa fonction dans la cité, comment Aristote peut-il affirmer que le véritable idéal c'est la vie contemplative et placer la félicité dans la solitude égoïste de la pensée ramassée sur soi ? Quel rapport entre la vertu pratique et la vertu théorique et comment, après avoir montré toute la noblesse qu'il y avait à réaliser la première, jeter sur elle une sorte de discrédit, et cela pour aboutir à une sorte de quiétisme, au mysticisme le plus vague ?

En réalité, ces prétendues contradictions n'existent pas. Il faut le remarquer : la philosophie d'Aristote ne mutile pas la nature humaine et les éléments inférieurs ne sont pas sacrifiés aux supérieurs : ceux-ci sont seulement superposés à ceux-là. La vie contemplative ne supprime pas la vie pratique ; elle s'élève sans doute au-dessus d'elle, mais par cela même elle la suppose ; pas de contemplation possible sans la moralité, c'est-à-dire sans la discipline des désirs et la paix des passions : la vertu pratique est la condition de la vertu théorique, le seul moyen de s'y élever. Il n'existe pas entre les deux vertus une séparation absolue ; ce sont bien plutôt comme deux degrés différents de perfection de la même activité. Qu'est-ce en effet que la vie morale, sinon l'application de la raison aux passions, c'est-à-dire la raison elle-même, mais non encore à l'état pur, se reflétant, rayonnant à travers la matière confuse de la nature ? en un certain sens, elle est déjà l'intelligible : elle y tend et elle en est l'effet. Mais cela même montre son insuffisance : car au-dessus de cette raison altérée par l'irraisonnable qu'elle pénètre, tendue à travers la sensibilité, toujours incertaine de maintenir ses droits contre la reprise des penchants, se trouve la raison dans toute sa pureté, affranchie de toute matière, s'exerçant et se reposant dans la sereine intuition, la vision éternelle de son objet. Si donc la félicité la plus haute ne peut se trouver que dans l'activité la plus haute, comment douter que ce soit dans l'exercice de la raison qu'il convienne de la placer ? Certes, dans l'homme, la vie contemplative est rare : pourtant elle ne lui est pas refusée ; il y a en effet en lui du divin, l'intelligence constitue son fond essentiel : par suite, quand au sein de la vie sociale il aura accompli ses obligations multiples, déployé dans l'administration de la cité l'activité que la vertu réclame, quand il aura déjà ainsi pénétré sa vie de raison et d'intelligence, il pourra se recueillir, se dégager et, durant quelques instants, se contempler, goûter les jouissances de la pure pensée.

Ainsi l'on ne peut reprocher à Aristote aucune contradiction : sa pensée est parfaitement cohérente ; elle ne discrédite pas la vie pratique, elle ne se perd pas dans le mysticisme. Il faut que l'homme, dans le milieu naturel où il se trouve placé, agisse d'abord comme il convient ; sa conduite est assez belle, son bonheur assez estimable quand il s'est bien acquitté de sa fonction de citoyen. Mais cette vertu militante elle-même lui permet de la dépasser, son activité bien remplie lui prépare le repos, il peut jouir de son œuvre, de lui-même, de la raison ; ce calme de la contemplation est comme le témoignage qu'il peut se donner de sa valeur et la récompense de ses belles actions. N'est-ce pas là d'ailleurs une conception bien grecque et, comme on l'a dit, la doctrine d'Aristote n'est-elle pas de la morale hellénique la forme la plus parfaite ? Sans doute, pour le Grec, rien de plus beau que la pratique des affaires et le dévouement à la cité : toutefois il ne s'épuise pas tout entier dans la vie sociale et ne s'y abandonne pas sans réserve ; il importe pour lui de conserver sa liberté, de pouvoir revenir sur soi, de s'élever par moments au-dessus de l'agitation des affaires, de se réserver les loisirs délicats de l'intelligence, de jouir de ce qu'il a en lui de plus divin, savoir la raison qui nous donne l'intuition de l'excellence des choses et de la beauté du monde. Il est bon de réaliser l'harmonie en soi-même et dans la société : n'est-il pas meilleur encore de la contempler face à face, dans toute sa perfection (1)?

Rien de plus élevé sans doute qu'une telle conception de la fin et de l'idéal de l'homme ; cet eudémonisme rationnel laisse bien loin derrière lui toutes les doctrines hédonistes ou utilitaires qui se font du bonheur une idée bien différente. Pourtant cette doctrine est-elle de tout point satisfaisante et contente-t-elle vraiment nos aspirations? Elle place la félicité dans la contemplation, dans la science. Mais d'abord à qui peut-elle convenir, sinon à un petit nombre de privilégiés, d'aristocrates, tels qu'étaient précisément les hommes libres de la cité grecque? De ce bonheur, la grande masse, la foule qui n'est pas savante et n'a pas le temps de l'être, pourra-t-elle donc avoir sa part? Mais qu'est-ce qu'un idéal moral qui n'est pas à la portée de tout le monde, des humbles aussi bien que des grands, des ignorants aussi bien que des savants? Kant l'a dit : la loi de l'homme doit pouvoir être réalisée par tout homme; nul ne doit être exclu de la moralité, et s'il est vrai que la moralité et le vrai bonheur soient choses inséparables, nul ne doit être exclu du bonheur. Et d'autre part, à supposer que la science soit à la portée de tout le monde, à supposer même qu'elle soit réalisée, est-il bien vrai qu'elle puisse à elle seule nous donner le bonheur? Sans doute Aristote pouvait le croire, lui pour qui la nature était bonne, belle, raisonnable, lui qui voyait partout en elle le divin, la manifestation de l'ordre et de l'intelligence et qui estimait la science capable de nous faire jouir de l'harmonie universelle. Nous ne le pouvons plus aujourd'hui, maintenant que la nature n'est plus pour nous que ce vaste déroulement de phénomènes éloignés de la vraie réalité, indifférents au bien et au beau, opposés même par leur devenir incessant à cette loi d'identité qui est constitutive de la raison et qui condamne tout ce que l'expérience présente, parce que rien ne lui correspond. Comment mettre notre bon-

---

(1) Voir Ollé-Laprune, *La Morale d'Aristote*; Hannequin, Introduction à l'édition du Xe livre de *l'Éthique à Nicomaque*; Boutroux, *Questions de morale et d'éducation*.

heur à reconnaître le caractère irrationnel, anormal des choses ? Aristote pouvait croire que l'homme peut se suffire, puiser dans la jouissance de soi-même, de son excellence, de sa divinité une félicité définitive. Nous ne le pouvons plus aujourd'hui, maintenant que nous avons fait en nous-mêmes la cruelle constatation de nos misères, de nos erreurs, de nos douleurs, du mal enfin ! Comment mettre notre joie à prendre conscience du caractère anormal de notre nature? Notre fin doit être toute différente : elle consiste, non à contempler le monde ou nous-mêmes, mais à poser au-dessus du monde et de nous-mêmes une autre réalité ou plutôt la réalité vraie, normale, parfaitement rationnelle et à l'accepter comme notre norme, à nous y attacher comme à notre règle, à nous relier à Dieu. Et, ainsi que Kant l'a vu, tout le monde sans exception, l'homme même le plus humble possède dans sa conscience morale, par cela même qu'elle le juge, le pressentiment de cet ordre de choses supérieur et divin ; tout homme aussi peut le vouloir et en faire sa loi ou plutôt c'est le devoir de tout homme de le vouloir, d'en faire la loi de sa vie, parce qu'il représente notre vraie nature, et, ajoutons-le, c'est dans la réalisation de cet idéal, dans cette volonté du divin, cet amour de l'infini que, suivant l'opinion d'Aristote, l'homme puise son vrai bonheur, éprouve vraiment les joies les plus complètes en même temps qu'il conquiert l'immortalité (1).

LA POLITIQUE

La « Politique » d'Aristote. Son désordre. Son plan. — Dans le dernier chapitre de la *Morale à Nicomaque*, Aristote s'est chargé lui-même d'indiquer la

---

(1) Voir Spir, *Pensée et Réalité*; Penjon, *Précis de philosophie*; Boutroux, *Questions de morale et d'éducation*.

relation étroite qui, pour lui, unit l'Éthique à la Politique : celle-ci contient celle-là ; elle est, par rapport à l'autre, science maîtresse, « architectonique ». En effet, l'homme est fait pour vivre dans la société, il ne se comprend pas sans la cité, c'est seulement dans celle-ci qu'il peut arriver à son complet développement, et la fin de l'État c'est de lui donner, d'assurer en lui cette vertu, cette sagesse qui est le suprême des biens en même temps que la plus complète félicité. C'est à l'étude de l'État qu'Aristote consacre un de ses ouvrages les plus importants, la *Politique*.

Tel qu'il nous a été transmis, il se compose de huit livres ; cette division ne vient certainement pas d'Aristote, et la plupart des critiques l'ont attribuée à Andronicus de Rhodes. Il suffit d'ailleurs de les parcourir rapidement pour remarquer combien leur ordre est illogique, contraire même aux indications d'Aristote : « Le système des idées est rompu, brisé, bouleversé de fond en comble (1). » A la fin du IIIe livre, le philosophe, après avoir donné la théorie de la royauté, annonce qu'il va passer à l'étude de l'aristocratie, c'est-à-dire du gouvernement parfait ; mais ce sujet est complètement délaissé au livre IV qui traite d'un sujet différent, savoir les formes vicieuses du gouvernement, la tyrannie, l'oligarchie, la démocratie. Au Ve livre, ce dernier sujet est à son tour abandonné pour un autre tout à fait distinct, la théorie des révolutions ; c'est à la démocratie et à l'oligarchie, déjà rapidement examinées au livre IV, qu'Aristote revient au livre VI et ce n'est que dans les livres VII et VIII qu'il expose les principaux traits de cette aristocratie, dont il annonçait qu'il allait traiter à la fin du IIIe livre.

Il y a là une incohérence dont il est impossible d'accuser le philosophe lui-même et qu'il faut mettre sur le compte des copistes ou d'éditeurs maladroits : peut-être aussi avons-nous dans la *Politique* moins un ouvrage vraiment composé, qu'un recueil de morceaux détachés, rédigés à

---

(1) Barthélemy-Saint-Hilaire, *Politique d'Aristote*, Appendice.

des moments différents et plus tard « réunis ensemble tant bien que mal » (1). Un tel désordre, si visible, ne pouvait manquer de frapper les critiques et ils ont naturellement cherché à y remédier. Voici les résultats sur lesquels ils sont à peu près d'accord (2). Aucun doute ne s'élève sur l'ordre des trois premiers livres ; le VII° et le VIII° sont la suite naturelle du III° et doivent en conséquence venir après lui ; le IV° et le VI°, consacrés surtout à l'étude de l'oligarchie et de la démocratie, ne peuvent se séparer l'un de l'autre et doivent se placer après le VIII° ; enfin le V° livre termine la *Politique*. L'ordre naturel et logique des livres serait donc le suivant : I, II, III, VII, VIII, IV, VI, V. Avec cette disposition nouvelle, on retrouve assez bien le plan général que le philosophe a dû suivre.

Conformément à sa méthode « qui consiste à chercher la connaissance de l'être parfait dans l'évolution qui l'a préparé » (3), Aristote étudie d'abord les différents groupements humains qui ont donné naissance à l'État et il commence par la famille, qui est en effet historiquement le point de départ de toute association politique. Dans la famille, il distingue les personnes et les choses : de là les théories sur les rapports des membres de la famille, l'esclavage et l'acquisition de la richesse (I). Conformément aussi à ses habitudes d'esprit qui font qu'il n'aborde jamais une question sans examiner ce qui a été dit avant lui, Aristote continue en critiquant les doctrines politiques de Platon et certaines constitutions célèbres (II). C'est alors seulement qu'il aborde directement son sujet ; après avoir établi les caractères qui distinguent le citoyen, il pose en principe qu'il ne peut exister que trois espèces de gouvernement, la royauté, l'aristocratie, la république, dont les formes corrompues sont la tyrannie, l'oligarchie, la démocratie (III, 1-8). Il passe alors successivement à l'étude de chacune d'elles : de la royauté (fin du livre III), de l'aristocratie qu'il

---

(1) Croiset, *Histoire de la littérature grecque*, tome IV, page 727.
(2) Voir Barthélemy-Saint-Hilaire, *op. cit.*
(3) Croiset, *op. cit.*, tome IV, page 726.

considère comme le meilleur gouvernement (IV, vii (1), 1-14); ce gouvernement devant surtout se préoccuper de la formation physique, intellectuelle et morale des enfants, Aristote se trouve conduit à exposer ses conceptions sur l'éducation (IV, vii, 14-16; V, viii, en entier). Mais le philosophe ne l'ignore pas : c'est une cité idéale qu'il vient d'analyser et, en son nom, il ne va pas, comme Platon, jusqu'à rejeter toutes les autres. Or, dans la réalité, les formes de gouvernement diffèrent comme les éléments sociaux qu'elles organisent. Les plus communes d'ailleurs sont la démocratie et l'oligarchie: Aristote en fait l'étude, en montre les espèces et le principe (VI, iv, 1-6). Intermédiaire entre les deux constitutions opposées et extrêmes se place une forme intermédiaire, et dans les conditions ordinaires, la plus pratique, savoir la république : le philosophe s'arrête pour en montrer les avantages (VI, iv, 6, 7, 9). Enfin il passe rapidement sur la tyrannie (VI, iv, 8) qu'il ne considère pas comme un vrai gouvernement. Dans tout État d'ailleurs l'on peut distinguer trois pouvoirs essentiels, le pouvoir législatif, exécutif et judiciaire, dont l'organisation est capable de présenter, suivant les institutions, une multitude de formes différentes : en particulier, Aristote montre d'une façon plus spéciale quelles sont les seules formes compatibles avec le principe même des deux modes de gouvernement les plus communs, la démocratie et l'oligarchie (VII, vi). Enfin, il termine son ouvrage par la théorie des révolutions : il en pose en même temps le principe général et les causes plus spéciales à chacune des constitutions politiques, indique les remèdes, c'est-à-dire les conditions de stabilité pour chaque État, et finit par la critique des conceptions présentées par Platon dans le VIIIe livre de la *République* (VIII, v).

Rapide résumé des principales idées de la « Politique ». — Présentons maintenant un rapide résumé des idées qui composent la *Politique*.

---

(1) Nous donnons simultanément l'ordre des manuscrits et celui des éditeurs; le premier chiffre est celui des éditeurs, l'autre celui des manuscrits.

Tout État est une association ; il a sa condition première dans la famille ; par leur réunion, les familles constituent le bourg et à son tour la réunion des bourgs en seul corps social forme la cité. Tel est l'ordre du temps ; mais au point de vue de la nature, l'État est avant le bourg, la famille, l'individu qui ont, en effet, en lui leur fin et leur achèvement. La famille se compose d'une part des parents et des enfants, d'autre part des maîtres et des esclaves. Les relations du père aux enfants, du mari à la femme et des enfants entre eux présentent en germe les différentes formes de gouvernement que l'on retrouvera dans la cité, savoir la royauté, l'aristocratie, la démocratie. L'esclavage est nécessaire : ne faut-il pas à la maison des outils vivants ? Il est aussi légitime : les êtres seulement propres aux travaux corporels sont de droit la propriété de ceux qui peuvent exercer les fonctions intellectuelles ; les uns sont faits pour obéir, les autres pour commander. D'autre part, la famille ne peut vivre sans la possession des biens (1) : d'où la nécessité de certains arts, des échanges commerciaux, l'utilité de l'argent et de certains monopoles. (I.)

Par là même on voit l'insuffisance des conceptions de Platon qui, au nom de l'État, a voulu supprimer la famille et la propriété. En réalité, cette théorie aboutit à la suppression de la cité même ; elle présente d'ailleurs de nombreux inconvénients. La communauté des femmes et des enfants amènera les divisions et les discordes ; les enfants qui sont à tous seront négligés par tous : c'en sera fait des affections domestiques qui sont pourtant la base des affections civiques. De même la communauté des biens est inadmissible : les propriétés étant à tous, tous s'en soucieront aussi peu, chacun se reposera sur les autres, trouvera qu'il travaille trop et que les autres ne font rien : de là les querelles et les haines. La propriété doit être individuelle et c'est la vertu, le plaisir d'obliger, non la constitution qui doit faire mettre les richesses en commun.

---

(1) Par ces considérations, Aristote mérite vraiment d'être regardé comme le fondateur de l'économie politique.

Il est vrai que d'autres constitutions ont été proposées, par Phaléas, Hippodamus (1) : elles oublient que ce sont les appétits, non les biens qu'il s'agit de niveler. Même les plus célèbres de celles qui existent ne sont pas sans défauts; à Lacédémone, les esclaves sont une perpétuelle menace, les propriétés sont disproportionnées et le sénat trop vieux : d'ailleurs le législateur a eu tort de ne développer que la vertu guerrière. En Crète, la violence amène trop souvent des troubles ; à Carthage, les magistrats sont trop puissants, la richesse trop estimée, le cumul des emplois trop grand. (II.)

Quels sont donc les vrais principes de l'organisation politique ? Il faut pour cela définir le citoyen. L'État est une réunion d'hommes libres et égaux : ce qui fait le citoyen, ce n'est pas seulement le domicile, ni l'action judiciaire, c'est la participation aux fonctions publiques; celles-ci sont au nombre de deux, la fonction délibérative et la fonction judiciaire. Le citoyen fait les lois et s'y soumet; sa vertu consiste à savoir tour à tour commander et obéir ; dans un État bien constitué, les artisans voués à des occupations inférieures ne sauraient être citoyens. L'État et le gouvernement sont choses identiques. On peut distinguer trois sortes de gouvernement d'après le nombre des gouvernants : le pouvoir peut en effet appartenir ou à un seul ou à plusieurs ou au plus grand nombre. Chacun de ces gouvernements peut avoir deux formes, l'une juste, l'autre corrompue, suivant que les gouvernants ont en vue l'intérêt général ou leur intérêt particulier : ce sont d'une part la royauté, l'aristocratie, la république et d'autre part la tyrannie, l'oligarchie, la démocratie.

Tout État d'ailleurs est composé de deux parties, l'une qui gouverne, l'autre qui est gouvernée. A qui appartient légitimement la souveraineté? Aucune classe sociale ne peut la revendiquer au détriment des autres. Le vrai souverain, c'est la loi, expression de la raison. Toutefois, énoncées en formules générales, les lois ne sauraient comprendre toute l'infinité des cas particuliers

---

(1) On sait qu'Aristote avait étudié les différentes constitutions des 148 cités grecques ; il avait aussi fait de la constitution d'Athènes une étude spéciale, très approfondie.

qui peuvent se présenter. De là, pour suppléer aux insuffisances de la loi, la nécessité du magistrat : il est souverain là où la loi n'a rien pu disposer (1). De là aussi les restrictions que l'on peut apporter au régime de la royauté absolue. La souveraineté de la loi n'est-elle pas en effet préférable à la souveraineté d'un seul individu ? Égale pour tous, la loi est impassible, incorruptible et l'individu plein de passion ; la souveraineté de la loi, c'est la liberté et l'égalité de tous ; la souveraineté d'un seul, c'est l'esclavage de tous les autres ; l'hérédité de la royauté est d'ailleurs dangereuse ; bref, un tel régime n'est légitime que quand le monarque possède des qualités vraiment exceptionnelles. (III.)

Le gouvernement parfait a une fin bien déterminée : ce n'est ni la satisfaction des besoins physiques, ni l'acquisition de la richesse, ni même la conquête des autres pays : c'est le bonheur des citoyens : il doit veiller à ce que tous possèdent, avec les biens extérieurs, les biens plus précieux de l'âme, c'est-à-dire la vertu. Une telle cité ne sera ni trop vaste, ni trop restreinte, sans quoi elle ne pourrait ni s'organiser, ni se suffire ; elle aura l'emplacement le plus avantageux à tous les points de vue ; son organisation intérieure ne laissera rien à désirer ; tous les citoyens seront admis à prendre part aux fonctions publiques, mais ne seront citoyens que ceux qui par leur savoir et leur vertu pourront remplir leurs devoirs civiques : dans leur jeunesse, ils seront guerriers ; plus tard, éclairés par l'âge et l'expérience, ils gouverneront. Quant aux professions utiles, elles seront laissées à la classe inférieure des artisans, esclaves ou métèques. C'est là le gouvernement des meilleurs, l'aristocratie, et par là même le meilleur des gouvernements. Un tel État aura soin de tout réglementer et de ne laisser personne vivre à sa guise : il veillera surtout à l'éducation dont l'importance est immense (2). (IV, VII ; V, VIII.)

(1) Voir Boutroux, article sur *Aristote* dans la *Grande Encyclopédie* ; Fouillée, *Histoire de la philosophie* ; Janet, *Histoire de la science politique*, pages 191 à 230.
(2) Voir l'analyse particulière du livre VIII, page 207.

« Au-dessous de cette forme idéale de gouvernement sont des formes moins parfaites et néanmoins légitimes selon les circonstances » (1) ; les constitutions doivent en effet se régler sur le caractère et les besoins des peuples ; les éléments sociaux étant très divers, les constitutions devront varier également ; chacune d'elles sera bonne à la condition d'être appropriée à un état social correspondant. D'ailleurs les deux classes qu'on rencontre le plus généralement dans tout État sont les riches et les pauvres : c'est pourquoi les deux formes les plus communes de gouvernement sont l'oligarchie et la démocratie. Il y a sans doute bien des espèces différentes de démocratie et d'oligarchie : mais la première est surtout caractérisée par l'égalité et la liberté et par ce fait que le gouvernement appartient à la majorité des pauvres ; dans la seconde, l'autorité est entre les mains de la minorité des riches. Mais un État composé de riches et de pauvres forme en réalité deux États, ennemis l'un de l'autre, il est voué aux révolutions et aux guerres intestines. « On ne voit alors dans l'État que maitres et esclaves et pas un homme libre : ici jalousie envieuse, là vanité méprisante (2). » Aussi, dans les conditions ordinaires, la plus pratique des formes de gouvernement, c'est la république (πολιτεία), intermédiaire entre les deux formes extrêmes précédentes : le pouvoir appartient à la classe moyenne ; celle-ci tient le juste milieu et rétablit l'équilibre ; elle se met du côté des riches, si les pauvres cherchent à opprimer, du côté des pauvres si les riches veulent à leur tour se faire oppresseurs. Aussi cet État est-il le plus avantageux, étant le plus stable ; toutefois il est rare. Quant à la tyrannie, fondée sur la violence et l'injustice, elle ne mérite vraiment pas le nom de gouvernement. (VI, IV, 1-11.)

Tout État est essentiellement constitué par trois pouvoirs : le pouvoir législatif qui établit les lois ; le pouvoir exécutif qui les fait appliquer ; le pouvoir judiciaire qui en punit les violations. L'organisation de chacun

---

(1) Boutroux, article sur *Aristote* dans la *Grande Encyclopédie*.
(2) *Politique*, VI, IV, c. 9.

d'eux, leurs attributions, leur mode de recrutement peuvent, considérés en eux-mêmes, présenter une multiplicité de combinaisons différentes ; mais surtout ils doivent varier avec les diverses formes de gouvernement et se déduire nécessairement du principe même qui différencie et caractérise chaque constitution. C'est ainsi que dans la démocratie tous les citoyens doivent être électeurs et éligibles, toutes les charges données au sort, etc. ; l'organisation du pouvoir sera au contraire toute différente avec le régime de l'oligarchie. (VI, IV, 1-13 ; VII, VI.)

Les États ne sont pas quelque chose de stable et l'histoire nous les montre soumis à de fréquentes révolutions : celles-ci ont une cause générale, toujours la même. D'une part, l'égalité politique appartient à tous les citoyens ; d'autre part, il existe entre les citoyens des inégalités de mérite ou d'intelligence qui engendrent d'autres inégalités dans les honneurs ou les richesses. Toute révolution est la réaction contre l'inégalité de l'égalité partielle tendant à devenir absolue ou la réaction contre l'égalité de l'inégalité partielle qui veut être générale. Quant à leurs causes plus particulières, elles sont multiples : l'amour des richesses ou des honneurs, l'insolence des gouvernants, l'influence prépondérante d'un individu ou d'une faction, la crainte de quelque châtiment, le mépris du gouvernement, l'accroissement disproportionné d'une classe, la brigue, la négligence ou l'introduction dans la cité d'éléments étrangers. Chaque forme de gouvernement a d'ailleurs des causes plus spéciales : dans la démocratie, c'est la turbulence des démagogues qui veulent déposséder les riches ; dans l'oligarchie, c'est la rivalité des oligarques, leur inconduite et leurs violences ; dans l'aristocratie, c'est la limitation à un nombre trop restreint de fonctions publiques et la violation de la constitution. D'une manière générale, toutes les fois qu'un gouvernement exagère son principe et descend à l'oppression ou à l'illégalité, il court à la révolution : la modération, le souci et le respect des droits de tous, voilà ce qui maintient les États et les préserve de l'instabilité ; aucune forme de gouvernement ne doit être absolue, excessive, et la meilleure est un mélange harmonieux de toutes les autres ; le juste milieu, par l'équilibre des forces contraires, assure la conservation et la paix : le tyran lui-même pour se maintenir devra présenter toutes les apparences du plus excellent roi (1). Toutes ces théories montrent l'insuffisance de la doctrine de Platon sur les révolutions. On ne voit pas dans la *République* quelle peut être la cause des révolutions dans la cité parfaite ; la loi générale de dégénérescence qu'on invoque n'explique rien. Pourquoi aussi se change-t-elle en timocratie ? Un système politique en se transformant prend ordinairement la forme diamétralement opposée. D'ailleurs tout l'ordre des révolutions présenté par Platon est faux et l'oligarchie, par exemple, peut succéder à la démocratie. Quelle forme aussi succédera à la tyrannie (2) ? Est-ce la république parfaite ? Mais on a vu la tyrannie remplacée par la tyrannie ou l'oligarchie. Celle-ci d'ailleurs ne vient pas seulement, comme l'a cru Platon, de la cupidité des gouvernants, mais surtout des prétentions excessives de l'inégalité ; elle seule n'est pas non plus divisée en deux partis : c'est le cas de tous les gouvernements dans lesquels la fortune ou le mérite sont loin d'être égaux. D'ailleurs sans changement aucun dans les fortunes, l'oligarchie se transforme en démocratie, si le nombre des pauvres augmente, et de même la démocratie devient oligarchie si la classe riche se fait plus puissante. Certains citoyens peuvent perdre leur fortune sans qu'il en naisse dans l'État aucune révolution ; d'autres peuvent la conserver et pourtant susciter une sédition s'ils ont à se venger d'une injustice ou d'un outrage. En définitive, Platon a eu tort de croire que, dans les espèces si variées d'oligarchies et de démocraties, les révolutions n'ont qu'une seule cause : les raisons multiples lui ont échappé (3). (VIII, v.)

---

(1) Voir tous les conseils donnés au tyran dans le curieux chapitre 9 du livre VIII, v.

(2) On sait que pour Platon la tyrannie est la dernière forme de la décadence sociale (Voir notre analyse du livre VIII de la *République*, page 99).

(3) On nous pardonnera d'avoir quelque peu insisté sur ce dernier livre qui est si

Argument analytique de la « Politique ».

LIVRE VIII. — *La théorie de l'éducation.*

Tel qu'il se trouve dans les manuscrits (1), le livre VIII de la *Politique* d'Aristote est consacré tout entier à la théorie de l'éducation. La courte analyse que nous venons de faire de l'œuvre dans son ensemble permet aisément d'en déterminer la place et le but. Aristote a exposé les origines de l'État, critiqué les conceptions de Platon, fixé les caractères du citoyen : il distingue alors les différentes formes de gouvernement, et, après avoir terminé l'étude de la monarchie, il se laisse aller, comme Platon, à construire de toutes pièces la cité idéale, le gouvernement parfait, l'aristocratie. Un tel État, pour se réaliser, doit remplir une multiplicité de conditions différentes ; toutefois il en est une plus importante que toutes les autres et qui doit particulièrement attirer l'attention du législateur : c'est l'éducation des enfants.

A vrai dire, la théorie de l'éducation commence vers la fin du VIIe livre : c'est en effet là qu'Aristote nous en présente le principe général et passe à l'examen des soins plus détaillés que le législateur devra prendre. Il faut, selon lui, distinguer trois moments dans le développement de l'homme : la vie physique, l'instinct, la raison. L'éducation devra se conformer à cet ordre naturel ; elle s'occupera du corps avant de songer à l'âme, de l'instinct avant de s'adresser à la raison : mais dans les soins du corps, c'est l'âme qu'on aura en vue, de même que la culture de l'instinct n'aura pour but que l'intelligence (2). A l'État il appartiendra de régler l'âge et l'époque des procréations, de fixer le chiffre de la population, d'ordonner les expositions ou les avortements nécessaires ; pendant leur grossesse, les femmes veilleront avec soin sur leur régime et se rendront chaque jour au temple, elles se préserveront de toute émotion violente, car l'enfant pourrait s'en ressentir. L'enfant sera nourri par sa mère (3) ; le lait est la meilleure

---

important par le sens historique et philosophique dont fait preuve Aristote et auquel nous avons été nous-même obligé de renvoyer dans notre appréciation de la théorie des révolutions dans Platon (Voir l'analyse du livre VIII de la *République* et le jugement que nous faisons suivre).

(1) Nous n'avons pas besoin de rappeler que c'est le livre V des éditeurs.
(2) Livre VII des manuscrits, c. 13, *ad finem*.
(3) Même précepte dans Rousseau. Il y a aussi dans Aristote, comme dans Rousseau, l'idée d'une éducation progressive.

nourriture qui lui convienne; on l'habituera à l'impression du froid; jusqu'à cinq ans, on lui évitera tout travail intellectuel et les jeux seront sa seule occupation; surtout on soustraira sa jeune âme à toute impression malsaine, on s'abstiendra en sa présence de tout acte, de toute parole choquante; on le tiendra éloigné du théâtre trop libre ou de la société des esclaves trop vulgaire. Jusqu'à cinq ans, on le gardera aussi à la maison; il assistera ensuite pendant deux ans aux leçons sans qu'elles s'adressent directement à lui; alors s'ouvrira pour lui la période d'instruction réelle qui comprendra deux moments, le premier jusqu'à la puberté, le second de la puberté à vingt et un ans (1). Il est d'ailleurs des questions générales qui se rapportent à l'art de l'éducation; c'est précisément à leur examen qu'Aristote consacre le livre VIII, v. Nous allons l'analyser.

L'éducation des enfants doit être l'un des objets principaux des soins du législateur; en effet, c'est elle qui forme les mœurs, et les mœurs sont la condition du maintien des États : la démocratie repose sur des mœurs démocratiques et le meilleur gouvernement sur les mœurs les plus honnêtes. L'État tout entier n'ayant qu'un seul but, l'éducation sera identique pour tous, c'est-à-dire publique; sans doute aujourd'hui c'est le système opposé qui prévaut et chacun instruit chez soi ses enfants comme il l'entend, mais ce qui est commun doit s'apprendre en commun; le citoyen ne s'appartient pas, il n'est qu'un élément de la cité et les soins donnés aux parties doivent concorder avec ceux qu'on donne au tout. C'est le mérite des Lacédémoniens d'avoir compris que l'éducation doit être publique. Mais quelle idée se faire de cette éducation? On est loin de s'entendre sur sa nature et sa méthode. Aura-t-elle pour but la formation de l'esprit ou du cœur? Portera-t-elle seulement sur l'utile, sur la vertu ou sur les objets de pur agrément? Toutes ces opinions ont leurs partisans, et la plus grande incertitude règne à cet égard. (C. 1.)

L'éducation comprendra naturellement les choses d'une absolue nécessité; pourtant on aura soin d'en proscrire toutes les professions mécaniques, salariées, qui déforment le corps et rabaissent l'esprit : elles sont indignes d'un homme libre.

---

(1) Livre VII des manuscrits, c. 14 et 15. Voir Compayré, *Histoire critique des doctrines de l'éducation*. — Nous nous servons pour cette analyse de la traduction de la *Politique* par Barthélemy-Saint-Hilaire et de celle de Thurot, revue par Bastien.

Même, pour éviter ces inconvénients, on aura soin de ne pas pousser trop loin certaines sciences libérales. Du reste, tout dépend de l'intention et, sans se dégrader, l'on pourra faire pour soi ou pour ses amis ce qu'on ne pourrait faire pour des étrangers sans mériter le reproche de servilité. Actuellement l'éducation se compose de quatre disciplines, la grammaire, le dessin, la gymnastique et la musique. Les deux premières nous rendent une foule de services divers ; la gymnastique forme le courage ; l'utilité de la musique est plus contestée. On la considère d'ordinaire comme un simple passe-temps ; au contraire les anciens la regardaient comme une partie nécessaire de l'éducation, persuadés qu'il ne faut pas seulement savoir faire un noble emploi de son activité, mais aussi de ses loisirs. Le loisir en effet vaut mieux que le travail : mais encore doit-il être rempli comme il convient. Or il ne peut l'être par le jeu : celui-ci en effet n'est pas le but de la vie ; il n'a d'autre rôle que d'apporter un délassement à celui qui travaille et l'on ne travaille que pour arriver au bonheur du loisir. Mais pour le goûter dignement, il faut une éducation et des connaissances spéciales. C'est précisément la fin que les anciens ont assignée à la musique : s'ils l'ont introduite dans l'éducation, ce n'est ni à titre de besoin ni de chose utile, mais bien parce qu'ils l'ont considérée comme un noble emploi du loisir et un délassement convenable à l'homme libre. Homère n'est pas d'un autre avis. (C. 2.)

Il est donc des choses qu'il faut enseigner non parce qu'elles sont utiles, mais parce qu'elles sont dignes des occupations de l'homme libre. Nous avons pour nous l'autorité des anciens. Sans doute, il est indispensable à la jeunesse d'acquérir certaines connaissances nécessaires, mais encore est-ce moins à cause de leur utilité même que parce qu'elles permettent d'en obtenir d'autres avec plus de facilité ; par exemple, si l'on apprend le dessin, c'est bien moins pour pouvoir éviter toute erreur dans les ventes ou les achats de meubles que pour développer en soi le sentiment du beau. La préoccupation exclusive de l'utilité ne convient pas aux âmes nobles et libres.

Puisqu'il convient de former le corps avant l'esprit, on confiera d'abord l'enfant au pédotribe et au maître de gymnastique ; l'un le formera aux exercices, l'autre donnera à l'organisme toute sa vigueur et toute sa grâce (1). Toutefois une juste mesure

---

(1) Le pédotribe enseignait dans la palestre la lutte, la course, le saut, le javelot. La gymnastique était plutôt une préparation aux fatigues de la guerre et avait pour

s'impose; il ne saurait être question de viser à produire des constitutions athlétiques, au détriment de la beauté et du développement du corps. Un autre excès que n'ont pas su éviter les Lacédémoniens consiste, sous prétexte de former au courage, à endurcir les jeunes gens à la fatigue au point de les rendre féroces (1). C'est manquer le but : le courage n'appartient pas aux plus sauvages, mais à ceux qui savent être doux et magnanimes. Certaines peuplades se distinguent par leur barbarie : là n'est pas le vrai courage; celui-ci consiste à braver noblement le danger et une bête fauve en est incapable. En accordant trop d'importance à cette partie de l'éducation et en négligeant tout le reste, on ne forme que de vils artisans, bons seulement à une occupation unique, bien vite d'ailleurs surpassés par d'autres. Qu'on ne méconnaisse donc pas les justes limites de la gymnastique. Jusqu'à l'adolescence, elle sera d'ailleurs toujours modérée; l'on évitera les exercices violents, les fatigues prématurées qui, comme l'expérience le prouve, arrêtent la croissance du corps. Au sortir de cet âge, trois années seront consacrées à des études d'un autre genre ; on pourra ensuite passer à des exercices plus rudes et à un régime plus sévère. Ainsi on évitera de fatiguer à la fois le corps et l'esprit, car la fatigue du corps nuit à l'esprit comme celle de l'esprit au corps. (C. 3.)

Que faut-il maintenant penser de la musique? L'on est moins d'accord sur son utilité. N'est-elle qu'un jeu et un agréable passe-temps? Ne peut-elle pas au contraire former l'âme à la vertu? En tout cas, ne peut-elle pas exercer sur l'homme une heureuse influence en l'accoutumant aux nobles plaisirs? N'est-elle pas aussi capable d'orner et de cultiver l'esprit ? Mais tout d'abord ne faisons pas de l'éducation une simple affaire de jeu; ne la considérons pas non plus comme un loisir, car le loisir veut une carrière bien remplie. Reste donc que l'étude de la musique dans l'enfance soit excellente pour se préparer d'agréables délassements dans un âge plus avancé. Mais alors on peut se demander s'il est bien utile d'acquérir personnellement ce talent, plutôt que de se contenter d'entendre les artistes de profession. Pourquoi, dira-t-on, ne pas faire aussi apprendre la cuisine? De même, si l'on dé-

---

but le développement harmonieux des forces physiques (Voir le livre du P. Girard, *L'Éducation athénienne aux ve et ive siècles avant Jésus-Christ*).

(1) Nous avons vu que Platon est du même avis et craint que la gymnastique, employée seule dans l'éducation, ne contribue à faire des natures trop grossières; il veut qu'on lui adjoigne la musique, entendue dans son sens large.

clare que la musique forme les mœurs ou constitue un loisir digne de l'homme libre, on peut objecter qu'il n'est pas nécessaire de la connaître soi-même et qu'on peut se contenter de jouir du talent d'autrui. Et en effet les dieux ne jouent pas de la lyre ; il semble même qu'il y ait à se faire soi-même artiste quelque chose de servile. (C. 4.)

Faudra-t-il donc bannir la musique de l'éducation ? Mais remarquons-le : la musique est un plaisir délicieux, elle procure des jouissances nobles ; n'est-ce pas déjà là un motif suffisant de l'admettre ? Il est rare que l'homme atteigne la fin suprême de sa vie ; il a donc besoin de repos, il lui faut des délassements : la musique les lui donnera. Sans doute, il ne faut pas se méprendre sur la nature de ces récréations ; là n'est pas le bonheur ; elles seront simplement comme une trêve aux soucis et aux peines. D'ailleurs ce serait se tromper de n'accorder à la musique que ce rôle secondaire. Son importance est plus grande : elle agit en effet sur l'âme et peut modifier les sentiments ; ne voit-on pas par exemple les effets puissants produits par les œuvres de certains musiciens sur les auditeurs qui sont saisis d'enthousiasme ? C'est qu'en effet la musique, par ses chants et son rythme, est l'imitation fidèle de tous les sentiments du cœur ; elle devient par suite capable de les suggérer : mais si la simple imitation est déjà si efficace, que sera-ce de la réalité ? A ce point de vue, la musique l'emporte sur les autres arts, même sur la peinture : celle-ci en effet n'exprime pas les sentiments eux-mêmes ; par les couleurs, les formes ou les attitudes du corps, elle n'en représente que les signes extérieurs. Au contraire, la musique est l'imitation directe des affections et suivant ses harmonies, ses rythmes, ses modes, elle nous fait passer par les émotions les plus diverses, tristesse, joie, calme, enthousiasme. Tous ces faits ont d'ailleurs été mis en lumière par ceux qui ont fait la théorie de cet art. Si donc la musique possède une telle puissance morale, il est évident qu'elle doit entrer dans l'éducation. D'ailleurs cette étude convient merveilleusement à cet âge, car l'enfant ne souffre pas ce qui lui cause de l'ennui et la musique n'en apporte jamais. Bien plus, l'harmonie et le rythme ne sont-ils pas des choses essentiellement humaines et des sages n'ont-ils pas pu dire que l'âme était en elle-même une harmonie ? (C. 5.)

Faudra-t-il ou non apprendre aux enfants à exécuter la musique vocale ou instrumentale ? Mais d'abord l'influence morale de la musique est bien différente suivant qu'on exécute personnellement ou qu'on se contente d'écouter. Il est difficile aussi d'être bon juge dans les choses qu'on ne pratique pas soi-même. Puis il faut à l'enfant, sans cesse en mouvement, une occupation manuelle ; c'est pour cela qu'Archytas inventa la crécelle : l'étude de la musique sera comme la crécelle de la première jeunesse. Sans doute, il ne s'agit pas de faire des virtuoses ; on aurait alors raison de voir dans la musique une occupation servile. L'on aura soin d'éviter tout excès, de garder une juste mesure. D'abord l'on fera un choix judicieux des chants et des rythmes à enseigner comme des instruments qu'il convient d'apprendre : la musique ne doit ni porter préjudice à la carrière ultérieure de ceux qui l'étudient, ni déformer ou amollir le corps, ni détourner de l'acquisition des connaissances sérieuses ou de la pratique de nos devoirs. On s'abstiendra donc de former les enfants en vue de concours solennels, de les initier à de vains prodiges d'exécution : on s'appliquera avant tout à leur faire goûter le beau et à leur donner de la musique un sens plus élevé que celui que possèdent certains animaux ou la foule des esclaves.

Les mêmes principes régleront le choix des instruments. On proscrira la flûte et tous les instruments employés par les artistes de profession pour n'admettre que ceux qui peuvent former l'oreille et exercer l'esprit. La flûte n'est guère bonne qu'à exciter les passions : l'on s'en servira plutôt pour opérer la « purgation » de l'âme que pour l'instruire ; elle a d'ailleurs le défaut d'empêcher la parole pendant qu'on l'étudie ; aussi a-t-on bien fait d'y renoncer. Sans doute il n'en a pas toujours été ainsi et autrefois nos pères, tout fiers de leurs victoires, jouissant des loisirs de la paix, se mirent à cultiver tous les arts avec plus d'ardeur que de discernement ; ils éprouvèrent pour celui de la flûte un véritable engouement : point d'homme libre qui ne l'apprît. Mais on rejeta vite cet instrument, quand on jugea mieux de ce qui peut en musique contribuer ou nuire à la vertu (1), et avec lui on en bannit plusieurs autres qui exigent un trop long exercice de la main. La tradition d'ailleurs rapporte que Minerve, après avoir inventé la flûte, ne tarda pas à l'abandonner : certains prétendent que c'est par coquetterie, pour ne pas se déformer le visage : n'est-ce pas plutôt parce que l'étude de cet instrument ne sert à rien au développement de l'intelligence ? (C. 6.)

Nous rejetons donc de l'éducation toutes les études qui ne

---

(1) Voir dans Girard. *op. cit.*, page 168, la cause qui rendit la flûte impopulaire.

conviennent qu'aux artistes de profession et ne concernent que les concours musicaux ; alors en effet on ne songe pas à s'améliorer soi-même, mais seulement à faire plaisir à ses auditeurs ; c'est là une occupation servile, indigne d'un homme libre. D'ailleurs l'artiste est obligé de rabaisser son œuvre au niveau d'individus souvent grossiers ou de déformer son visage par les mouvements forcés qu'exige le jeu des instruments.

Maintenant convient-il d'admettre toutes les harmonies et tous les rythmes? Doit-on préférer le rythme à la mélopée ou la mélopée au rythme? Toutes ces questions ayant été traitées par certains spécialistes avec toute la compétence nécessaire, nous renvoyons à ces auteurs et nous nous bornerons à quelques généralités.

On peut admettre la division des chants en trois catégories : chants moraux, pratiques, passionnés ; chacun d'eux répond à une harmonie particulière. La musique pouvant avoir trois buts, instruire l'intelligence, purifier l'âme, servir de délassement, il faudra choisir les harmonies répondant à ces diverses fins. Ce sont les chants les plus moraux que l'on réservera pour l'éducation. Toutes les âmes, quoique à des degrés différents, sont susceptibles d'être affectées par la musique, portées à divers sentiments comme la terreur, la pitié, l'enthousiasme : quelques-unes sont plus particulièrement sensibles et après qu'elles ont été profondément excitées par quelque chant d'amour, on les voit subitement se calmer à l'audition d'un hymne sacré ; il en est de même pour ceux qui se sont laissés aller à la terreur, à la pitié ou à quelque autre passion : chez tous la musique produit une sorte de purification, accompagnée d'un sentiment de plaisir. Ce qui est vrai de la musique l'est aussi du chant : il agit de même sur l'âme et ce sont les harmonies capables d'un tel effet que l'artiste doit introduire au théâtre. Toutefois les auditeurs ne sont pas tous des hommes libres et intelligents ; parmi eux, se trouvent des natures serviles et plus grossières qui ont aussi besoin de spectacles propres à les délasser ; il faut à ces âmes basses des harmonies dégradées et des chants plus libres : l'on accordera donc aux artistes le droit d'accommoder leur musique au goût de leurs auditeurs vulgaires. Mais dans l'éducation, on n'admettra que les chants et les harmonies qui ont un caractère moral. Telle est l'harmonie dorienne; il faudra pour les autres s'en remettre au jugement de ceux qui connaissent bien la musique. En tout cas, Platon, qui a proscrit l'étude de la flûte, a tort de n'admettre à côté du mode dorien que le mode phrygien :

celui-ci est en effet aux modes ce que la flûte est aux instruments et il ne peut suggérer à l'âme que des passions violentes ; c'est pourquoi on l'emploie dans la poésie dithyrambique. Tout le monde accordera que l'harmonie dorienne a plus de gravité que les autres, que son ton est plus mâle, plus moral : on devra l'enseigner de préférence à la jeunesse. D'ailleurs tout dépend de l'âge : il serait bien difficile à la vieillesse d'exécuter des chants d'un ton trop haut, il lui faut des modulations plus douces ; aussi peut-on reprocher à Platon de les avoir absolument bannies sous prétexte qu'elles ne conviennent qu'à l'ivresse. Il n'est même pas impossible de faire apprendre à la jeunesse des harmonies et des chants de cette catégorie, à la fois instructives et décentes : tel est, par exemple, le mode lydien, que l'on peut regarder comme préférable à tout autre. En matière d'éducation musicale, il ne faut jamais perdre de vue ces trois principes : éviter tout excès, faire ce qui est possible, savoir ce qui convient. (C. 7.)

Appréciation de la théorie de l'éducation dans Aristote. Les vues justes et les lacunes. — Il est facile de le vérifier : dans la théorie que nous venons d'analyser, Aristote reproduit quelques-uns des principes les plus importants de l'éducation athénienne et, en même temps, il s'en écarte. Ce qui distingue en effet cette éducation, c'est d'abord l'équilibre heureux qu'elle sait mettre entre les exercices du corps et ceux de l'esprit : aucune des deux parties constitutives de la nature humaine n'est négligée et l'organisme a ses droits aussi bien que l'âme. C'est ensuite la sage mesure qu'elle introduit dans toutes les études de l'enfant : « elle fuit les extrêmes ; elle a plus à cœur de produire d'harmonieux ensembles que d'étonnantes, mais étroites spécialités : son but est de faire des hommes, non des prodiges »(1). Et par là même elle est essentiellement libérale, au-dessus de toute préoccupation utilitaire, éloignée de tout ce qui pourrait rappeler l'apprentissage professionnel : elle ne tend qu'à former des caractères ; le développement du corps, la culture de l'esprit, tout en elle se rapporte à cette fin supérieure, la

---

(1) Voir Girard, *op. cit.*, Conclusion, page 331. Nous nous en sommes souvent inspiré. Voir Thurot, *Essais sur Aristote*, où l'auteur établit que la théorie de l'éducation est le centre de toute la *Politique* d'Aristote.

vertu, conçue d'ailleurs comme inséparable du bonheur. Or n'est-ce point là précisément l'éducation qu'Aristote préconise et adopte pour sa cité idéale ? D'après lui, la gymnastique est aussi nécessaire pour former le corps que la musique pour façonner l'âme ; d'ailleurs, dans l'une et l'autre de ces disciplines, il faut savoir garder une juste mesure ; ce n'est point la virtuosité de l'athlète ou de l'artiste que l'on cherchera à produire dans l'enfant ; tout dans l'éducation ne doit viser qu'à cette fin, savoir la culture morale, l'élévation de l'esprit, la dignité de l'âme.

Et pourtant tout en acceptant l'idéal de l'éducation d'alors, Aristote se sépare de son époque et s'efforce de réagir contre la méthode communément employée. En effet, « ce qui constitue le fondement de l'éducation athénienne, c'est la liberté » (1) : non seulement l'écolier fait ce qui lui plaît, mais encore il n'est pas pour lui d'enseignement officiel, imposé par l'État : la cité se désintéresse de l'enfant jusqu'à l'âge de dix-huit ans et la loi n'intervient nullement pour réglementer ses études. Aristote est d'un tout autre avis ; non seulement pour lui l'éducation est chose sérieuse, elle doit être soumise à une règle, mais encore c'est l'État qui doit s'en charger, il faut qu'elle soit la même pour tous et qu'elle réponde aux institutions de la cité. A cet égard, Aristote s'accorde pleinement avec Platon : sans doute, il ne supprime pas la famille, il lui laisse l'enfant jusqu'à sept ans ; mais à partir de cet âge, l'enfant n'appartient plus qu'à l'État et c'est à l'État de le former suivant une règle uniforme : le pire des gouvernements serait celui où chacun élèverait ses enfants comme il l'entend.

Il est à peine besoin de le dire : la théorie d'Aristote vaut surtout par les principes généraux qui l'inspirent (2) ; le philosophe ne nous présente en définitive que des cadres assez vagues ; les détails que nous désirerions manquent et nous pouvons regretter que la *Politique*

---

(1) Girard, *op. cit.*, page 329.
(2) Croiset, *Histoire de la littérature grecque*, tome IV, page 729.

néglige de nous « dire avec précision quels devaient être, année par année ou du moins période par période, les sujets d'étude des jeunes gens » (1) : le programme est loin d'être complet et Platon a mis certainement plus de soin à préciser dans sa *République* les différents éléments de l'éducation. Peut-être d'ailleurs n'avons-nous de toute la pensée d'Aristote qu'une ébauche, comme un premier jet.

Toutefois, même ainsi réduite, cette théorie garde toute sa valeur. Aristote a nettement saisi la nature de l'éducation : il a compris qu'elle ne devait pas négliger le corps, l'instrument de l'âme, la base des énergies morales ; mais il a vu aussi avec raison que l'éducation physique était moins une fin qu'un moyen pour un idéal plus noble (2). Et cet idéal, il l'a merveilleusement senti, vigoureusement esquissé : c'est la formation de l'homme complet, c'est le développement le plus parfait de la nature humaine, l'épanouissement harmonieux des plus hautes facultés, l'acquisition de la vertu. Ce que demande Aristote, c'est une éducation générale et libérale ; il ne veut pas qu'elle soit tout entière constituée d'un point de vue d'utilité matérielle ni qu'elle se rabaisse à n'être qu'un apprentissage de métiers professionnels. Son vrai souci doit être l'âme, elle a pour but de la rendre accessible à tous les beaux sentiments, capable de belles pensées, amoureuse de belles actions, en un mot de la faire aussi belle que possible. N'est-ce pas là, pour le dire en passant, un idéal qui garde encore tous ses droits, bien plus un idéal qu'il faut rappeler et défendre, aujourd'hui que l'enseignement donné à la jeunesse de nos écoles semble particulièrement se vouer aux nécessités d'ordre purement matériel et que l'éducation pratique ou professionnelle paraît être plus spécialement en faveur, comme si l'on oubliait cette vérité, qu'il s'agit seulement de former dans l'enfant non pas seulement des habitudes mécaniques, mais des habitudes morales,

---

(1) Voir G. Compayré, *Histoire critique des doctrines de l'éducation*, page 20.
(2) Voir nos *Leçons de psychologie*, première leçon.

de faire de lui non pas seulement un ouvrier habile et adroit, mais un esprit juste, un cœur noble, une conscience honnête ! C'est encore le mérite d'Aristote d'avoir fortement insisté sur le rôle que la musique, c'est-à-dire l'art en général, doit jouer dans l'éducation. Trop souvent aujourd'hui, dans notre société si utilitaire, on relègue à l'arrière-plan tout ce qui se rapporte à la culture esthétique, on craint qu'elle ne soit du temps perdu et l'on a surtout pour but de munir l'enfant d'un bagage de connaissances positives capables de recevoir dans la lutte pour l'existence une application immédiate. C'est là une erreur qu'Aristote a raison de dénoncer : une telle éducation manque de fécondité, elle ne touche pas les régions profondes de l'âme, elle reste superficielle, « laisse sans culture les facultés d'où les autres devraient recevoir l'impulsion » (1), elle ne prépare que des esprits étroits, des âmes mesquines, difficilement accessibles aux émotions généreuses, aux distractions nobles, aux satisfactions d'ordre supérieur. A l'art, il appartient de remuer l'âme, de l'élever au-dessus des insuffisances de l'existence, de la reposer comme aussi de la purifier, de l'ennoblir, en la faisant vivre au milieu du beau et en alimentant en elle la flamme féconde et chaude de l'idéal (2).

Oserons-nous cependant faire quelques réserves et cela sur deux points fondamentaux ? Aristote a eu le tort de n'être pas suffisamment affranchi des préjugés sociaux de son temps. Et d'abord il en est de sa pédagogie comme de sa morale : elle est trop aristocratique ; l'éducation qu'il nous propose, il la réserve aux hommes libres, c'est-à-dire à cette petite minorité qui a seule droit de cité ; tout ce qui est en dehors de cette élite intellectuelle, c'est-à-dire toute la foule des travailleurs et des artisans absorbés par leurs occupations inférieures, toute la

---

(1) Ravaisson, *Dictionnaire pédagogique*, article Art.

(2) Nous ne pouvons naturellement ici donner que de courtes et insuffisantes indications sur le rôle de l'Art dans l'Éducation. Voir F. Pécaut, *Dictionnaire pédagogique*, articles Poésie et Musique. Nous nous sommes largement inspiré de ces deux remarquables articles pour nos *Leçons de psychologie* (Voir dans la *Sensibilité* la leçon sur les Inclinations supérieures).

masse du peuple qui n'a pas les loisirs de penser, toute cette multitude, Aristote la délaisse et ne s'en préoccupe pas. C'est là une éducation de privilégiés. Sur ce point, notre société voit certainement plus juste : aujourd'hui en effet on a compris, après Aristote, l'importance, la nécessité d'une éducation sociale, mais d'une éducation vraiment nationale, s'adressant sans distinction à toutes les classes égales devant les lois faites pour tous ; même l'éducation du peuple, de ce peuple qui est libre et se gouverne lui-même, est devenue l'un des objets principaux de la sollicitude des pouvoirs publics : c'est qu'en effet il importe au plus haut point qu'une nation qui doit faire elle-même ses affaires et tient ses destinées dans ses mains, soit composée d'esprits justes et sages, de volontés honnêtes et respectueuses de l'ordre, sans quoi elle périt dans le désordre et l'anarchie.

Mais pour cela même, il faut admettre que l'État a droit d'exiger de tous une certaine moyenne d'instruction obligatoire, comme aussi le devoir de mettre gratuitement ce minimum d'éducation civique à la portée du peuple tout entier (1). Maintenant faut-il aller plus loin et admettre avec Aristote que l'éducation doit tout entière être dans les mains de l'État? Ce serait exagérer les droits de ce dernier et méconnaître ceux de la famille ou de l'individu. Nous avons aujourd'hui une autre conception du rôle de l'État ; celui-ci n'est plus pour nous, comme pour Aristote et Platon, le maître absolu qui réglemente tout et s'immisce jusque dans les affaires les plus intimes des particuliers; surtout il ne peut plus forcer et violenter les consciences : l'individu s'appartient, il a des droits que l'on doit respecter. Sans doute, il est permis à l'État de s'assurer que l'enfant reçoit en effet le minimum d'instruction exigible, d'intervenir même quand la famille est par trop indifférente, car c'est peut-être de tout le sort de l'enfant qu'il s'agit; néanmoins il doit laisser la famille libre de choisir ceux auxquels elle donnera sa confiance, comme il doit laisser libre d'ouvrir une école

(1) Fouillée, *Histoire de la philosophie.* — Janet, *Histoire de la science politique*, page 227.

quiconque satisfait à toutes les conditions d'ordre différent formulées par la loi : l'État n'a plus pour cela qu'un pouvoir de contrôle.

Mais quelle que soit la valeur de ces critiques, elles ne diminuent en rien celle des conceptions fondamentales d'Aristote sur l'éducation. Si nous ne concevons plus une éducation réservée à une minorité d'aristocrates, nous ne concevons pourtant d'autre éducation qu'une éducation aristocratique, c'est-à-dire cherchant à développer les meilleures parties de nous-mêmes, à rendre l'âme sensible à tout ce qui est beau, à la mener au bien et à faire ainsi d'elle une nature d'élite. Et on peut l'ajouter : un État où tous les citoyens auraient été formés à une telle discipline et auraient reçu d'elle l'influence féconde qu'elle comporte, où chacun aurait appris à travailler au perfectionnement moral de lui-même et au perfectionnement de la cité (deux choses qui en réalité ne se séparent pas), une telle nation, profondément attachée au bien, fortement organisée dans le respect des lois, éclairée autant que sage, ne réaliserait-elle pas cette aristocratie rêvée par Aristote, c'est-à-dire, pour nous, cette démocratie, cette république idéale, fondée sur les principes éternels de la liberté et du droit ?

ÉPICTÈTE

(1ᵉʳ siècle ap. J.-C.)

LE MANUEL.

Vie d'Épictète.
LE MANUEL. — Introduction. — Vue d'ensemble du *Manuel*. — Appréciation de la philosophie d'Épictète.

Vie d'Épictète. — Épictète naquit à Hiérapolis en Phrygie; sa vie est si obscure que nous ne pouvons fixer avec précision ni la date de sa naissance, ni celle de sa mort; nous ne connaissons même pas son véritable nom; celui sous lequel le philosophe est passé à la postérité indique seulement sa condition d'esclave (ἐπίκτητος). Il était en effet, sans que du reste nous sachions par quel concours de circonstances, l'esclave d'Épaphrodite, affranchi de Néron. Il put entendre à Rome les leçons du philosophe stoïcien Musonius Rufus et il eut sans doute plus d'une fois l'occasion de les mettre en pratique. S'il faut en croire Celse, son maître le traitait fort durement; un jour, il lui prit l'idée de tordre la jambe de son esclave dans un instrument de torture. Épictète lui dit tranquillement : « Tu vas la casser. » Et la jambe ayant été cassée en effet, il se contenta d'ajouter : « Je te l'avais bien dit. » Épictète resta boiteux toute sa vie : d'autres historiens prétendent, il est vrai, qu'il était né avec cette infirmité (1). Rendu plus tard à la liberté, Épictète se donna tout entier à la prédication philosophique; il vivait à Rome dans une sorte de hangar délabré, ouvert à tous les vents, n'ayant pour tous meubles qu'une table et une paillasse. Pour mieux se consacrer à sa tâche, il ne se maria pas; il vécut toujours seul, jusqu'au jour

---

(1) Voir, dans la *Grande Encyclopédie*, l'article ÉPICTÈTE par M. Brochard.

où, ayant recueilli un pauvre orphelin, il prit une vieille femme à son service pour le soigner (1). Sa sagesse était si connue que les gens les plus considérables n'hésitaient pas à recourir à ses conseils ; à tous il parlait avec la plus grande liberté et la plus grande franchise ; il est facile d'ailleurs de retrouver dans les maximes du *Manuel* l'image du langage incisif et de la dialectique mordante qui le caractérisait. En 90 après Jésus-Christ, un édit de Domitien chassa de Rome tous les philosophes suspects de républicanisme. Épictète se retira à Nicopolis en Épire, où on le trouve encore sous le règne de Trajan ; peut-être connut-il Adrien ; en tout cas, il mourut dans un âge avancé. Tel était l'enthousiasme qu'il inspirait, qu'un de ses disciples acheta au prix de trois mille drachmes une vieille lampe en terre dont le philosophe se servait. Son nom fut l'un des plus vénérés de l'antiquité païenne ; l'un de ses fervents admirateurs, Celse, va jusqu'à le mettre à côté de celui de Jésus-Christ. D'ailleurs les premiers chrétiens eux-mêmes ne craignaient pas de l'admirer et de prendre pour règles quelques-uns de ses préceptes les plus essentiels. On lui composa cette épitaphe : « Je suis Épictète, l'esclave, le boiteux, le pauvre, mais l'ami des dieux. »

LE MANUEL.

Introduction. — Dédaigneux de la gloire, Épictète n'a rien écrit. Un de ses disciples, Arrien, qui avait suivi ses leçons à Nicopolis, rédigea les notes qu'il avait recueillies ; il publia huit livres de *Discours* ou d'*Entretiens* (Διατριβαί), dont quatre seulement nous ont été conservés ; il tira aussi de ce recueil et publia sous le titre de *Manuel* (Ἐγχειρίδιον) « les maximes principales et les plus propres à remuer les âmes » (2). Dans la pensée de son auteur, le *Manuel* doit en effet toujours être sous la main (ἐν χειρί) ; il faut qu'il soit à celui qui veut conquérir la vertu et, par elle, le bonheur, ce que l'épée est au soldat pour se

---

(1) Voir Martha, *Les Moralistes sous l'empire romain*. Brochard, *art. cit.*
(2) Cité par Simplicius.

défendre, ce que les remèdes et les instruments sont au médecin pour guérir (1); les sentences brèves autant qu'énergiques qui le composent sont destinées à pénétrer profondément dans la mémoire, de sorte qu'elles puissent, à la première occasion, se présenter à l'esprit et rappeler la conduite qu'il faut suivre. Telles qu'elles sont disposées dans le *Manuel*, la plupart du temps isolées les unes des autres, ces maximes se suivent sans beaucoup d'ordre : on ne peut songer à faire l'analyse de chacune d'entre elles ; il est préférable de chercher, en les groupant le mieux possible, à présenter une vue d'ensemble de la philosophie d'Épictète.

Vue d'ensemble du « Manuel ». — Et d'abord il faut le dire : la doctrine d'Épictète, telle que nous la trouvons dans le *Manuel*, est le Stoïcisme le plus pur, mais c'est aussi un Stoïcisme tout pratique. Comme on le sait, la doctrine fondée par Zénon comprenait trois parties essentielles : la physique, la logique et la morale ; sans doute elle avait avant tout pour but la détermination du souverain bien, mais la physique formait véritablement comme l'âme du système, puisque l'homme, simple fragment de la nature, pouvait seulement avoir pour loi la loi même de l'univers tout entier, c'est-à-dire cette harmonie et cet ordre que la physique devait précisément nous faire connaître. Au contraire, Épictète laisse absolument de côté tout ce qui a rapport à la science de la nature comme aussi à celle de la vérité ; il ne s'attache qu'à la morale et encore se désintéresse-t-il de toute spéculation sur les principes théoriques ; ce qui importe seul à ses yeux, ce sont des préceptes pratiques, susceptibles d'être d'une application immédiate à la vie de tous les jours (2). D'ailleurs, pour comprendre cette orientation particulière donnée au Stoïcisme, il suffit de se rappeler non pas seulement par quels caractères se distingua toujours la philosophie à Rome, mais surtout quel était, au moment où vivait Épictète, l'état de la société romaine. A ce moment la République est morte, les anciennes libertés ont péri sous la tyrannie des Césars ; la crainte, le trouble, la terreur règnent partout ; personne n'est sûr du lendemain, car le sort de chacun est livré aux calomnies des délateurs ou dépend du caprice

---

(1) L'épée du soldat et la boîte du médecin s'appellent du même nom: ἐγχειρίδιον.
(2) *Manuel*, LII.

d'un despote. En même temps la corruption la plus profonde s'étend à travers toutes les classes sociales et la plupart des âmes, abandonnées à leurs mauvaises passions, se laissent aller aux excès les plus honteux. Alors le Stoïcisme devient à Rome une véritable religion (1) : là se réfugient tous ceux qui se respectent et ont souci de leur dignité, ils lui demandent une direction, des consolations, de l'énergie, ils puisent dans ses fortes maximes le courage de bien vivre et de bien mourir. Aussi est-il l'objet d'une véritable prédication, il a ses prêtres, ses missionnaires, ses apôtres et ceux-ci prennent pour but de parler aux consciences, de s'élever contre les turpitudes du temps, de rappeler les hommes au sentiment de leurs devoirs, comme aussi de leur communiquer le calme qu'ils désirent, de briser les illusions dont ils sont les victimes et les esclaves, de leur enseigner en quoi consistent les vrais biens et le vrai bonheur.

Tel nous apparaît précisément Épictète. Ce pauvre esclave, exilé et infirme, disgracié par la fortune, vient montrer comment, en toute circonstance, l'âme peut rester digne, toujours libre et sereine, puiser aussi dans le sentiment de la puissance de sa volonté et la proscription de toute passion une félicité inaltérable. Et il ne se contente pas de prêcher, il paye encore d'exemple ; son enseignement est vivant, il est aussi vécu ; Épictète n'est pas seulement stoïcien par ses discours, il l'est encore par toute sa vie ; « son héroïsme moral s'élève sans effort à la hauteur de ses maximes » (2), et c'est justement parce que nous savons combien il fut toujours sincère, parce que derrière le moraliste nous avons toujours comme la vision de l'homme, c'est pour cela, dis-je, que sa parole nerveuse et forte produit sur nous autant d'effet et possède une autorité si pénétrante.

Donner le bonheur, voilà donc l'objet de la philosophie d'Épictète. Elle débute par une distinction capitale : « Il y a des choses qui dépendent de nous et il y en a qui ne dépendent pas de nous. » S'il en est ainsi, où placer le bonheur, sinon dans les seules choses qui sont à notre portée ? Ne serait-ce pas en effet la plus grande des folies que le faire consister en des objets qu'il ne nous est pas toujours possible d'atteindre, dans des biens étrangers à nous, « esclaves » (3), qui, dépen-

---

(1) Voyez Martha, *op. cit.*
(2) *Ibid.*
(3) *Manuel*, I, 2.

dant d'une puissance autre que nous-mêmes, pourraient nous échapper et se dérober au moment où nous voudrions en jouir?

Souviens-toi donc de ceci : si tu crois libre ce qui de sa nature est esclave, si tu crois pouvoir disposer de ce qui ne dépend pas de toi, tu seras entravé, affligé, troublé ; tu te plaindras des dieux et des hommes. Si au contraire tu regardes comme tien cela seul qui est vraiment tien, comme étranger à toi ce qui est étranger à toi, nul ne pourra te contraindre ou te faire obstacle, tu ne te plaindras de personne et tu n'accuseras personne..., tu ne seras obligé de te plier à rien de fâcheux (1).

N'est-ce point, par exemple, le fait d'un insensé de vouloir que sa femme vive toujours ou que son esclave ne commette jamais de faute ? Comme si cela dépendait de nous! Pour être heureux, pour posséder le calme sans lequel le bonheur n'existe pas, sachons ne jamais rechercher que ce qui est toujours à notre portée (2). Or c'est justement ce que ne font pas les hommes : ils se laissent aller à juger bonnes ou mauvaises des choses qui ne sont pas en leur pouvoir, et naturellement ils les désirent ou les haïssent, sont avides d'en jouir ou de les éviter, car « l'objet du désir est de posséder l'objet désiré, comme la fin de la haine est d'éviter l'objet haï » (3). Les imprudents ! ils ne voient pas que c'est par là même compromettre leur bonheur, risquer à chaque instant de tomber dans les pires infortunes, puisqu'ils sont sans cesse exposés à être privés de ce qu'ils souhaitent ou à rencontrer ce qu'ils voulaient précisément éviter! Une chose est donc de la plus grande importance, savoir bien juger des choses, c'est-à-dire nous servir comme il faut des « images » qui nous les représentent; il s'agit non pas de nous laisser prendre par la première impression, d'y céder témérairement, mais de l'examiner avec soin et de distinguer ainsi avec exactitude ce qui ne dépend pas de nous et ce qui en dépend (4), ou plutôt ce qu'il faut, c'est réformer nos jugements, nous bien persuader qu'en dehors de nous il n'existe que des biens ou des maux purement fictifs. Si en effet nous ne pouvons rien sur eux, que peuvent-ils sur nous et comment ne pas les regarder comme des choses indifférentes qui ne nous concernent pas ? Ce qui cause le

(1) *Manuel*, I, 3 ; traduction Joly (Librairie Delalain).
(2) *Ibid.*, XIV, 1.
(3) *Ibid.*, II, 1.
(4) *Ibid.*, I, 5.

malheur des hommes, ce sont leurs faux jugements sur les choses; ce qui les trouble ou les charme, ce qui suscite leurs aversions ou leurs désirs, les remplit de toutes ces passions qui les agitent, les énervent et les désespèrent, c'est non pas les objets mêmes, mais leurs opinions sur les objets (1): qu'ils jugent donc sainement, qu'ils n'aient sur les choses que des idées justes, et le bonheur sera toujours à leur portée : débarrassés de leurs illusions, affranchis des vains désirs et des craintes chimériques, libres de toute émotion, ils posséderont ce calme parfait de l'âme, cette sérénité qui est identique au bonheur.

Or qu'on le remarque : ce n'est pas là un idéal inaccessible; au contraire, pour l'atteindre, il suffit de vouloir. Puisque le bonheur doit seulement consister dans ce qui dépend de nous, il serait absurde que rien ne dépendît de nous. En son for intérieur, l'homme possède une liberté contre laquelle aucune force ne prévaut : quand une représentation se présente à lui et le sollicite à affirmer, il peut réagir contre elle, la dominer, arrêter ainsi le jugement qu'elle tendait à produire : l'usage de nos représentations, voilà ce qui nous appartient; nos affirmations sont l'œuvre de notre volonté absolument libre; de cette façon, les choses n'ont d'autres qualités que celles que nous voulons bien leur donner et il suffit de vouloir qu'elles n'en aient pas pour qu'en effet elles nous paraissent dénuées de toute valeur, de sorte que nous n'éprouverons plus pour elles que de l'indifférence ou du mépris. Et s'il en est ainsi des représentations, il en est encore de même de toutes les passions qu'elles suscitent : point de désir si violent qui ne puisse être dompté par la volonté ; en toute circonstance, l'homme peut se replier sur lui-même, triompher des mouvements les plus emportés de sa sensibilité.

Si tu as à te défendre contre la vue d'une beauté, tu trouveras ta force dans l'empire que tu as sur toi-même; contre une fatigue à supporter, tu auras le courage, contre une injure, la patience (2).

Fortement retranché dans l'asile qu'il se fait, l'homme par la liberté repousse tous les assauts et reste à jamais invulnérable : bien plus, la conscience de sa puissance de résistance ainsi éprouvée, le sentiment de sa force et de son indépendance devient pour lui la plus complète comme la plus cons-

---

(1) *Manuel*, V.
(2) *Ibid.*, X.

tante félicité (1). Voilà ce que nous pouvons toujours faire : si donc nous sommes malheureux, ne nous en prenons qu'à nous-mêmes, n'accusons personne; seuls, nous sommes coupables, et comment en serait-il autrement, puisque nous portons en nous-mêmes le remède infaillible, toujours efficace pour nous délivrer de tous nos maux et qu'il nous suffit, pour être guéris, de vouloir seulement nous en servir (2). L'on n'est plus malheureux dès qu'on ne veut plus l'être.

Tel est le principe fondamental de la doctrine d'Épictète : tout le reste n'en représente que les applications diverses et les conséquences rigoureuses. Sans doute, les hommes regardent certaines choses comme des maux : mais le vrai mal, c'est de s'imaginer qu'il existe des maux. Et en effet quels objets pourrions-nous craindre? La maladie? Elle peut tout au plus être un obstacle pour le corps, elle n'en sera pas un pour la volonté, si la volonté ne le veut pas (3). L'obscurité de la vie? Mais il ne dépend pas plus de nous d'exercer le pouvoir que d'être invité à un festin : pourquoi donc nous plaindre (4) ? Les railleries, les outrages ou la calomnie? Mais ceux qui se moquent de nous finiront bientôt par admirer notre patience (5); quant aux mauvaises paroles qu'on nous adresse ou aux coups que nous recevons, tout cela ne nous touche point; notre imagination seule nous fait croire à des offenses qui n'existent pas (6). Enfin la médisance accuse seulement l'erreur de celui qui en est l'artisan et celui-ci, en se trompant, ne fait tort qu'à lui-même (7). Sera-ce au moins la perte des êtres que nous aimons? Mais quand un de nos semblables est frappé dans l'une de ses affections, nous nous contentons de dire que c'est là le sort commun de l'humanité, nous trouvons l'événement tout ordinaire : pourquoi donc en jugerions-nous autrement quand c'est nous-mêmes qui sommes éprouvés par le deuil et de quel droit déplorerions-nous à grands cris notre infortune? « Il fallait se souvenir de ce que l'on ressentait quand il s'agissait du malheur d'autrui (8). » Sera-ce enfin la mort qui nous effraiera? Ici encore dominons notre imagination : si la mort

(1) *Manuel*, XXXIV.
(2) *Ibid.*, V.
(3) *Ibid.*, IV.
(4) *Ibid*, XXIV.
(5) *Ibid.*, XXII.
(6) *Ibid.*, XX.
(7) *Ibid.*, XLII.
(8) *Ibid.*, XXVI.

était réellement un mal, elle en eût été un pour Socrate, car ce qui est vrai, conforme à la nature, doit être universellement reconnu : pourtant Socrate but la ciguë. Donc ce qui est terrible, ce n'est pas la mort même, mais l'idée que nous nous faisons de la mort (1); détruisons cette opinion, remplaçons-la par celle qu'il convient d'avoir et désormais la mort ne nous touchera plus.

Et il en est ainsi de tout ce que nous redoutons comme des maux : ils peuvent sans doute empêcher quelque chose qui n'est pas nous, mais ils ne peuvent absolument rien sur nous (2). Comment d'ailleurs en serait-il autrement? Qui veut être heureux doit toujours mettre les choses au pis; quelle que soit la chose qu'il entreprenne, il faut qu'il prévoie tous les événements fâcheux qui pourront se présenter. Va-t-il aux bains? Il se représente d'avance tout ce qui s'y passe; on pourra lui jeter de l'eau, le pousser, l'insulter, le voler; dès lors, de quelque façon qu'on le traite, il restera impassible et calme : il s'attendait à tout; rien ne le surprend (3). Se propose-t-il de rendre visite à quelque homme puissant? Il se dit qu'il pourra ne pas le rencontrer, ne pas être reçu ou n'être traité qu'avec mépris, et, quoi qu'il arrive, il conservera sa sérénité (4).

Il y a plus : il n'est point d'événement en apparence si fâcheux dont nous ne puissions tirer profit, point de mal qui, à la seule condition que nous voulions, ne puisse pour nous se transformer en bien. Un corbeau a fait entendre un croassement de mauvais augure : qu'importe ! Que peut sur nous un pareil présage? Si nous le voulons, c'est du bonheur qu'il nous annonce (5). Aussi, n'hésitons point à aller, quand il le faut, consulter le devin, soyons sans frayeur et disons-nous que quelle que soit la chose qui nous arrive, nous pouvons la faire tourner à bien (6). C'est qu'en effet chacun de ces événements ne sera pour nous qu'une occasion de tendre notre volonté, d'essayer notre puissance intérieure, de sentir que nous sommes supérieurs à tout, de nous donner la conscience de notre vertu : mais comment ce sentiment ne serait-il pas pour nous le plus grand bonheur? La domination sur toute chose par la force de tout mépriser et de se rendre insensible à tout, voilà de quelle façon s'obtient la félicité : « On te répand ton huile? On te vole ton vin? Dis-toi : « C'est à ce prix qu'on achète le

---

(1) *Manuel*, V.
(2) *Ibid.*, IX.
(3) *Ibid.*, IV.
(4) *Ibid.*, XXXIII, 13.
(5) *Ibid.*, XVIII.
(6) *Ibid.*, XXXII.

« calme parfait, à ce prix le repos de l'âme ; on n'a rien pour
« rien (1). »

Mais s'il en est ainsi, si en dehors de nous il n'existe que des maux illusoires et fictifs, comment croire davantage à la réalité de biens véritables? Nos craintes et nos haines ne reposent que sur de fausses imaginations : peut-il en être autrement de nos désirs et de nos passions? Quels pourraient donc être ces biens? La richesse, la gloire, les honneurs, les plaisirs? Vanité que tout cela! Sans doute, quand nous voyons un de nos semblables comblé de gloire ou de puissance, renommé aussi pour quelque autre avantage, notre premier mouvement est de le proclamer heureux ; nous envions son sort, quand nous n'en sommes point jaloux. C'est que nous nous laissons duper par les apparences. Tous ces prétendus biens dépendent-ils de nous? Non : alors ils ne sont pas réellement des biens, ils n'ont point affaire à nous et nous n'avons point affaire à eux ; ce sont des choses indifférentes. En réalité, il n'y a qu'un seul bien, savoir notre liberté, notre indépendance, et pour le posséder, il faut renoncer à tous les autres. Ne nous laissons donc pas égarer par une fausse ambition : ne plaçons pas notre bonheur à être sénateur ou consul, mettons-le à posséder une âme calme et maîtresse d'elle-même. Pour dissiper plus facilement le prestige de tous ces faux biens, rappelons-nous toujours le prix auquel ils s'achètent, les bassesses qu'il faut faire, les humiliations que l'on doit subir ; mettons bien au-dessus la conscience de notre dignité.

Un tel ne t'a pas invité à son festin ; mais aussi tu n'as pas donné le prix auquel cet homme vend son festin ; car il le vend contre des louanges, des complaisances et des services. Si tu trouves le marché avantageux, paye donc le prix qu'on te demande ; mais si tu veux recevoir une chose et ne point en donner une autre en échange, tu es insatiable et déraisonnable. D'ailleurs crois-tu donc ne rien avoir en place de ce festin? Tu as le bonheur de ne pas louer celui que tu ne croyais pas digne de tes éloges et de ne pas avoir à supporter l'insolence de ses portiers (2).

Tous les biens extérieurs sont inconsistants et fragiles, ils glissent de nos mains : c'est folie de s'y attacher ; c'est d'ailleurs la marque d'une âme mesquine de s'en préoccuper (3). Surtout, n'oublions pas combien certains plaisirs que nous

---

(1) *Manuel*, XII.
(2) *Ibid.*, XXV.
(3) *Ibid.*, XLI.

désirons sont éphémères, rappelons-nous tous les orages qu'ils peuvent susciter en nous, la confusion, les regrets dont ils nous remplissent, le désenchantement et le vide en face desquels ils nous laissent : opposons-leur ce plaisir autrement certain, pur, durable, qui ne nous fuit et ne nous trahit jamais, savoir la joie du témoignage d'une bonne conscience.

Fais attendre ton désir, prends quelque délai, compare ensuite dans ta pensée l'instant où tu goûteras la jouissance et l'instant où la jouissance épuisée fera place aux regrets et aux remords. A ces dernières, oppose les joies et les satisfactions intérieures qui récompenseront ta résistance. Si les circonstances sont telles que tu croies devoir céder à l'attrait, ne te laisse pas vaincre par les charmes et les délices de la volupté ; oppose-leur le plaisir bien autrement grand de pouvoir se rendre à soi-même le témoignage qu'on a remporté la plus difficile des victoires (1).

Il n'y a donc qu'un seul bien, savoir le mépris absolu de tout ce que les hommes appellent biens ou maux : l'indifférence parfaite grâce à laquelle, par la force de notre volonté, rien ne peut plus ni nous émouvoir ou nous séduire, ni nous étonner ou nous faire peur. Et c'est à cet état d'indépendance et d'insensibilité complète qu'il faut arriver : il s'agit de chasser de notre cœur tout désir, de mourir à la passion. Sans doute, les choses extérieures ont sur nous un pouvoir si magique qu'un tel renoncement n'est pas toujours facile. N'est-il pas d'ailleurs permis de les aimer et de les poursuivre, tout en aspirant au perfectionnement de son âme? Misérable sophisme! Point de compromission ; il faut opter ; on ne peut à la fois « conserver une volonté conforme à la nature et l'amour des choses extérieures ; il est inévitable que celui qui s'attache à l'une de ces fins néglige l'autre » (2). En prétendant à la fois à ces deux sortes de biens, l'homme les manquera inévitablement tous ; absorbé par la poursuite de fantômes insaisissables, il oubliera le seul bien qui dépende de lui, il délaissera ce qui peut seul lui donner la liberté et par elle le bonheur (3) : il sera le jouet des plus cruelles illusions. Qu'il le sache donc : c'est du complet renoncement aux choses extérieures que le bonheur est fait ; c'est à cette seule condition qu'on l'obtient. Par suite, avant d'y prétendre, que chacun se consulte, essaye ses forces, sache s'il est bien capable de

(1) *Manuel*, XXXIV.
(2) *Ibid.*, XIII.
(3) *Ibid.*, I, 4.

surmonter les épreuves qui l'attendent. Celui qui veut vaincre aux jeux olympiques doit s'astreindre à un régime, à un entraînement, à une discipline spéciale, il doit prévoir toutes les peines, tous les inconvénients qui ne manqueront pas de se présenter; c'est seulement lorsqu'il se sera senti assez fort pour n'être rebuté par rien, se mettre au-dessus de tous, c'est seulement alors qu'il pourra aspirer à la victoire. Ainsi doit agir celui qui veut devenir philosophe et acquérir le repos de l'âme :

Crois-tu que tu puisses pratiquer toutes ces maximes et cependant continuer à manger, à boire comme par le passé, t'abandonner aux mêmes désirs et avoir toujours autant d'honneur? Il te faut travailler, peiner, t'éloigner des tiens..., céder toujours la place aux autres dans les honneurs, le pouvoir, la justice, en toute chose enfin. Réfléchis bien. Vois si tu veux acheter à ce prix le calme, la liberté, le repos de l'âme. Autrement renonce à ton projet (1).

Point d'alternative.

Il faut que tu t'appliques ou au gouvernement de toi-même, ou aux choses du dehors, que tu recherches les biens intérieurs ou les biens extérieurs, en un mot que tu sois un philosophe ou un homme du commun (2).

Et en effet il ne s'agit pas de s'engager à l'aventure, de s'abandonner au premier caprice venu pour céder aussitôt à un autre tout contraire; il importe de toujours jouer le même rôle, d'être un dans toute sa conduite; c'est le propre des enfants de changer sans cesse d'occupation. Qui veut être aujourd'hui philosophe, demain orateur ou intendant des impôts, en réalité n'est rien; « comme un singe, il imite successivement tout ce qui se fait sous ses yeux » (3). Le vrai bonheur est fait de constance, il ne se trouve que dans la forte organisation de la vie et la solide maîtrise des désirs.

Objectera-t-on que l'homme, alors tout entier ramassé et replié sur soi, devient absolument inutile? Quels services pourra-t-il rendre à ses proches, à ses amis? Certes, il ne leur donnera pas de l'argent, car il n'en possède point et n'en recherche pas, mais il leur donnera ce qui vaut beaucoup

(1) *Manuel*, XXIX.
(2) *Ibid.*
(3) *Ibid.*

mieux, savoir un ami fidèle et honnête. Dira-t-on encore qu'il ne sera d'aucune utilité pour la cité? Certes, elle n'aura de lui ni portiques, ni bains, mais, ce qui est autrement important, ne possédera-t-elle pas avec lui un citoyen sûr et honorable? Faut-il donc, pour servir sa patrie, perdre sa vertu, et sont-ce des individus impudents et perfides qu'un État réclame (1)?

Qu'on le reconnaisse donc : si l'homme veut être heureux, il faut qu'il se détache de tout ce qui ne dépend pas de lui, qu'il ne s'émeuve d'aucun mal et ne s'éprenne d'aucun bien; il doit avoir pour tout un superbe mépris; moins il aura de besoins, moins il risquera d'éprouver de mécomptes; moins ses désirs seront nombreux, moins aussi son cœur sera accessible à l'émotion; et quand il sera parfaitement maître de lui-même, quand toutes ses passions seront vaincues, quand il aura fait comme le vide dans son âme, il possédera le calme, il vivra en repos, sa félicité sera parfaite.

Mais si désormais rien de ce qui lui arrive ne peut le toucher, comment pourrait-il être touché de ce qui arrive aux autres? Si vous ne le corrigez pas, votre esclave peut devenir méchant; qu'importe! Ne vaut-il pas mieux que votre esclave soit méchant que vous malheureux (2)? On serait honteux de livrer son corps au premier venu et l'on ne rougirait pas de livrer son âme à son esclave en lui permettant de la jeter dans le trouble (3)! Loin de nous aussi une absurde pitié! Si nous voyons un de nos semblables pleurer la perte de son fils ou de sa fortune, gardons-nous d'être la dupe de notre imagination et disons-nous bien que le malheur est seulement dans la fausse opinion de celui qui se lamente; d'ailleurs, si, pour n'être pas accusés d'une rigueur excessive, nous consentons à gémir, ne gémissons qu'en paroles, sans que notre âme même partage la douleur (4). Durs envers nous-mêmes, il faut que nous le soyons aussi envers autrui : notre impassibilité, c'est-à-dire notre bonheur, est à ce prix.

Faut-il cependant pour cela abdiquer tout sentiment humain? N'y a-t-il pas en chacun de nous des affections profondément naturelles et convient-il de les extirper sans merci? Certes, il est permis à l'homme d'avoir une femme et des enfants, de goûter les joies de la famille; mais c'est à la

(1) *Manuel*, XXIV, 2, 3, 4, 5.
(2) *Ibid.*, XII.
(3) *Ibid.*, XXVIII.
(4) *Ibid.*, XVI.

condition de connaître la vraie valeur de ces prétendus biens et de ne pas s'en faire l'esclave.

Quelles que soient les choses qui te charment, qui servent à tes besoins ou que tu aimes, connais-en bien la nature, à commencer par les plus humbles. Si tu aimes un pot de terre, dis-toi : « J'aime un pot de terre » ; car s'il se casse, tu n'en seras point troublé. Si tu embrasses ton fils ou ta femme, dis-toi que c'est un être humain que tu embrasses : car s'il meurt, tu n'en seras point troublé (1).

L'homme doit agir comme un matelot qui, descendu à terre pour puiser de l'eau, peut ramasser en passant quelque coquillage ou quelque plante, mais qui doit sans cesse avoir les yeux fixés sur le vaisseau et tout abandonner si le patron le rappelle.

Ainsi, si dans la vie, en guise de plante et de coquillage, une femme et un enfant te sont donnés, prends-les ; mais si le maître du navire t'appelle, cours vite à lui, laisse là tout et ne regarde pas derrière toi (2).

Sachons donc, au sein même de nos affections, rester libres ; surtout ne nous laissons pas aller au désespoir et au blasphème quand elles viennent à se briser par la mort de ceux que nous aimions. Ceux-ci étaient-ils donc à nous ? Non : ils nous avaient été donnés, et tout le temps qu'ils nous ont été laissés, nous ne pouvions en jouir que comme de biens appartenant à autrui, de la même façon « qu'un voyageur use d'une hôtellerie ». Par suite, quand ils viennent à nous être enlevés, ne disons pas que nous les avons perdus, mais seulement que nous les avons rendus.

« Mon fils est mort, je l'ai rendu ; ma femme est morte, je l'ai rendue... Mais celui qui me l'ôte est un méchant ! — Que t'importe, puisque celui qui te l'avait donné te le redemande (3) ! »

Il en est de même de tous les autres biens : nous pouvons les accepter quand Dieu nous les envoie, mais il ne faut avoir à leur égard ni impatience, ni envie ; l'on doit les accueillir sans émotion, en user sans excès, les laisser aller sans regret. D'ailleurs, après tout, alors même qu'on pourrait jouir de ces biens, il est plus noble de les dédaigner et de s'en passer.

---

(1) *Manuel*, III.
(2) *Ibid.*, VII.
(3) *Ibid.*, XI.

L'homme doit se comporter dans la vie ainsi que dans un festin.

Un plat qui circule s'approche de toi : étends la main et prends modérément. Il s'éloigne de toi : ne le retiens pas. Il tarde à venir : n'exprime pas de loin ton désir ; mais attends jusqu'à ce qu'il vienne à toi. Sois ainsi pour tes enfants, ainsi pour ta femme, ainsi pour le pouvoir, ainsi pour la richesse, et un jour tu seras digne du banquet des dieux. Que si, pouvant jouir de ces biens, tu les refuses et les dédaignes, alors ce ne sera pas seulement le banquet des dieux que tu partageras, ce sera leur souveraine puissance (1).

Ainsi, désirer le moins possible et encore avec le plus de modération possible ou plutôt ne plus rien désirer du tout, voilà la règle du sage : pour se convaincre en effet de la vanité de tous nos désirs, ne suffit-il pas de penser à la mort (2) ?

N'obéissons donc à aucune loi extérieure ; mettons-nous au-dessus des opinions et des habitudes des autres hommes ; conformons-nous seulement à cette règle intérieure que nous donne notre raison, expression vivante en nous de la nature universelle ; sachons faire ce qui est vraiment convenable (3), digne de nous. Il est en effet dans les choses des rapports nécessaires et essentiels, auxquels il importe toujours de se conformer : tels sont, par exemple, les rapports qui lient le fils au père, les frères, les concitoyens, même tous les hommes ; chacun d'eux nous impose des obligations auxquelles il nous est défendu de nous dérober. Un père a beau être méchant : il n'en est pas moins un père et la nature exige que nous ayons soin de lui, que nous lui cédions et le supportions en tout. Notre frère nous a fait quelque tort : c'est lui que cela regarde et non pas nous ; le rapport naturel qui existe entre lui et nous demeure intact et nous prescrit d'agir comme nous le devons. De la même façon, quelque tort que nous ayons à supporter de la part de tels ou tels de nos semblables, rien ne peut nous autoriser à trahir les obligations que nous avons envers eux. N'allons pas non plus consulter les devins pour savoir s'il faut réellement remplir tel ou tel devoir difficile, s'il faut, par exemple, partager le péril d'un ami ou

---

(1) *Manuel*, XV.
(2) *Ibid.*, XXI.
(3) C'est le καθῆκον des Stoïciens (Voir Penjon, *Précis d'histoire de la philosophie*).

celui de la patrie; lors même que les présages seraient mauvais, qu'ils annonceraient l'exil ou la mort, ne faudrait-il pas obéir à la raison qui nous ordonne de nous dévouer (1)? D'ailleurs sachons-le :

> Chaque chose a deux anses, l'une par laquelle elle est facile, l'autre par laquelle elle est difficile à porter. Ton frère t'a fait une injustice : ne considère pas l'injustice; ce serait prendre la chose par la mauvaise anse; songe plutôt que c'est ton frère, que vous avez été élevés ensemble : prise par là, la chose te semblera supportable (2).

C'est ainsi que l'homme, sachant en tout agir avec la rectitude qui convient, restera digne de lui-même, fidèle à sa raison divine, c'est-à-dire d'accord avec cette Raison universelle qui dirige la nature en la pénétrant dans toutes ses parties.

> En te promenant, tu évites de marcher sur un clou et de prendre une entorse. Sois donc aussi bien attentif à ne pas blesser la raison, la directrice de toi-même (3).

Le sage saura donc surmonter les impressions qui l'écarteraient du droit chemin et tenir en bride ses passions. Est-il maintenant besoin de dire qu'il ne laissera pénétrer en lui aucun besoin factice? En tout, il se contentera du strict nécessaire; il réglera ses dépenses d'après les exigences indispensables de son corps, comme il règle sa chaussure sur son pied (4); il retranchera tout superflu, il repoussera tout raffinement (5) : bientôt en effet il ne s'appartiendrait plus et serait l'esclave de jouissances malsaines. Jamais d'excès en rien : son langage, ses conversations, son maintien, tout en lui sera toujours digne; sévère pour sa conduite, il s'abstiendra de juger celle des autres, car il ne connaît pas le fond de leur pensée (6). Point d'ostentation non plus, point d'étalage de vertu.

> Si tu sais te contenter de peu pour le soin de ton corps, n'en fais point parade; si tu ne bois que de l'eau, ne t'en va pas dire en toute occasion que tu ne bois que de l'eau (7).

---

(1) *Manuel*, XXII, 3.
(2) *Ibid.*, XLIII.
(3) *Ibid.*, XXXVIII.
(4) *Ibid.*, XXXIX.
(5) *Ibid.*, XXXIII, 6, 7, 8, 10.
(6) *Ibid.*, XLV.
(7) *Ibid.*, XLVII.

Il ne s'agit point de se faire remarquer par une conduite bizarre ou des excentricités : c'est là non de la raison, mais de la passion ; évitons tout orgueil et sachons en toute chose garder la mesure convenable. Mais surtout, au lieu de débiter à tout propos de belles maximes, agissons et montrons nos actes ; moins de déclamation, plus de pratique et de résultats.

Quand les brebis ont mangé, elles ne vont pas montrer à leur berger l'herbe qu'elles ont prise ; mais après avoir digéré leur pâture, elles produisent et elles montrent de la laine et du lait. Ainsi toi, n'étale pas de préceptes aux yeux des ignorants, mais montre-leur les effets que les préceptes ont produits dans ta conduite (1).

Peu importe après tout de briller dans l'art de la dialectique, de pouvoir démontrer pourquoi l'on ne doit pas mentir : l'essentiel, c'est de ne pas mentir (2). Peu importe de connaître et de pouvoir expliquer les livres de Chrysippe : on n'est alors qu'un grammairien ; pour être vraiment philosophe, nécessité est de faire passer dans sa conduite l'enseignement de Chrysippe, d'agir comme lui (3), d'imiter aussi en tout ce sage accompli, Socrate, qui jamais n'écouta d'autre voix que celle de la raison (4).

C'est seulement à cette condition qu'on atteint l'idéal du sage : mais aussi quelle belle récompense échoit à celui qui a pu y parvenir ! quelle admirable condition ! Le sage est parfaitement calme, « il ne blâme, ni ne loue personne, il n'accuse personne » (5) ; son âme est saine, guérie et préservée à tout jamais de toute maladie ; « il a enlevé de son cœur tout désir », il domine si bien ses passions qu'il les a étouffées ; il regarde tout d'un œil que rien ne trouble, il possède un calme inaltérable, il s'est assuré l'indépendance de son âme, il est libre, il est impassible et dans cette ataraxie qui lui révèle la force et la victoire de sa volonté, il jouit d'un parfait bonheur. C'est qu'en effet le sage sait que le mal dans le monde n'existe pas et ne peut être qu'une illusion (6) ; tous les événements sont pour lui l'œuvre de la Divinité, d'une Providence souverainement parfaite et bonne (7). Pourquoi donc murmurer ou

(1) *Manuel* XLVI.
(2) *Ibid.*, LII.
(3) *Ibid.*, XLIX.
(4) *Ibid.*, LI, 3.
(5) *Ibid.*, XLVIII.
(6) *Ibid.*, XXVII.
(7) *Ibid.*, XXXI.

s'emporter contre eux? A quoi cela servirait-il d'ailleurs, puisque la destinée est plus forte que nous? La nature est la Raison même, tout ce qui arrive est l'expression vivante de cette Raison et vivre selon la raison, c'est accepter tout ce qui arrive suivant cette Raison même; tout est bien, notre loi est de tout supporter. L'homme est ici-bas comme un acteur jouant le rôle qu'il a plu au maître de lui donner.

S'il te le donne court, joue-le court; s'il te l'a donné long, joue-le long; s'il veut que tu joues le rôle d'un gueux, joue-le avec naturel; que ce soit un rôle de boiteux, de magistrat ou de simple particulier, fais de même; c'est à toi de bien tenir le rôle qui t'est confié, et c'est à un autre de le donner (1).

Ainsi tout est déterminé et réglé par la sagesse divine : nous conformer à cette nécessité, voilà notre tâche et notre fin; au lieu de soumettre les choses à nos désirs, soumettons au contraire nos désirs aux choses (2); ne cherchons pas à changer l'ordre du monde au gré de notre volonté, mais changeons notre volonté suivant l'ordre même du monde, conformons-la à la loi universelle des choses : pouvons-nous en faire un meilleur usage que de vouloir ce que Dieu a voulu? Et c'est ce que fait le sage; c'est aussi ce qui explique sa constance, son calme et sa sérénité : il accepte la nécessité divine, il veut d'avance toute la série infinie des événements qu'elle règle; mais par cela même il s'est vraiment élevé au-dessus de l'humanité, il s'est identifié avec Dieu, il est Dieu même, la Raison universelle, l'éternelle Destinée, la Loi de toute la nature. A cette hauteur, qui pourrait l'atteindre? Souverainement libre, puisqu'il sait et veut tout ce qui arrive, jouissant d'une sagesse accomplie, fort de sa vertu, conscient de sa divinité, le sage vit dans une quiétude parfaite, dans un calme que rien désormais ne peut troubler ni compromettre; comme Dieu même, il possède une pleine, une ineffable félicité (3). « Conduis-moi, Jupiter, et toi, Destinée, s'écrie à la fin du *Manuel* Épictète, qui rappelle ainsi l'hymne de Cléanthe; partout où il est arrêté dans vos décrets que je dois aller, je vous suivrai sans hésiter; car si je vous résistais, je ne pourrais, malgré ma coupable volonté, faire autrement que vous suivre. » Et le philosophe termine en citant un passage d'Euripide et les dernières paroles de Socrate : « Celui qui a

---

(1) *Manuel*, XVII.
(2) *Ibid.*, VIII.
(3) Voir Ravaisson, *Essai sur la Métaphysique d'Aristote*, tome II, page 211.

la vertu de céder à la nécessité, nous le tenons pour un sage, il connaît les choses divines. » « O Criton, si les dieux l'ont ainsi voulu, qu'il en soit ainsi ! » ; « Anytus et Mélitus peuvent me faire mourir, mais ils ne peuvent pas me nuire (1). »

Appréciation de la philosophie d'Épictète. — On l'a dit depuis longtemps : « Abstiens-toi et supporte », voilà la formule qui comprend toute la philosophie d'Épictète ; détache-toi de tout ce qui ne dépend pas de toi, et puisque dans la nature rien ne dépend de toi, accepte sans murmurer tout ce qui arrive en vertu des lois de l'immuable et puissante Nécessité ; à cette condition seule, tu posséderas cette paix, cette ataraxie qui est la forme la plus parfaite du bonheur. La doctrine d'Épictète est ainsi la philosophie du renoncement et de la résignation.

On l'avouera ; il est impossible de méconnaître son caractère de grandeur et d'élévation morale ; à l'époque où elle parut, elle eut le mérite de protester avec courage contre la décadence des consciences et l'affaissement des âmes, de rappeler l'homme au respect de lui-même et au sentiment de sa dignité ; et l'on comprend que pour mieux condamner le désordre profond de la société d'alors, si tristement agitée et malheureuse, elle ait proposé pour règle aux hommes l'adoration de l'impassible nature et de son ordre éternel. Il y a plus : ce n'est pas le moindre titre de gloire de cette philosophie d'être descendue profondément dans la conscience, d'y avoir saisi la volonté, de l'avoir mise en pleine lumière, d'avoir déclaré qu'elle constituait l'essence intime de notre être et faisait de nous une personne. Par là, on peut bien le dire, elle préparait les vues originales de Descartes sur le rôle de la volonté dans la vie morale, comme aussi cette belle théorie de Kant sur l'humanité fin en soi et l'autonomie de la volonté. De plus, il semble qu'à travers toute la morale d'Épictète, dans cet idéal du sage qui méprise les biens partiels, relatifs et éphémères, pour reporter tout son amour sur ce Bien complet, absolu, éternel, savoir la Nécessité comprise

---

(1) *Manuel*, LIII — Voir Adam, *Études sur les principaux philosophes*, page 148.

et acceptée, il y ait comme une aurore et l'annonce de ce qui sera plus tard l'*Éthique* de Spinoza. Pascal l'a dit avec raison: la philosophie d'Épictète, c'est-à-dire le Stoïcisme en général, a admirablement compris la noblesse et la grandeur de l'homme, il l'a avec raison relevé à ses propres yeux en lui faisant prendre conscience de son infinie liberté, en donnant aussi à celle-ci une valeur infinie, et en proclamant la nécessité de ne jamais la sacrifier à rien !

Pourtant, quels que soient ses mérites, la doctrine d'Épictète ne révèle-t-elle pas une intime contradiction ? Elle exalte la volonté ; mais vouloir, c'est toujours vouloir quelque chose ; une volonté vide d'objet n'est rien ; surtout la volonté ne se sépare pas de sa loi. Certes, le Stoïcisme l'a bien compris; mais quel objet, quelle loi suprême assigne-t-il à la volonté ? On le sait : ce n'est pas autre chose que l'universelle nécessité. Rien de ce qui arrive dans la nature ne dépend de nous : résister aux choses serait impossible et absurde ; que pourrions-nous donc contre l'éternelle destinée? Par suite, il ne nous reste qu'à vouloir tout ce qui arrive. De cette façon, ce qui ne dépend pas de nous dépendra véritablement de nous, notre volonté consentant à la nécessité sera liberté, elle sera souveraine comme le destin avec qui elle s'est identifiée. Misérable échappatoire ! Qui ne le voit en effet? En reconnaissant cette nécessité universelle, la volonté ne s'en affranchit pas ; au contraire, elle s'y perd et s'y engloutit, car si cette nécessité règne vraiment à travers toute la nature, est-il possible qu'elle ne vienne pas enserrer et étreindre l'homme lui-même, lequel après tout n'est pas toute la nature, puisqu'il n'en représente qu'une infime partie et qu'un fragment? Singulière liberté que celle qui consiste dans la conscience de la nécessité, c'est-à-dire dans la certitude qu'il n'y a pas de liberté! Est-il surtout possible de placer notre bonheur dans la conviction de notre impuissance en face des choses, et après avoir élevé, exalté l'homme, en avoir fait véritablement un dieu, comme l'a vu Pascal, n'est-ce pas par trop le rabaisser et l'anéantir ?

Aussi il nous est impossible d'admettre l'idéal que nous propose Épictète. Notre loi est-elle donc de nous abstenir de tout et de tout supporter, de nous résigner à tout ce que l'expérience nous présente? Sans doute, pour le Stoïcien, la nature est belle, bonne, pleine d'harmonie, pénétrée de raison dans toutes ses parties; le mal n'est qu'une illusion, le péché, la douleur ne sont que des opinions, de vaines imaginations : « Rien de vil dans la cité de Jupiter! » Mais nous l'avons déjà dit : la conscience moderne ne peut plus admettre une pareille conception des choses; elle a beau faire : le mal lui apparaît avec toutes les formes multiples qu'il a revêtues, et ce n'est plus l'affirmation, mais la négation qui serait une erreur. Le mal, elle le trouve partout, d'abord en elle-même, dans ses imperfections, ses misères morales et physiques; elle le trouve aussi en dehors d'elle, dans un monde de souffrances de toute espèce, de turpitudes, d'injustices qui la révoltent, l'écœurent et la scandalisent. Et, en présence de ces douloureuses mais nécessaires constatations, elle comprend qu'il faut non pas conserver un calme superbe et une indifférence dédaigneuse, mais au contraire être saisi de trouble, de commisération, de pitié, d'amour; qu'il faut, non pas s'abstenir, mais se dévouer, non pas supporter, mais lutter et réagir (1)! Et d'ailleurs, Épictète lui-même s'abstenait-il et supportait-il, se conformait-il aux préceptes fondamentaux de sa philosophie, lui qui s'emportait avec raison contre les vices de son temps et qui, pauvre, humble, consacra toute sa vie à ses semblables, sut se pencher vers eux pour les consoler, les fortifier, leur enseigner le bonheur? Heureuse contradiction, qui montre que l'homme valait mieux que sa doctrine! Ou plutôt cette conduite trahit-elle véritablement les principes du Stoïcisme et n'est-ce pas au contraire l'indifférence, l'abstention que ces principes condamnent? Il semble qu'il y ait au cœur même de ce système une autre inconséquence et que la doctrine soit partagée entre deux tendances tout opposées. En effet, n'est-ce pas le Stoïcisme qui vient

---

(1) Voir notre *Composition de philosophie*, pages 354-357.

nous dire que l'univers est un tout parfaitement sympathique avec lui-même, que toutes ses parties sont intimement liées, et que par suite les êtres qui le composent, au lieu d'être opposés les uns aux autres, séparés les uns des autres, s'unissent dans la communauté de leur nature, l'identité de leur origine et de leur destinée? N'est-ce pas le Stoïcisme qui proteste contre l'esclavage, déclare que tous les hommes ne forment qu'une même famille, sont tous citoyens de la même cité, la république universelle? Vue profonde, conception sublime, mais qui précisément est la condamnation de l'indifférence et de l'ataraxie que leur système recommande et prêche! Car si tous ces êtres sont mes frères, si une parenté naturelle et profonde nous unit, comment me désintéresser de leur sort, nier leurs souffrances pour ne pas en avoir pitié, fermer les yeux sur leurs misères pour ne pas même essayer d'y porter remède? Au contraire, puisque nous sommes tous substantiellement unis, puisque au fond tous ces êtres sont encore moi, je dois les aimer comme je m'aime moi-même, ou plutôt je dois les aimer plus que moi, me confondre avec eux en me dévouant pour eux : en vivant pour moi seul, en songeant seulement à mon bonheur, je briserais l'identité profonde qui nous unit, je m'isolerais du Tout, ou plutôt je me ferais Tout au lieu de vivre pour le Tout, je violerais l'ordre éternel des choses au lieu de m'y conformer!

De pareilles inconséquences ne sont-elles pas suffisantes pour montrer les faiblesses du système? On peut dire que le Stoïcisme oscille entre deux tendances radicalement contraires : il affirme la liberté et en même temps il soutient l'universel déterminisme; il proclame la fraternité de tous les hommes, il élargit à l'infini l'enceinte étroite de la cité antique, il y convie toute l'humanité, il prêche l'amour du genre humain et il place l'idéal du bonheur dans je ne sais quel égoïsme desséchant, dans le calme plat de l'âme dont il paralyse les généreuses émotions et les plus belles passions, il érige en principe l'abstention et la résignation! Ce qui manque au Stoïcisme, c'est une notion plus exacte de la liberté et de la réalité. Non : il n'est pas possible que la loi de notre volonté soit l'acceptation pure de tout ce qui est ; il ne s'agit pas de fermer les yeux au mal ; au contraire il faut le voir, le reconnaître partout où il règne, et cela non pas pour s'y résigner ou l'expliquer (ce qui serait le justifier), mais pour le déclarer anormal, pour le prendre corps à corps et le combattre virilement sous toutes ses formes. Et c'est précisément en cela que consistent le rôle et la mission de la liberté. Posant par la raison, en opposition avec le monde de l'expérience, une autre réalité plus parfaite, meilleure, plus heureuse, l'homme conçoit que son but est de lutter pour elle et de travailler à son avènement. La loi de la volonté n'est pas la résignation passive en face de ce qui est, c'est l'effort vers ce qui n'est pas, mais peut et doit être ; ce n'est pas l'inerte contemplation d'un monde que la raison condamne, c'est la préparation du monde que la raison réclame et qu'elle pressent. Et c'est pour cela que la morale d'Épictète, et avec elle toute la philosophie antique, ne peut nous contenter ; voilà pourquoi aussi elle a été impuissante à satisfaire la conscience humaine, éprise de l'idéal et de l'infini, pourquoi la sagesse antique « est morte avec ceux qui sont morts pour elle » (1).

(1) Voir Boutroux, *Questions de morale et d'éducation*

TABLE DES MATIÈRES

CONTENUES DANS LES AUTEURS PHILOSOPHIQUES GRECS

XÉNOPHON

LES MÉMORABLES.

Vie de Xénophon.. 1
Les Mémorables. — Introduction à l'œuvre des *Mémorables*. — Argument analytique des *Mémorables*. — Appréciation des *Mémorables*. Valeur littéraire. Le plan de l'ouvrage. — Valeur philosophique des *Mémorables*. — L'œuvre de Socrate...... 3

PLATON

LE GORGIAS. — LA RÉPUBLIQUE. — LE PHÉDON.

Vie de Platon. — Les ouvrages de Platon : leur authenticité, leur chronologie.. 41
Le Gorgias. — Le *Gorgias* : les personnages. — Argument analytique du *Gorgias*. — Le sujet du *Gorgias*. — Valeur philosophique du *Gorgias*.................................... 47
II. La République. — La *République* de Platon : personnages et sujet du dialogue. — Argument analytique de la *République*. — *Livre VI* : injuste discrédit de la philosophie ; le portrait du philosophe ; les qualités qui le constituent. — *Livre VII* : l'allégorie de la caverne ; l'éducation philosophique ; la dialectique ; la cité idéale. — *Livre VIII* : les formes dégénérées de l'âme et de la cité. — Appréciation des *livres VI, VII et VIII* de la *République*. — Ce qu'il reste de la *République* de Platon................................... 74

III. Le Phédon. — Le *Phédon :* les personnages. — Argument analytique du *Phédon.* — Appréciation du *Phédon*. Sa valeur littéraire. — Récapitulation des preuves de l'immortalité de l'âme. — Originalité du *Phédon*. — Valeur des preuves de l'immortalité de l'âme. 118

ARISTOTE

LA MORALE A NICOMAQUE. — LA POLITIQUE.

Vie d'Aristote. — Les ouvrages d'Aristote.................... 150
I. La Morale a Nicomaque. — Authenticité de la *Morale à Nicomaque*. — Plan général de la *Morale à Nicomaque*. — Argument analytique de la *Morale à Nicomaque*. *Livre VIII :* théorie de l'amitié. — *Livre IX :* théorie de l'amitié (suite et fin). — *Livre X :* théorie du plaisir et du bonheur. — Coup d'œil rétrospectif sur les analyses précédentes. L'enchaînement des idées dans la théorie de l'amitié et du bonheur. — Valeur des conceptions d'Aristote. La théorie de l'amitié. — La théorie du bonheur............. 157
II. La Politique. — La *Politique* d'Aristote. Son désordre. Son plan. — Rapide résumé des principales idées de la *Politique*. — Argument analytique de la *Politique*. *Livre VIII :* la théorie de l'éducation. — Appréciation de la théorie de l'éducation dans Aristote. Les vues justes et les lacunes......... 197

ÉPICTÈTE

LE MANUEL.

Vie d'Épictète... 220
Le Manuel. — Introduction. — Vue d'ensemble du *Manuel*. — Appréciation de la philosophie d'Épictète............. 221

3630-97. — Corbeil. Imprimerie Éd. Crété.

En vente à la Librairie classique PAUL DELAPLANE

LA COMPOSITION
DE
PHILOSOPHIE
RÉSUMÉ COMPLET DE PHILOSOPHIE
D'APRÈS L'ORDRE MÊME DU PROGRAMME
SOUS FORME DE PLANS DE DÉVELOPPEMENTS

770 SUJETS PROPOSÉS DANS LES DIFFÉRENTES UNIVERSITÉS

96 plans de développements

PAR

E. RAYOT
AGRÉGÉ DE PHILOSOPHIE, PROFESSEUR AU LYCÉE DE SAINT-ÉTIENNE

1 fort volume in-12 de 540 pages, broché............ **4 fr.** »

EXTRAIT DE L'AVERTISSEMENT

Nous avons cherché, par ce nouvel ouvrage, à venir, dans la mesure de nos forces, en aide aux élèves. Et tout d'abord nous nous sommes imposé la tâche de présenter **une liste des sujets les plus intéressants qui ont été donnés dans les diverses Facultés**, c'est-à-dire choisis par les hommes les plus compétents et les esprits les plus distingués; ils serviront ainsi à donner de l'examen comme le ton général. Nous avons nous-même extrait ceux qui présentaient le plus de difficultés et nous en avons proposé **le plan de développement.** Les élèves pourront les étudier, soit seuls, soit surtout de concert avec leurs maîtres, s'exercer en les discutant à la réflexion et à la critique, saisir la structure générale d'une dissertation, acquérir ainsi plus rapidement l'habitude précieuse pour maintenant et pour plus tard de pénétrer une question, d'en discerner les éléments essentiels, de la développer comme il convient, sans lacunes ni inutilités.

À LA MÊME LIBRAIRIE

Précis d'histoire de la philosophie, par A. PENJON, professeur à la Faculté des lettres de Lille. 1 vol. in-12, accompagné de *tableaux synoptiques* et d'une *table analytique*, broché.. 3 »
— Relié toile souple... 3 50
Précis de philosophie, par LE MÊME. 1 vol. in-12, accompagné de *résumés*, broché................................. 4 »
— Relié toile souple... 4 50
La Composition de philosophie, Résumé complet de philosophie d'après l'ordre même du programme sous forme de plans de développements : *770 sujets proposés dans les différentes Universités ; 56 plans de développements*, par E. RAYOT, professeur agrégé de philosophie au lycée de Saint-Etienne. 1 fort vol. in-12, broché.. 4 »
Principes de philosophie scientifique et de philosophie morale, à l'usage de la classe de mathématiques élémentaires et de la classe de première (sciences), par ALEXIS BERTRAND, professeur de philosophie à la Faculté des lettres de Lyon, correspondant de l'Institut. 1 vol. in-12, broché.................. 4 »
Lexique de philosophie, par LE MÊME. 1 vol. in-8 écu, broché. 3 50
— Relié toile souple... 4 25
Leçons de morale pratique, précédées de *Notions sur la morale théorique*, programmes de la classe de quatrième moderne, de l'enseignement secondaire des jeunes filles, des écoles normales primaires et des écoles primaires supérieures, par E. RAYOT, professeur agrégé de philosophie au lycée de Saint-Etienne. 1 vol. in-12, accompagné de *résumés*, de *sujets de devoirs* et de *plans de développements*, broché............................ 2 50
— Relié toile souple... 3 »
[*Ouvrage couronné par l'Académie des sciences morales et politiques.*]
Leçons de psychologie *avec des applications à l'éducation* (programmes de l'enseignement secondaire des jeunes filles et des écoles normales primaires), par LE MÊME. 1 vol. in-12, accompagné de *résumés*, de *sujets de devoirs* et de *plans de développements*, broché... 3 50
— Relié toile souple... 4 »
Cours de pédagogie théorique et pratique, par GABRIEL COMPAYRÉ, recteur de l'Université de Lyon. 1 vol. in-12, broché... 3 50
— Relié toile souple... 4 »
Psychologie appliquée à l'éducation, à l'usage de l'enseignement secondaire des jeunes filles et des écoles normales primaires, par LE MÊME
  PREMIÈRE PARTIE : *Notions théoriques.* 1 vol. in-12, broché. 3 »
  — Relié toile souple.. 3 50
  DEUXIÈME PARTIE : *Application.* 1 vol. in-12, broché...... 2 »
  — Relié toile souple.. 2 50
Histoire de la pédagogie, par LE MÊME, 1 vol. in-12, broché. 3 50
— Relié toile souple... 4 »
Cours de morale théorique et pratique, à l'usage de l'enseignement secondaire des jeunes filles, des écoles normales primaires et des écoles primaires supérieures, par LE MÊME. 1 vol. in-12, broché.. 3 »
— Relié, toile souple.. 3 50

www.ingramcontent.com/pod-product-compliance
Lightning Source LLC
Chambersburg PA
CBHW070635170426
43200CB00010B/2031